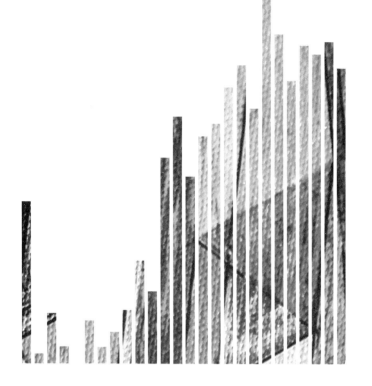

SPATIAL ECONOMETRICS
空间计量经济学

(第二版)

沈体雁 于瀚辰 / 著

北京大学出版社
PEKING UNIVERSITY PRESS

图书在版编目(CIP)数据

空间计量经济学 / 沈体雁，于瀚辰著. —2 版. —北京：北京大学出版社，2019.11
ISBN 978-7-301-30869-1

Ⅰ. ①空⋯　Ⅱ. ①沈⋯ ②于⋯　Ⅲ. ①区位经济学 – 计量经济学 – 研究　Ⅳ. ①F224.0

中国版本图书馆 CIP 数据核字(2019)第 221130 号

书　　　名	空间计量经济学（第二版）
	KONGJIAN JILIANG JINGJIXUE(DI-ER BAN)
著作责任者	沈体雁　于瀚辰　著
责任编辑	王　晶
标准书号	ISBN 978-7-301-30869-1
出版发行	北京大学出版社
地　　　址	北京市海淀区成府路 205 号　100871
网　　　址	http://www.pup.cn
微信公众号	北京大学经管书苑（pupembook）
电子信箱	em@pup.cn　　QQ:552063295
电　　　话	邮购部 010-62752015　发行部 010-62750672　编辑部 010-62752926
印　刷　者	河北滦县鑫华书刊印刷厂
经　销　者	新华书店
	787 毫米×1092 毫米　16 开本　14.75 印张　215 千字
	2010 年 10 月第 1 版
	2019 年 11 月第 2 版　2023 年 4 月第 2 次印刷
定　　　价	36.00 元

未经许可，不得以任何方式复制或抄袭本书之部分或全部内容。
版权所有，侵权必究
举报电话: 010-62752024　电子信箱: fd@pup.pku.edu.cn
图书如有印装质量问题，请与出版部联系，电话: 010-62756370

再版序

自从2010年我们编著出版《空间计量经济学》(第一版)以来,在国内外学者的共同推动下,空间计量经济学在中国的发展取得了长足的进步。这主要体现在三个方面。

第一,中国空间计量经济学的教学体系初步形成。空间计量经济学作为一门正式的本科生或研究生课程,被列入经济学、地理学、管理学、规划学等专业的课程体系和学科建设计划。据不完全统计,北京大学、中国社会科学院大学、中国人民大学、武汉大学、华东理工大学、上海师范大学、暨南大学、山东大学、郑州大学、厦门大学、中南财经政法大学、江西财经大学、青岛科技大学等高校已经开设了空间计量经济学课程。与此同时,空间计量经济学暑期学校、专题讲座和各类培训如火如荼地开展,已成燎原之势。2016—2019年,北京大学与中国区域科学协会等单位连续举办了四届北京大学研究生暑期学校"空间计量经济学前沿"活动,空间计量经济学的创始人之一、美国国家科学院院士、美国芝加哥大学卢克·安索林(Luc Anselin)教授,地理加权回归模型(GWR)的提出者、美国国家科学院院士和英国社会科学院院士、美国亚利桑那州立大学斯提沃特·福瑟林汉姆(Stewart Fotheringham)教授以及国内外著名空间计量经济学家、学者在暑期学校授课,共有1000余名来自国内外各高等院校的青年学者和学生参加了学习和研讨,极大地推动了计量经济学在中国的发展。伴随人才培养和教学工作的需要,国内已有十余本空间计量经济学方面的教材和专著(包括译著)相继出版;部分大学的经济学、商学、公共管理学、地理学、规划学等院系已开始招收和培养空间计量经济学方向的硕士和博士研究生;空间计量经济学师资队伍建设也受到有关院系领导的重视,能够开设空间计量经济学课程的教师十分紧俏。可以说,到目前为止,我国已经初步形成了比较系统的本土化的空间计量经济学教学体系。

第二,中国空间计量经济学理论、方法与应用研究成果丰硕,进步喜人。一方面,在一些前沿理论与方法的研究上取得了若干标志性成果。北京大学虞吉海教授在面板数据最大似然估计的一致性证明、动态面板模型的拟最大似然估计、空间单位根与伪回归等领域取得了重要突破,香港中文大学黄波教授的团队提出了时空地理加权回归模型(GTWR),我们团队的于瀚辰博士采用广义加性模型等技术解决了多尺度地理加权回归(MGWR)的统计推断问题。这些研究成果进一步拓展了空间回归和地理加权回归等主流空间计量经济学模型的设定、估计、检验和统计推断,完善了空间计量经济学理论与方法。另一方面,空间计量经济学在人文社会科学领域的应用广度与深度不断拓展,推动了人文社会科学的空间化、定量化和综合化,成为空间综合人文学与社会科学发展的重要学科基础。应用空间计量经济学理论与方法分析和解决中国城市与区域发展的现实问题,提出和验证中国城市与区域发展的特征事实、理论范式与科学规律,是中国空间计量经济学的主要任务。近年来,空间计量经济学在各个领域的应用研究以及发表的学术论文数量呈几何级数式增长,空间计量分析与地理信息系统正在成为对城市与区域问题展开实证研究的两项必备技能。总体上,中国空间计量经济学领域的科学研究呈现出以应用研究为主、理论与应用研究并进,论文发表数量剧增、学术研究质量不断提升,部分领域进入国际前沿、整体研究水平尚需进一步提高的发展局面。

第三,中国空间计量经济学研究社区已经形成。学术社区的形成是学科成熟的重要标志。过去十年,中国空间计量经济学领域的学术交流和国际合作日渐繁荣,国内学者、学生与国外的学术联系日渐紧密,一些青年学者和学生通过留学、访学和暑期学校等多种形式深度参与国际顶尖学者的研究工作,逐渐步入空间计量经济学理论与方法研究的前沿阵地。中国区域科学协会、中国地理学会等学术组织成立了空间计量经济学方面的专业委员会,推动空间计量经济学在中国的发展,广大学者和学生通过各种"线上""线下"的学术交流活动日益密切地组织起来,有关空间计量经济学的各种公益性甚至商业性的讲座、论坛、培训等活动在城市与区域研究这个"小花园"里如雨后春笋一般层出不穷,分外耀眼。可以非常欣慰地讲,在包括卢克·安索林教授和斯提沃特·福瑟林汉姆教授在内的国际著名空间计量经济学家的持续支持下,通过包括北京大学在内的国内众多高等院校、科研机构、学术团体和广大学者、学生的共同努力,中国空间计量经济学的发展经历了从"星星之火"到"燎原之势"的"黄金十年"。可以预期,随着中国科技创新从以"跟跑"为主逐步向更多领域的"并跑""领跑"转变,未来十年中国空间计量经济学也将从国际空间计量经济学"俱乐部"的"跟跑者"发展为"并跑者",并向局部领域的"领跑者"迈进。

为了尽可能地反映和吸纳空间计量经济学理论与方法的新进展,回应广大读者系统学习空间计量经济学知识与技能的需求,我们决定对《空间计量经济学》(第一版)进行大幅修改与调整,重新撰写《空间计量经济学》(第二版)。自2015年6月始,我和于瀚辰博士即着手开展再版编写工作,并基于我参与完成的国家社会科学基金重大项目"空间经济学在中国的理论与实践"子项目的成果,完成了全书初稿。2016年7月至2017年7月,我在美国夏威夷大学访学期间,比较系统地研究和梳理了空间计量经济学发展脉络、模型体系及其与计量经济学知识"大厦"之间的关系,进一步修改完善了部分内容。2017年8月至今,于瀚辰博士基于他的博士论文研究以及与斯提沃特·福瑟林汉姆教授的合作研究,对多尺度地理加权回归模型有关章节进行了补充,对空间计量经济学模型体系相关内容进行了优化调整,北京大学空间计量经济学研究团队的其他成员,周麟博士、劳昕副教授、古恒宇同学、曹巍鞾同学、何泓浩同学等基于各自的研究工作补充了有关研究案例、数据资料等内容,我本人也对全书各章节的标题和具体内容进行了进一步修改完善,最终形成目前这个版本。

相比于第一版,第二版几乎完全重写。其中,主要增加了七个方面的新知识点。第一,对空间计量经济学的定义、学科定位与内容体系进行重新阐述,特别是将空间计量经济学放在整个区域科学和计量经济学的知识体系下进行定义,构建空间计量经济学内容体系。第二,从空间随机过程及其非平稳性出发,定义空间抽样、空间数据、空间效应,明确空间计量经济学的逻辑起点和基本前提,介绍空间依赖性、空间异质性与空间权重矩阵等知识。第三,更加系统化地介绍了空间回归模型体系以及模型选择的准则,特别是增加了空间机制、空间协整方面的内容。第四,比较详细地介绍了空间滤波及其在空间人口学方面的应用。第五,比较系统地介绍了地理加权回归模型及其最新的进展,特别是多尺度地理加权回归模型。第六,采用更多的篇幅介绍模型的推导和解析,使得有关概念和方法的描述更加简洁明了,更易理解和掌握,使得全书更像一本"计量经济学"方面的教科书。第七,为了便于读者在学习相关内容时更有场景感和操作感,我们增加了制造业企业区位选择的空间效应、人口迁移驱动因素分析的空间效应、ICT设备制造业动态空间分异以及北京市住宅价格影响机制的多尺度效应等四个研究案例。

全书共分为7章。第1章"导论",主要介绍空间计量经济学的学科性质和学科体系,包括定义、学科关系、发展脉络、应用领域以及在中国的发展情况。第2章"空间数据与空间效应",主要介绍空间随机过程、空间抽样、空间数据、空间权重矩阵以及空间依赖性与空间异质性等基本概念,为全书奠定知识基础。第3章"空间回归模型",系统介绍空间回归模型体系,包括自变量空间滞后模型、空间误差模型、空间滞后模型、广义嵌套空间模型、空间异质性模型等代表性空间回归模型,介绍了空间回归模型的选择标准与一般过程,并以制造业企业区位选择的空间效应研究为例阐述空间回归分析的一般过程。第4章"贝叶斯方法",主要介绍贝叶斯方法的原理、模型以及空间回归模型的贝叶斯估计。第5章"面板数据",主要介绍面板数据模型的设定与选择,以及固定效应模型与随机效应模型两种面板模型。第6章"空间滤波",主要介绍空间滤波的原理、模型方法及其在空间人口学中的应用。第7章"地理加权回归模型",系统介绍地理加权回归模型的原理及其模型家族,包括经典模型、半参数模型、多尺度模型,特别是多尺度地理加权回归模型的估计与统计推断,并介绍了"ICT设备制造业动态空间分异"与"北京市住宅价格影响机制的多尺度效应"两个研究案例。此外,我们还提供了空间计量经济学的主要名词的中英文对照表,以便读者进行中英文对照学习。

与本书相配套,我们计划编写出版一套实用性和操作性导向的工具书,包括《空间计量分析软件:GeoDa、GeoDaSpace和PySAL操作手册》《空间计量分析软件:R语言操作手册》《空间计量分析软件:GWR和MGWR操作手册》等,供教师和学生们在使用本书时参考,掌握主流空间计量经济学软件的操作和使用。

在本书即将出版之时,我要衷心地感谢两位空间计量经济学的重要创始人——卢克·安索林教授和斯提沃特·福瑟林汉姆教授,感谢他们在过去四年中持续不断地指导和支持北京大学空间计量经济学研究团队的工作,使我们的教学、科研和人才培养能够迅速地对接国际前沿,走入理论、方法与应用研究良性循环的道路,成为空间计量经济学在中国发展的重要枢纽和重镇。感谢北京大学研究生暑期学校"空间计量经济学前沿"项目的支持单位和主办单位——北京大学研究生院、中国区域科学协会、中国地理学会、中国地理信息系统产业协会等单位,以及过去四年持续支持我们暑期学校的授课老师们、参加或者推荐人员参加我们暑期学校的来自全国各高校的老师们和同学们!大家共同的努力使得我们的暑期学校已经成为空间计量经济学学习和交流的重要平台,成为与大师"亲密接触"和"面对面"交流的"人性化"场所,成为激发学习兴趣、启发创新智慧、鼓励年轻人走向空间计量经济学研究生涯的灵动空间。感谢北京大学政府管理学院的领导和老师们,特别是我所在的城市与区域管理系的杨开忠教授、李国平教授、陆军教授、薛领教授、张波副教授、孙铁山副教授和刘伦助理教授。感谢北京大学出版社的林君秀主任、刘京编辑和王晶编辑,没有她们的鼓励和敦促,本书是难以如期出版的。最后,我也要特别感谢第一版的合作作者,冯等田教授和孙铁山副教授,第二版的合作作者于瀚辰博士,以及我们研究团队的所有成员,他们的努力工作是本书的坚实基础!

当然,尽管我们尽量努力做好再版工作,但是正如我在第一版序所说的那样,由于种种原因,我们深知空间计量经济学理论、方法与应用背后隐藏着深刻的关于"空间"的哲学命题、科学道理和技术创新"奇点",揭示"空间之谜"仍将是一条漫长的知识探索道路。本书难免存在许多谬误之处,恳请读者在阅读学习过程中给予批评指正,我们将在第三版中进行修正。希望中国空间计量经济学迎来与国际同行"并跑"的新的"黄金十年"!

沈体雁

2019 年 10 月 18 日

第一版序

自从1960年沃尔特·艾萨德出版《区域分析方法：区域科学导论》一书以来，区域分析方法就是区域科学和区域经济学知识体系的重要组成部分。20世纪70年代末，随着计算机技术的应用、地理信息技术的兴起和计量经济学的发展，空间计量经济学，作为区域分析方法的重要一支，在理论、模型、方法、软件和应用领域等方面取得了长足的进展，逐渐成为区域科学最为热门的研究方向之一，成为地理学、经济学和空间相关研究领域探索空间经济规律、解释空间经济现象、挖掘空间相关知识的重要途径。

所谓空间计量经济学，就是以空间经济理论模型为基础，以地理信息技术为手段，以空间相关数据处理和空间相关知识挖掘为线索，运用统计、计量和其他数学方法对各种空间经济现象进行定量分析的学科。在空间计量经济学知识发展的过程中，由于不同发展阶段、不同知识背景，甚至不同研究领域的学者对这一学科所需解决问题和所用数量方法的范围的理解不同，因而形成了广义空间计量经济学和狭义空间计量经济学之分。广义空间计量经济学涵盖了空间经济分析中各种可能运用的统计、计量和其他数学方法。狭义空间计量经济学即空间经济的计量，就是针对空间经济现象中广泛存在的空间自相关和空间异质性而发展起来的一套计量方法。其中，狭义空间计量经济学从解决空间经济系统独有的空间相互作用（空间自相关）和空间结构（空间不均匀性）问题出发，经过30多年的发展，已经形成了相对完整的计量模型设立、估计、检验和应用的理论与方法体系，成为现代计量经济学的不可或缺的重要方向之一。为此，本书主要介绍狭义空间计量经济学。

20世纪90年代后，随着西方空间计量经济学知识的引入，空间计量经济学引起我国学者的广泛关注，逐渐应用于区域科学、城市和房地产经济学、经济地理学等领域的实证研究之中，特别是在空间外部性、区域经济增长溢出、知识溢出与创新扩散、空间集聚或分散模式等领域的研究文献越来越多，空间计量经济学的引入与发展已经被认为是改革开放30年来中国区域科学发展的主要成绩之一。然而，由于空间数据的可得性、空间计量软件的普及性、区域经济理论研究的规范性以及定量研究的学科认可度等方面的限制,我国空间计量经济学整体上仍然处于起步阶段,还没有形成相对完整的学科体系、教学体系和研究体系。其中,尤其值得引起注意的是,空间计量经济学教材和教师的缺乏直接影响了空间计量经济学在中国的普及和发展,从而在很大程度上影响了我国区域科学、区域经济学和相关学科的教学科研水平的提高,特别是影响了这些学科与国际学术社会的进一步接轨,甚至反过来影响了一直伴随和支撑空间计量经济学发展的地理信息科学与技术的进一步发展。

本书是以"空间计量经济学"命名的第一本中文教科书,也是一本系统梳理空间计量经济学知识发展脉络,系统介绍空间计量经济学理论、方法和应用进展,尝试建立我国空间计量经济学学科体系的研究专著。过去十年,在著名区域科学家和区域经济学家杨开忠教授的倡导下,北京大学区域科学研究小组在区域分析方法及其在区域经济理论的模拟验证、中国城市与区域规划和政策的分析、模拟与应用等方面作了大量有益的探索,完成了包括国际自然科学基金重点项目在内的若干重要科研项目,举办了包括中日区域科学研讨会、两岸区域科学研讨会等在内的若干重要学术会议,创办了中国区域科学和区域经济学领域的枢纽杂志《中国区域经济》,形成了包括杨开忠教授、薛领副教授、孙铁山副教授、冯等田博士和本人在内的长期致力于区域分析方法教学科研的教师队伍。在这样良好学术氛围的影响下和杨开忠教授的直接关心下,本人2003年在美国伊利诺伊大学厄巴纳-香槟分校访问进修时,开始了解和学习空间计量经济学的有关知识。当时,著名空间计量经济学家卢克·安索林教授正在伊利诺伊大学农业经济系教授相关课程,美国密歇根大学中国信息研究中心(China Data Center)的鲍曙明教授推荐我去听课,于是我开始关注和学习这个领域的知识。2004年,同样在杨开忠教授的推荐下,我在美国加州大学伯克利分校城市与区域发展研究所(IURD)做访问学者一年,期间有幸了解和参与了著名城市经济学家约翰·奎格利教授和著名城市与土地利用规划学家约翰·兰迪斯教授的研究课题,进一步学习如何在城市经济研究和城市增长模拟研究中运用空间计量经济学方法。随后,在本人主持完成的国家自然科学基金项目"2008年奥运会的城市增长效应与控制:一个集合性时空动态建模方法"(项目编号:60304008)和杨开忠教授主持完成的国家自然科学基金重点项目"我国区域城镇化管理的系统研究"(项目编号:70433002)、"区域复杂空间格局演化规律的研究"(项目编号:49971027)等课题中,我和北京大学的同事们尝试用空间计量经济学理论与方法研究解决中国的城市与区域分析、模拟与规划问题,积累了相当的数据基础和研究经验,也萌发了编写空间计量经济学教材和专著的念头。2008—2009

年,冯等田博士在北京大学应用经济学博士后流动站从事研究期间,我们开始着手编写工作。2009年,孙铁山博士从美国南加州大学毕业加入北京大学区域科学研究小组,着手开设空间计量经济学和地理信息系统课程。这样,在研究小组各位老师和同学的帮助下,我和冯等田博士、孙铁山博士一起,经过将近三年的努力,最终完成了这本著作。

本书共分为六章。第一章绪论,主要介绍了空间计量经济学学科体系,包括定义、特点、发展脉络、学科意义,以及与相关学科的关系,同时为了方便读者快学快用空间计量经济学知识,还介绍了空间计量经济学研究的一般步骤,并以"空间依赖性与经济增长"为例说明空间计量经济学研究与传统计量研究的异同。第二章空间计量经济基础,力图对空间计量经济学研究最为重要的四大"要件",即"空间异质和空间依赖""空间数据及其探索性分析""空间权重和空间滞后"以及"专门化空间计量经济软件"进行详细介绍,以期为读者学习和掌握空间经济计量模型及其估计、检验和应用奠定基础。第三章空间自回归和空间误差模型,是全书的核心内容,先介绍了空间线性回归模型的通用形式,然后对作为其特例的两类模型——假定误差项相互独立情形下的空间自回归模型和假定误差项具有空间依赖的空间误差模型——进行阐述,最后介绍了同时具有空间滞后条件和空间相关误差结构的广义空间模型。第四章空间回归模型的推广,主要介绍贝叶斯回归模型、贝叶斯FAR(一阶空间自回归)模型、向量自回归和误差修正模型、地理加权回归模型等几种扩展的空间回归模型。第五章回归分析中的空间滤值法,阐述解决空间自相关性的"空间滤值"方法,特别是能够兼顾时间维度和截面维度的空间过滤动态合成数据模型。第六章空间计量经济学应用研究案例,以作者所作的几个代表性的实证研究为基础,介绍空间计量经济学在区域经济溢出效应、空间溢出与经济增长趋同、中国地区经济竞争与合作、地区财政支出的空间外部效应等四个方面的应用。值得注意的是,对于每一类模型,我们都试图介绍其提出的背景、对空间相关性和异质性处理的思路或策略、模型估计和检验的方法,以使读者对这些模型的经济学含义有更多的理解。

在本书即将出版之时,我们要衷心地感谢中国区域科学的创始人、北京大学区域科学学科带头人、我国著名区域科学家和公共规划学家杨开忠教授,杨教授的引领、鞭策和支持是这本书能够完成的最重要的动力。我们也要感谢北京大学政府管理学院城市与区域管理系的李麦青、赵益民、李洋、倪龙军、周楚以及中国地质大学的周海燕等几位同学,他们直接参与了部分资料的翻译、整理和绘图工作。感谢北京大学中国区域经济研究中心城市模拟与政策分析实验室的张进洁、刘宇香、张伟、劳昕、郭秀丽、范晓、宋琬如、张丽敏以及曾经在实验室工作过的朱彦、李熙、石长民、王玮、张恒等在城市与区域经济数据库、地理信息系统方面的工作。感谢北京大学区域科学研究小组各位老师的帮助和支持，李国平教授、陆军副教授、薛领副教授、张波副教授以及刚刚调离的刘明兴副教授在长期的工作中给了我们极大的帮助。感谢中国区域科学协会的张健，《中国区域经济》杂志编辑部的王树通、胡甜，以及北京大学首都发展研究院的万鹏飞、周辉、蔡满堂、程宏、刘毅、李雯等老师的帮助。感谢北京大学政府管理学院各位老师给予的关心与支持。尤其重要的是，感谢北京大学出版社杨立范副总编辑、张迎新编辑和郝小楠编辑的辛勤工作，没有他们的鼓励和支持，本书是难以如期出版的。

最后，值得说明的是，囿于知识水平和时间的不足，作者对于空间计量经济学理论、模型、方法与应用的把握和理解仍然非常有限，因此，本书难免存在着很多错误和遗漏之处，恳请读者给予批评指正。所幸从2010年开始北京大学政府管理学院已经开设了"空间计量经济学"课程，本书作为其指定教科书将在教学科研过程中不断得到检查和修正。我们相信，随着中国区域经济的快速发展，空间经济数据设施的不断完备以及区域科学实证研究需求的不断增加，将会有越来越多的大学开设"空间计量经济学"及相关课程。我们希望，本书能够在这些课程中作为备选的教科书或教学参考书。我们更希望，在教学过程中能够得到师生们的反馈，以鞭策我们不断地进行修改和完善，共同促进空间计量经济学在我国的发展。

沈体雁

2010年5月1日

目 录

名词中英文对照表 ……………………………………………………………… (1)

第1章　导论 …………………………………………………………………… (1)
  1.1　空间计量经济学的学科体系 …………………………………………… (1)
  1.2　空间计量经济学的发展阶段 …………………………………………… (17)
  1.3　空间计量经济学的应用 ………………………………………………… (22)
  1.4　空间计量经济学在中国的发展 ………………………………………… (29)
  1.5　本书内容安排说明 ……………………………………………………… (32)

第2章　空间数据与空间效应 ………………………………………………… (33)
  2.1　空间数据相关概念 ……………………………………………………… (33)
  2.2　空间权重矩阵 …………………………………………………………… (46)
  2.3　空间依赖性 ……………………………………………………………… (56)
  2.4　空间异质性 ……………………………………………………………… (63)

第3章　空间回归模型 ………………………………………………………… (67)
  3.1　自变量空间滞后模型 …………………………………………………… (67)
  3.2　空间误差模型 …………………………………………………………… (70)
  3.3　空间滞后模型 …………………………………………………………… (78)
  3.4　广义嵌套空间模型 ……………………………………………………… (85)
  3.5　空间异质性模型 ………………………………………………………… (90)
  3.6　空间回归模型的选择 …………………………………………………… (98)
  3.7　研究案例：制造业企业区位选择集聚经济指向的空间效应研究 …… (102)

第4章 贝叶斯方法 (113)
4.1 贝叶斯方法基本原理 (113)
4.2 马尔可夫链蒙特卡洛模拟方法 (115)
4.3 空间回归模型的贝叶斯估计 (118)

第5章 面板数据 (122)
5.1 模型设定 (122)
5.2 固定效应模型和随机效应模型 (124)
5.3 面板数据模型的选择 (129)

第6章 空间滤波 (131)
6.1 空间滤波方法 (131)
6.2 研究案例：基于空间滤波方法的中国省际人口迁移驱动因素研究 (133)

第7章 地理加权回归模型 (149)
7.1 地理加权回归 (149)
7.2 半参数地理加权回归 (155)
7.3 多尺度地理加权回归的估计 (158)
7.4 多尺度地理加权回归的统计推断 (161)
7.5 研究案例：基于地理加权回归的中国ICT设备制造业动态空间分异 (166)
7.6 研究案例：基于多尺度地理加权回归的北京市住宅价格影响机制研究 (176)

参考文献 (185)

名词中英文对照表

Akaike Information Criterion,AIC,赤池信息量准则

Anisotropic,各向异性

Autoregressive Geographical Weighted Regression,AGWR,地理加权空间自回归

Back Fitting Algorithm,后退拟合算法

Bayesian Information Criterion,BIC,贝叶斯信息准则

Best Linear Unbiased Estimator,BLUE,最小方差的线性无偏估计量

Censored Data,归并数据

Classical Econometrics,经典计量经济学

Classical Linear Regression Model,CLR,经典线性回归模型

Computational Science,计算科学

Conditional Likelihood,条件似然

Corrected Akaike Information Criterion,AICc,修正的赤池信息准则

Count Data,计数数据

Cross Sectional Data,截面数据

Cross Sectional Dependence,横截面相关

Discrete Choice,离散选择

Discrete Choice Data,离散选择数据

Duration Data,持续时间数据

Econometrics,计量经济学

Effective Number of Parameters,ENP,有效参数数量

Eigenfunction Decomposition Method,EDM,特征函数分解法

Eigenvector Spatial Filter,ESF,特征向量空间滤波法

Equi-Dispersion,离散平衡

Exploratory Data Analysis,EDA,探索性数据分析

Exploratory Spatial Data Analysis,ESDA,探索性空间数据分析

Feasible Generalized Spatial Two Stage Least Squares,FGS2SLS,可行广义空间两阶段最小二乘估计

First Order Spatial Autoregression Model,FAR,单变量一阶空间自回归模型

Gauss-Markov Assumptions,高斯-马尔可夫假定

Gaussian Processes,高斯过程

General Nesting Spatial Model,GNS,广义嵌套空间模型

General Spatial Autocorrelation Model,SAC,广义空间模型

Generalized Additive Model,GAM,广义加性模型

Generalized Least Square,GLS,广义最小二乘法

Generalized Method of Moments,GMM,广义矩估计方法

Geographic Information System,GIS,地理信息系统

Geographical and Temporal Weighted Regression,GTWR,时空地理加权回归

Geographical Weighted Lasso Regression,GWLR,地理加权套索回归

Geographical Weighted Poisson Regression,GWPR,地理加权泊松回归

Geographical Weighted Ridge Regression,GWRR,地理加权岭回归

Geographical Weighted Logistic Regression,GWLR,地理加权逻辑斯蒂回归

Geographically Weighted Regression,GWR,地理加权回归

Georeferenced Data,地理参照数据

Global Geographical Spillover,全域地理溢出

Gravity Model,重力模型

Hannan-Quinn Criterion,HQC,汉南-奎因准则

Hedonic Price Model,特征价格模型

Heteroscedastic and Autocorrelation Consistent,HAC,异方差和自相关一致估计方法

Incidental Parameter Problem,附带参数问题

Information Communication Technology,ICT,信息、通信和技术

Instrumental Variable,IV,工具变量法

Isotropic,各向同性

Journal of Regional Science,《区域科学杂志》

Lagrange Multiplier Test, LM, 拉格朗日乘子检验

Learning by Doing, 干中学

Likelihood Ratio Test, LR, 似然比检验

Local Geographical Spillover, 局域地理溢出

Local Indicators of Spatial Association, LISA, 局部空间关联指标

Local Knowledge Spillovers, 局域知识溢出

Lyapunov Boundedness, 李雅普诺夫有界

Markov Chain Monte Carlo Method, MCMC, 马尔可夫链蒙特卡洛方法

Marshall-Arrow-Romer Externalities, MAR, 马歇尔—阿罗—罗默外部性

Maximum Likelihood Estimation, MLE, 最大似然估计

Method of Moments, MM, 矩估计方法

Micro-Econometrics, 微观计量经济学

Modifiable Areal Unit Problem, MAUP, 可变面元问题

Monte Carlo Method, MC, 蒙特卡洛方法

Multivariate Time Series, 多元时间序列

Multi-Scale Geographically Weighted Regression, MGWR, 多尺度地理加权回归

National Center for Geographic Information and Analysis, 美国国家地理信息与分析中心

Network Autocorrelation, 网络自相关效应

New Economic Geography, NEG, 新经济地理学

Newton-Raphson Method, 牛顿-拉夫逊方法

Non Classical Econometrics, 非经典计量经济学

Non-parametric Econometrics, 非参数计量经济学

Ordinary Least Squares, OLS, 最小二乘估计

Orthogonality, 正交性

Over Dispersion, 过度离散

Panel Data Econometrics, 面板数据计量经济学

Panel Data, 面板数据

Partial Likelihood, 部分似然

Poisson Model, PM, 泊松模型

Poisson-Gamma Distribution,泊松—伽马分布

Probit Model with Geographical Weighted,PGW,地理加权 Probit 模型

Proportional Change in the Residual Sum of Squares,残差平方和变化比例

Pseudo T-Test,伪 t 检验

Random Sampling,随机抽样

Regional Innovation Cluster,区域创新集群

Regional Science Association International,国际区域科学协会

Research and Development,R&D,研究与开发

Robust Lagrange Multiplier Test,RLM,稳健的拉格朗日乘子检验

Semi-Parameter Geographically Weighted Regression/Mix Geographically Weighted Regression,SGWR,半参数地理加权回归

Simultaneous Equation,联立方程

Space Syntax,空间句法

Space-Time Data Cube,时空数据立方

Spatial Data Matrix,空间数据矩阵

Spatial Data,空间数据

Spatial Durbin Error Model,SDEM,空间杜宾误差模型

Spatial Durbin Model,SDM,空间杜宾模型

Spatial Econometrics Association,空间计量经济学会

Spatial Econometrics,空间计量经济学

Spatial Effect,空间效应

Spatial Error Components Model,SEC,空间误差分量模型

Spatial Error Model,SEM,空间误差模型

Spatial Lag Model/ Spatial Autoregressive Model,SLM/SAR,空间滞后模型/空间自回归模型

Spatial Lag of X Model,SLX,自变量空间滞后模型

Spatial Lag of X Poisson Model,SLXPM,自变量空间滞后泊松模型

Spatial Lag Poisson Model,SLPM,空间滞后泊松模型

Spatial Moving Average Model,SMA,空间移动平均模型

Spatial Processes/ Spatial Stochastic Processes,SP,空间过程/空间随机过程

Spatial Referenced Data,空间参照数据

Spatial Regimes,空间机制

Spatial Sampling,空间抽样

Spatial Seemingly Unrelated Regression Model,SSUR,空间似无关回归模型

Spatial Spillover Effects,空间溢出效应

Spatial Statistics,空间统计学

Spatial Two Stage Least Squares,S2SLS,空间两阶段最小二乘法

Spatially Weighted Interaction Models,SWIM,空间加权相互作用模型

Spurious Regression,伪回归

Stratified Sampling,分层抽样

Strictly Ergodic,遍历性

Strictly Stationary,严格平稳性

Systematic Sampling,系统抽样

Tacit Knowledge,隐性知识

Time Series Econometrics,时间序列计量经济学

Time-Series Data,时间序列数据

Truncation Data,截断数据

Two Stage Least Squares,2SLS,两阶段最小二乘法

Uniform Non-Degeneracy,一致非退化

Variance Inflation Factor,VIF,方差膨胀因子

Wald Test,WT,沃尔德检验

Weighted Least Squares,WLS,加权最小二乘

第 1 章 导 论

本章介绍空间计量经济学的学科体系、发展脉络、研究步骤、应用领域及其在中国的发展情况,以便读者对空间计量经济学的整体知识框架获得初步了解。其中,1.1 节阐述空间计量经济学的定义、范畴、学科定位与内容体系;1.2 节梳理空间计量经济学的发展脉络与趋势;1.3 节概括空间计量经济学的主要应用领域与应用模式;1.4 节总结空间计量经济学在中国的发展情况;1.5 节介绍本书的内容安排与篇章结构。

1.1 空间计量经济学的学科体系

1.1.1 空间计量经济学的定义

空间计量经济学是对空间经济系统进行计量分析的经济学科。具体来说,空间计量经济学是以区域科学和空间经济理论为基础,以计量分析和地理计算为手段,以处理空间数据所特有的空间效应为核心,研究区域科学或空间经济模型的设定、估计、假设检验、预测和应用的理论与方法体系,是区域科学、计量经济学和地理计算科学的交叉学科。

Paelinck 和 Klaassen(1979)提出,空间计量经济学是为城市与区域计量模型提供方法论基础的一门计量经济学分支学科。Anselin(1988a)将空间计量经济学定义为在区域科学模型的统计分析中处理由空间引起的各种特性的一套技术方法,也就是说,空间计量经济学旨在处理区域科学研究领域数据与模型所特有的空间问题,这些问题是经典计量方法不能直接解决的。他进一步指出,空间计量经济学与非空间计量经济学的这种区分实际上与 Isard(1956)对空间经济学与非空间经济学所做的分类是相似的。从这个意义上讲，区域科学研究中所有经济模型的统计分析都可以被认为是空间计量经济学的范围，具体来说，空间相互作用模型的估计、城市密度函数的统计分析以及区域计量经济学模型的应用都可以被认为是空间计量经济学的研究范畴。可见，学者们早期对空间计量经济学的定义是广义的，广义空间计量经济学可以理解为作为区域科学两个重要知识传统之一的空间分析方法在经济计量领域的延伸与拓展。

Anselin(1988a)认为，空间效应这一特殊性的存在打破了经典计量经济学的高斯—马尔可夫定理中的误差项不相关和同方差假设，从而使得最小二乘估计不再是最优线性无偏估计，因此，必须发展一套设定、估计、检验和运用区域科学模型的方法和技术，以有效处理这种空间效应或空间特性，使得模型的设定与估计是无偏且有效的。与此同时，将空间效应纳入计量模型，使得空间经济系统中普遍存在的空间溢出效应和复杂空间结构的分析及度量成为可能，从而搭建了区域科学理论模型与空间观察数据之间的桥梁，进一步推动区域科学的理论验证与实证研究。Anselin(2006)将空间计量经济学定义为研究截面观察值和时空观察值中所出现的空间问题的一门计量经济学分支。Elhorst(2014)认为空间计量经济学是处理国家、城市和邮政编码分区等地理单元之间的空间关系的一门计量经济学分支。可见，空间效应的计量处理是空间计量经济学的逻辑起点和历史起点，是空间计量经济学区别于经典计量经济学的本质特征，也是空间计量经济学作为现代计量经济学的一门相对独立的分支学科的重要基础。

根据对空间数据生成过程中空间效应来源的理解，学者们进一步明确了空间计量经济学的研究范畴，建立了空间计量经济学模型的动因与条件，并确定了将空间效应置入计量模型的技术路线。Paelinck和Klaassen(1979)提出了建立空间计量模型的五个原则，从而最早地界定了空间计量经济学的五个研究范畴，即①空间依赖性的作用；②空间关系的非对称性；③来自其他空间单元的解释性因素的重要性；④事前、事后相互作用的差异性；⑤将空间或拓扑变量显性地纳入空间模型。Anselin(1988a)主要基于空间依赖性和空间异质性这两类空间效应明确了空间计量经济学的研究范畴。Lesage 和 Pace(2009)则提出了建立空间计量模型的五个动因,从而概括了空间计量经济学产生的五个学科基础,即:

第一,时间依赖性动因。指经济行为人当期的决策常常受到其他行为人前期行为的影响。例如,本地政府可能在观察了邻近地区前一段时间的税率之后来制定当地的税率,因此,尽管样本中截面地区的税率是在过去一段时间内设定的,但是这些可观测的截面税率表现出某种空间依赖性。

第二,遗漏变量动因。在空间计量建模过程中遗漏了一些不可观测的自变量,从而导致当空间样本数据形成时因变量在各个空间单元之间出现空间依赖。

第三,空间异质性动因。在只有截面数据(每个地区只有一个单一的观测值)的条件下,如果把回归方程的截距看作是一个空间结构的随机效应向量,由于各空间单元之间具有异质性,那么截距可能与自变量相关,从而使得空间异质性提供了空间依赖的动因。

第四,空间外部性动因。指某一地区的特征变量受到邻近地区特征变量的正面或负面影响。

第五,模型不确定性动因。在模型设定过程中常常出现模型类型选择、常规参数和解释变量设定的不确定性,造成了模型数据生成过程中的不确定性,从而使得回归模型中含有因变量与自变量的空间滞后。

类似于由于事物发展的延续性与随机性等原因引起时间序列数据形成时具有互相依赖关系一样,上述五个动因导致了空间观测数据形成时呈现出某种相互依赖关系,因此,需要设定相应的空间计量模型进行计量分析,处理由于数据的不独立性所引起的空间效应问题。

1.1.2 空间计量经济学的学科关系

作为区域科学、计量经济学和地理计算科学的交叉学科,空间计量经济学与相关学科既关联又区隔,既融合发展又自成系统,成为空间综合人文学和社会科学研究领域具有基础性、渗透性和实战性的理论与方法体系。

1.1.2.1 空间计量经济学是现代计量经济学的空间化范式

计量经济学,又称经济计量学,是以经济理论和统计资料为基础,以建立计量模型为手段,采用数学、统计学方法与计算机技术,对具有随机性特性的经济变量之间的关系进行定量分析的一门经济学学科。简单地说,所谓计量,即以统计方法做定量研究。所谓计量经济学,根据计量经济学之父、第一届诺贝尔经济学奖得主、挪威经济学家拉格纳·弗里希(Ragnar Frisch)在《计量经济学》(*Econometrica*)创刊词中的经典描述,就是数学、统计学和经济学的有机结合。他指出用数学方法探讨经济学可以从好几个方面着手,但任何一方面都不能与计量经济学混为一谈。计量经济学与经济统计学绝非一码事;它也不同于我们所说的一般经济理论,尽管经济理论大部分都具有一定的数量特征;计量经济学也不应被视为数学应用于经济学的同义语。经验表明,统计学、经济理论和数学这三者对于真正了解现代经济生活中的数量关系来说,都是必要的,但各自又都构不成充分条件,只有三者结合起来才有力量,这种结合便构成了计量经济学。计量经济学的另一位创建人、1980 年诺贝尔经济学奖得主劳伦斯·克莱因(Lawrence Klein)也认为,计量经济学是数学、统计技术和经济分析的综合,不仅要对经济现象加以测量,而且要根据一定的经济理论进行计量分析,从而对所研究的经济问题实现在理论上的数量接近和经验上的数量接近的有机结合。

根据发展阶段、研究对象和建模方法的不同,计量经济学被划分为经典计量经济学和非经典计量经济学两种范式。经典计量经济学是指 20 世纪 20 年代至 70 年代发展并得到广泛应用的计量经济学理论方法体系,其基本特征是:在经典高斯-马尔可夫假设下,基于来自总体的一个随机抽样,对总体原型模型参数进行统计推断,从而得到估计的总体模型。经典空间计量经济学以经济理论为导向,以随机抽样所得到的截面数据为基础,以极限法则(大数定律和中心极限定理)为前提,采用随机模型进行计量分析。在经典假设下,采用普通最小二乘法(或极大似然法、贝叶斯方法等方法)得到线性模型参数的无偏、有效估计量,从而基于来自总体的随机抽样,按照最大可能性或最小偏差的统计法则,对总体原型模型参数进行统计推断,得到估计的总体模型。

所谓高斯—马尔可夫假设,或高斯-马尔可夫定理,即在五个经典线性回归假设下,最小二乘估计量是具有最小方差的线性无偏估计量。这五个假设分别是:假设一,线性假设,即模型参数和截距项为常数,误差项由实验过程中无法检测的因素决定,保证模型为线性关系;假设二,随机抽样假设,即所有样本都是从总体里随机抽样得出的;假设三,变量独立假设,即自变量之间不能有完全共线性,保证最小二乘估计量的存在性;假设四,误差项条件零均值假设,即误差项的均值为 0,并且均值不受自变量的影响,保证最小二乘估计量是无偏的;假设五,误差项同方差假设,即误差项的方差不受自变量的影响,为一个固定不变的值,保证最小二乘估计量是有效的。更多信息可见表 1.1。

表 1.1 五个经典线性回归假设

假设	具体含义	数学描述	问题或破缺
线性假设	因变量是自变量和误差项的线性函数	$y = X\beta + \varepsilon$	回归因子选择错误;非线性;变参数
随机抽样假设	变量是通过对总体的随机抽样产生的	$\{(X_i, Y_i): i=1,2,3,\cdots,\} \stackrel{iid}{\sim} F$	时间序列
变量独立假设	自变量之间没有明确的线性关系	$\mathrm{rank}(X) = k$	多重共线性
误差项条件零均值假设	误差项的均值为 0	$E(\varepsilon \mid X) = 0$	有偏的截距
误差项同方差假设	误差项的方差为一个固定不变的值,而且不受自变量的影响	$\mathrm{Var}(\varepsilon \mid X) = \sigma^2 I_n$	同方差性;误差项自相关

资料来源:根据 Woodridge(2010)翻译整理而成。

非经典计量经济学是指 20 世纪 70 年代以后发展的计量经济学理论、方法及应用模型,也被称为现代计量经济学。它是以经典计量经济学的模型理论为基础,以解决经典回归模型在应用过程中所出现的问题或破缺为导向而发展起来的理论与方法体系。所谓问题或破缺,指研究对象以及表征研究对象状态和变化的数据给经典回归模型带来的各种挑战与不适用性,包括模型类型非经典的计量经济学问题、模型导向非经典的计量经济学问题、模型结构非经典的计量经济学问题、数据类型非经典的计量经济学问题和估计方法非经典的计量经济学问题等五个方面的问题。李子奈和刘亚清(2010)认为,既然研究对象不同了,表征研究对象状态和变化的数据的特征不同了,用以进行经验研究的计量经济学模型也不同了,已有的模型理论方法不适用了,那么就需要发展新的模型理论方法。从解决这些问题或破缺出发,非经典计量经济学形成了五个相对独立的分支(见表1.2):为了解决宏观经济时间序列的非平稳性与经典计量经济学模型数学基础之间的矛盾,发展了现代时间序列计量经济学[①];为了解决空间数据普遍存在的空间效应所引起的空间非平稳性,发展了空间计量经济学;为了充分利用反映了空间和时间两个维度的经验信息,发展了面板数据计量经济学;为了适应扩张了的研究对象和表征研究对象的数据特征,发展了微观计量经济学;为了解决参数模型设定的困难和普遍存在的设定误差问题,发展了非参数计量经济学。

在经历了经典计量经济学和非经典计量经济学先后两个四十年的发展之后,计量经济学已经进入了交叉融合发展的新阶段,出现了若干新的前沿研究领域:面板数据计量经济学和微观计量经济学交叉融合,形成了面板数据微观计量经济学模型研究领域;面板数据计量经济学和空间计量经济学交叉融合,形成了时空模型和空间交互模型等研究领域;微观计量经济学和空间计量经济学交叉融合,形成了包括空间Tobit模型、序数空间概率单位模型、多项空间概率单位模型等在内的微观空间计量模型研究领域;面板数据计量经济学和现代时间序列计量经济学交叉融合,形成了面板数据单位根和协整检验理论研究领域;微观计量经济学和非参数计量经济学交叉融合,形成了微观计量经济学模型的非参数和半参数方法研究领域;以及数据可得性和多样性无限增加导致样本量和变量个数无限增多而出现的高维面板数据模型(亦称大数据计量经济学模型)等。

[①] 由于时间序列计量经济学模型以时间序列数据为样本,主要用于研究宏观经济变量之间的关系,因而一般将时间序列计量经济学模型等同于宏观计量经济学模型。它是以单位根检验和协整检验为核心内容,采取"数据关系导向"建模逻辑,对非平稳时间序列及它们之间的关系进行检验和计量的现代计量经济学分支,主要研究方向包括单位根检验、协整理论及动态计量经济学等领域。

表 1.2 计量经济学的知识图谱以及空间计量经济学的位置

学科分支 比较项目	经典计量经济学	非经典计量经济学				
		现代时间序列计量经济学	空间计量经济学	面板数据计量经济学	微观计量经济学	非参数计量经济学
时间	20 世纪 20 年代至 20 世纪 70 年代	20 世纪 70 年代至今	20 世纪 70 年代至今	20 世纪 60 年代至今	20 世纪 50 年代至今	20 世纪 80 年代至今
代表人物	弗里希、丁伯根(J. Tinbergen)、哈维尔莫(T. Haavelmo)和克莱因	格兰杰(W. J. Granger)、亨德里(D. F. Hendry)	佩林克(J. Paelinck)、安瑟林(L. Anselin)、勒沙杰(J. Lesage)	库赫(Kuh E.),萧政(Cheng Hsiao)	托宾(J. Tobin)、赫克曼(J. J. Heckman)、麦克法登(D. L. Mcfadden)	帕根(A. Pagan)、乌拉(A. Ullah)、霍洛维茨(J. Horowitz)
研究对象	设定结构的经济变量之间的因果关系	宏观经济变量之间的结构关系	经济变量之间的空间关系	涵盖空间和时间的经济行为	微观个体行为	非设定的结构关系
假设及其破缺	经典高斯-马尔可夫假设;极限法则(大数定律和中心极限定理)	时间序列数据的非平稳性和序列相关性破坏了随机抽样假设和同方差假设	空间效应破坏了随机抽样假设和同方差假设	充分利用空间和时间两个维度的经验信息,可以更好地反映变量及模型的时变特征	研究对象及其数据特征的个体化使得变量存在非连续化和抽样非随机化	实际经济现象中的变参数和经典模型设定误差等问题破坏了常参数和误差随机的假设
模型类型	参数模型、随机模型	对时间序列进行平稳性检验(单位根检验),对存在均衡关系的非平稳时间序列进行协整检验,建立长期均衡模型和描述变量间短期非均衡关系的误差修正模型	对空间相关性和异质性进行检验,建立空间回归模型、地理加权回归模型、空间滤波模型	根据研究对象和数据特征选择模型类型,并进行检验。包括无个体效应模型、个体变截距模型和个体变系数模型;后两者又分为固定效应模型和随机效应模型	根据研究对象和数据特征选择模型类型,并进行检验。包括选择性样本模型、离散选择模型、计数数据模型、持续时间数据模型等类型	完全非参数模型、半参数模型
模型导向	总体设定以先验的经济理论为导向	总体设定以数据关系为导向	总体设定以数据关系为导向	总体设定以数据关系为导向	总体设定以数据关系为导向	总体设定以数据关系为导向

(续表)

比较项目 \ 学科分支	经典计量经济学	非经典计量经济学				
		现代时间序列计量经济学	空间计量经济学	面板数据计量经济学	微观计量经济学	非参数计量经济学
模型结构	线性模型或可线性化模型、因果分析模型,模型具有明确的形式和参数	参数或非参数模型、线性或非线性模型	加入外生的空间权重矩阵,以纳入空间效应	参数或非参数模型、线性或非线性模型	参数或非参数模型、线性或非线性模型	不先验地设定模型结构,通过估计得到某种结构关系
数据类型	平稳时间序列数据或截面数据,被解释变量为服从正态分布的连续随机变量	非平稳时间序列数据	空间数据	面板数据	微观调查数据(微观截面或面板数据)	时序或截面数据
估计方法	仅利用样本信息,采用最小二乘法或最大似然法估计变量	最小二乘法、最大似然法估计、广义矩估计	最小二乘法、最大似然法估计、广义矩估计	最小二乘法、最大似然法估计、广义矩估计	最小二乘法、最大似然法估计、广义矩估计	局部逼近估计方法、整体逼近估计方法
模型应用的逻辑	实证分析、经验分析、归纳	归纳与演绎相结合、探索性分析与确证性分析相结合	归纳与演绎相结合、探索性分析与确证性分析相结合	归纳与演绎相结合、探索性分析与确证性分析相结合	归纳与演绎相结合、探索性分析与确证性分析相结合	归纳与演绎相结合
模型应用功能	结构分析、政策评价、经济预测、理论检验与发展	结构分析、政策评价、经济预测、理论检验与发展	空间探索、空间解释与理论检验、空间模拟与预测、空间优化与规划	结构分析、政策评价、经济预测、理论检验与发展	结构分析、政策评价、经济预测、理论检验与发展	政策评价、经济预测
模型应用领域	传统的应用领域,例如生产、需求、消费、投资、货币需求及宏观经济等	研究宏观经济领域各种经济因素的持续演变及它们之间的动态平衡结构,包括生产、消费、经济均衡和经济周期等研究	研究区域经济系统普遍存在的空间关系和空间结构问题,特别是空间外部性(空间溢出)及其影响因素和效应	对面板数据进行分析	研究微观经济现象,如消费者选择、生产者决策、交通行为等行为模式,以及劳动经济学、交通经济学等问题	适用于对待估参数分布了解较少,变量的数量较少并且拥有大量观察数据集合的计量经济学问题

资料来源:根据李子奈和刘亚清(2010)、李子奈(2011)以及相关教科书整理而成。

可见,在现代计量经济学的知识图谱里,空间计量经济学是处理经济社会系统的空间动力学关系和数据的空间效应的独特分支。正如时间序列数据的非平稳性和序列相关性催生了现代时间序列计量经济学,空间数据所呈现的空间依赖性和空间异质性等空间效应打破了经典计量分析中样本相互独立和同方差的基本假设,导致最小二乘估计不再是无偏的和有效的估计,经典的统计推断不再适用,于是空间计量经济学应运而生。事实上,世界上绝大部分经济社会现象和过程都是基于空间的,空间依赖性和空间异质性是经济社会系统的基本性质与普遍特征。一方面,经济社会系统的各种特征总会投射到地理空间上,呈现某种空间形态和空间差异性;另一方面,各种经济社会主体之间的空间博弈以及主体与环境之间的相互作用是经济社会系统演化的基本动力学机制。复杂的空间依赖关系推动了经济社会系统的空间异质性,空间异质性及其格局进一步强化经济社会系统的空间依赖。无论是从研究对象的动力学机制视角,还是从数据的空间效应处理视角,包括时空计量模型在内的空间计量经济学更加真实和全面地刻画和揭示了人类经济社会系统的总体特征。随着空间因素不断地被纳入主流经济学理论以及空间数据的可得性和可计算性不断增强,空间计量经济学将在与现代计量经济学其他分支的融合发展中进一步推动现代计量经济学的空间化或时空化。

1.1.2.2 空间计量经济学是区域科学理论与经验研究的桥梁

区域科学是20世纪50年代由区域科学之父沃尔特·艾萨德(Walter Isard)通过对经典区位理论进行综合集成和一般化而创立发展的一门综合性社会科学学科。它将区域作为一个自然、经济、社会和政治的有机整体进行跨学科综合研究,旨在揭示经济社会活动的区位选择、空间分布、空间机制和空间管理等方面的规律。Isard(1975)在《区域科学导论》(*Introduction to Regional Science*)一书中指出,作为一门学科,区域科学所关心的是采用各种各样的分析性研究和经验式研究相结合的方法对区域内或空间范围内的社会问题进行细致耐心的研究。区域科学成为一门正式的学科是以先后创立了国际区域科学协会、美国宾夕法尼亚大学区域科学系和区域科学杂志为标志。

随着区域科学的发展,Anselin(1988a)认为在区域科学研究中,人们通常希望利用许多有关人类空间行为的理论模型来分析城市与区域面临的种种问题。为了达到这一目的,理论模型往往需要从抽象形式转化为可运算的模型。这意味着需要用规范的数学设定来表述变量关系,需要给出各个变量的含义以确保数据可获得与可计算,同时也需要进行估计、假设检验和预测,这基本上是以统计学方法和计量经济学方法为基础的。可见,区域科学是抽象的理论,统计学或计量经济学是将其解释问题的过程具体化的工具。

按照沃尔特·艾萨德的设想,这个学科有两个重要的目标,一是将空间纳入以经济学为代表的社会科学,并由此建立综合的社会科学理论;二是发展一套分析和解决城市和区域问题的定量分析方法。为此,艾萨德先后出版了两部奠基性著作,即《区位与空间经济》(*Location and Space-Economy*,1956)和《区域分析方法》(*Method of Regional Analysis*,1960)。其中,《区位与空间经济》将空间纳入一般均衡理论框架,建立区位和空间经济的一般理论,从而奠定了区域科学理论大厦的基石,20世纪90年代发展起来的新经济地理学可以看成其思想的模型化。《区域分析方法》则发展了一套区域定量分析的方法。

计量经济学和实验经济学则犹如硬币的双面,从不同的角度为经济学的实证分析提供重要的方法论基础。计量经济学以实际经济数据的建模与分析为主要研究对象。当实际数据不可得,或实际数据过于复杂而导致因果关系不易梳理时,实验经济学则有可能从另一个角度出发,通过可控的实验数据代替实际数据,成为实证经济分析的又一个有力工具。

1.1.2.3 空间计量经济学以空间统计和地理计算为基础,是旨在探索变量之间空间关系的统计学与计算科学

由于空间变量的加入,空间计量经济学往往要以空间统计学、地理信息系统和计算科学为基础,是旨在探索变量之间空间关系的统计学与计算科学分支。

空间统计学起源于20世纪50年代早期,也就是地理学的数量革命时期。早期的空间统计学主要用于对地理空间中的地理对象进行统计分析进而描述、解释、预测地理现象的状态、过程及其发展方向。然而,在很长一段时间内,空

间统计学都不属于主流的统计学,而是属于其边缘分支。直到20世纪80年代以来,由于空间数据的丰富、GIS(Geographic Information System,地理信息系统)技术的完善,以及大量空间或时空问题的出现,人们逐渐意识到传统的统计方法无法处理空间数据,自此空间统计学进入了快速发展阶段,目前已经成为统计学的主流分支。空间统计学是对具有空间分布特征的数据进行统计分析的理论与方法,即将统计学与地理计算技术结合起来,用直观的方法描述空间数据中所隐含的空间模式以及空间相互作用等特征,并基于某种理论研究空间特征的形成、发展及其原因。为了通过观察数据检验理论预期,需要使用统计模型来描述随机变量及其相关概率分布,并分析哪种模型更加适合特定数据,以及模型在多大程度上与数据一致。从这个意义上而言,空间统计学也可以被认为是空间计量经济学,特别是探索性空间分析的重要内容,例如经典的空间统计量 Moran's I 和 Geary's C 同时也被广泛地用于空间计量分析之中。空间统计学和空间计量经济学的区别在于,空间统计学研究大多由数据驱动,基本上不包括解释性模型,重点在于空间格局的讨论和描述性模型的建立;而空间计量经济学主要由经济理论和解释性模型驱动,即从经济学理论出发,重点在于建立城市与区域经济变量之间的解释性模型,并对变量之间的空间关系进行估计、解释和检验。空间统计学的发展极大地影响和带动了包括空间计量经济学在内的众多其他学科的发展,例如20世纪80年代由于处理大样本空间数据的需要,空间统计学发展出空间划分与空间抽样等方法,之后这些方法被广泛应用于社会科学、生物学和信息学等学科。

  地理信息系统是20世纪70年代后期发展起来的,对地理数据进行采集、输入、存贮、更新、检索、管理及综合分析与输出的计算机技术。它是以计算机为工具,综合应用定位观测数据、统计调查数据、地图数据、遥感数据等,通过一系列空间操作与分析,对地理现象进行综合研究的现代化手段。20世纪90年代,为了进一步探讨地理信息技术背后的科学问题,学者们提出了地理信息科学,为了进一步研究地理信息、科学的方法学问题,如算法、建模和计算体系等,又提出地理计算这一概念。地理信息系统、地理信息科学与地理计算的发展,为探索空间分布、挖掘空间数据、处理空间特性、发现空间格局等方面提供了强大的科学技术支撑,推动了地理信息产业与市场的繁荣,也为空间计量经济学的形成与发展奠定了基础。空间计量经济学是计量经济学与地理计算技术的有机结合,是旨在求解变量空间关系的地理计算。

随着问题的规模不断增大,数据的类型不断丰富,计算科学变得尤为重要。计算科学主要包括数值计算、高性能计算机系统结构等,其中数值计算在理论研究中应用最广。数值计算关注于有效使用计算机求解数学问题近似解的方法与过程及其相关理论,研究如何利用计算机更好地解决各种数学问题,包括误差、收敛性和稳定性等问题。计算科学为空间计量经济学的求解提供了强大的计算支持,若非计算科学的支撑,很多建构巧妙的空间计量经济学模型将难以求解,例如在处理权重矩阵时需要使用到稀疏矩阵的特殊算法以降低计算量,在进行多尺度地理加权回归时需要使用并行计算以降低时间复杂度,等等。计算科学在空间计量分析中最重要的应用之一就是处理大样本,在模型的估计中通常会涉及很多与权重矩阵相关的计算,然而这些方法计算量过大导致无法在可接受的时间内得到结果,所以需要在算法上进行优化。除大样本外,以多尺度地理加权回归为代表的"大模型"也导致了庞大的计算量。可以说,涉及模型求解的问题大部分有赖于计算科学的理论和技术的支持,计算科学的发展为空间计量经济学向"大数据"和"大模型"方向发展提供了必要条件。

1.1.3 空间计量经济学的内容体系

计量经济学可以分为理论计量经济学和应用计量经济学。理论计量经济学主要关注计量经济模型的建立,包括针对不同数据类型、随机实验和不可控随机误差的分布形式、经济学模型和实际问题而提出假设,从而对该模型进行参数、非参数等的估计、统计推断和预测,并给出其具体的理论性质,例如无偏性、渐进分布、统计有效性、预测误差等。应用计量经济学则侧重于实际问题,其内容基本涵盖凡是有数据支持的经济学理论的各个分支,例如对环境经济学、教育经济学、金融经济学、国际贸易理论、经济增长理论等都可以通过数据进行实证分析,在计量经济学理论的指导下进行计算。应用计量经济学通常涉及用经济数据来对经济理论进行检验,或是对某些经济变量的因果关系进行量化研究,或是利用金融数据进行风险估计等实证研究。计量经济学的理论研究和实证分析相辅相成,对现实生活中某种类型经济数据的实证分析往往成为发现理论研究新方向的动力,同时理论研究的成果也通过计量模型被广泛应用到各种实际问题中去。

空间计量经济学的主要方法分为三种:空间回归、空间滤波和地理加权回归。

空间回归在这三种方法中占主要地位,是空间计量经济学发展至今研究成果最多的一个分支,也是本书的主要内容。具体来说,空间回归是通过将空间效应显格式地加入模型设定中来处理空间效应的。其中最为经典的模型是空间滞后模型和空间误差模型,其中空间滞后模型如下:

$$y = \rho W y + X\beta + \varepsilon \quad (1.1)$$

$$\varepsilon \sim N(0, \sigma^2 I_n) \quad (1.2)$$

空间误差模型如下:

$$y = X\beta + \mu \quad (1.3)$$

$$\mu = \lambda W \mu + \varepsilon \quad (1.4)$$

$$\varepsilon \sim N(0, \sigma^2 I_n) \quad (1.5)$$

而这两者均是空间杜宾误差模型和广义空间模型的特殊形式。其中空间杜宾模型如下:

$$y = X\beta + WX\theta + \mu \quad (1.6)$$

$$\mu = \lambda W_2 \mu + \varepsilon \quad (1.7)$$

$$\varepsilon \sim N(0, \sigma^2 I_n) \quad (1.8)$$

广义空间模型如下:

$$y = \rho W_1 y + X\beta + \mu \quad (1.9)$$

$$\mu = \lambda W_2 \mu + \varepsilon \quad (1.10)$$

$$\varepsilon \sim N(0, \sigma^2 I_n) \quad (1.11)$$

空间杜宾误差模型和广义空间模型又是广义嵌套空间模型的特殊形式

$$y = \rho W_1 y + X\beta + W_2 X\theta + \mu \tag{1.12}$$

$$\mu = \lambda W_3 \mu + \varepsilon \tag{1.13}$$

$$\varepsilon \sim N(0, \sigma^2 I_n) \tag{1.14}$$

广义嵌套空间模型的其他特殊形式还包括空间杜宾模型:

$$y = \rho W_1 y + X\beta + W_2 X\theta + \varepsilon \tag{1.15}$$

$$\varepsilon \sim N(0, \sigma^2 I_n) \tag{1.16}$$

空间杜宾模型进一步的特殊形式是类似于经典线性模型的自变量空间滞后模型:

$$y = X\beta + WX\theta + \varepsilon \tag{1.17}$$

$$\varepsilon \sim N(0, \sigma^2 I_n) \tag{1.18}$$

而如果令所有空间系数均为 0,就退化成经典线性回归模型:

$$y = X\beta + \varepsilon \tag{1.19}$$

$$\varepsilon \sim N(0, \sigma^2 I_n) \tag{1.20}$$

各类模型之间的联系见图 1.1。

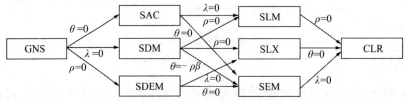

图 1.1 空间回归模型框架

除了一般嵌套模型,对于误差项的不同设置还引申出了两类模型,即空间移动平均模型和空间误差分量模型。广义嵌套空间模型的误差项表示为 $u = (I - \lambda W)^{-1} \varepsilon$,而空间移动平均模型对于误差项的设置为 $u = (I - \lambda W)\varepsilon$,空间误差分量模型将误差项表示成两个独立的误差之和的形式:$u = W\psi + \xi$。简单来说,经典线性回归模型与自变量的空间依赖设置、因变量的空间依赖设置、误差项的空间依赖设置三者中的一种或几种组合起来就是空间回归模型。通常可以见到加入两种或三种空间依赖设置的模型,这两种或三种设置的空间权重矩阵 W 一般是相同的。当然,权重矩阵也可以设置成不同的。如果使用不同的权重矩阵,就属于高阶空间模型。高阶空间模型中可以同时加入多项同种空间依赖设置,每项之间权重矩阵不同。举例来说,常见的有 p 阶空间滞后模型:

$$y = X\beta + \rho_1 W_1 y + \rho_2 W_2 y + \cdots + \rho_p W_p y + \varepsilon \qquad (1.21)$$

q 阶空间误差模型:

$$y = X\beta + u \qquad (1.22)$$

$$u = \lambda_1 W_1 u + \lambda_2 W_2 u + \cdots + \lambda_q W_q u + \varepsilon \qquad (1.23)$$

(p,q) 阶广义空间模型:

$$y = X\beta + \rho_1 W_1 y + \rho_2 W_2 y + \cdots + \rho_p W_p y + u \qquad (1.24)$$

$$u = \lambda_1 W_1 u + \lambda_2 W_2 u + \cdots + \lambda_q W_q u + \varepsilon \qquad (1.25)$$

同样,可以对自变量进行类似的设置,形成高阶空间杜宾模型等。由于权重矩阵是外生的,找到一个合理的权重矩阵非常困难,因此找到多个合理的权重矩阵的难度可想而知。此外,多个权重矩阵也给估计和检验带来了一些困难,所以通常这种模型实际应用很少。最后值得一提的是,上述这些模型都可以推广到联立方程、离散选择、面板数据和截断数据。

在空间滤波出现之前,滤波方法就已经被引入计量经济学用于讨论时间序列,之后又被引入了空间计量经济学。空间滤波是指基于一个假定的地理参照数据观测样本联系结构,然后通过算子的构建将地理参照数据中的地理结构噪声从趋势噪声和随机噪声中分解出来,从而使得数据分析更加稳健。一般来说是要提取一组空间代理变量加入模型中,而这些代理变量或者说是控制变量可以识别和分离空间依赖,从而保持观测样本的独立性。代理变量通常是表达了样本间空间联系或空间邻近的空间关系矩阵(一般是空间权重矩阵)的一组特征向量。Getis(1995)阐述了滤波方法处理空间依赖变量的合理性和滤波方法的基本步骤,以此提出空间滤波方法并将之用于实证研究,之后空间滤波开始受到重视。值得一提的是,空间滤波和空间回归有时可以相互诠释。很多回归模型可以看成空间滤波的结果;反之亦然。Getis(1995)提出的空间滤波法把每个变量分解成空间影响和非空间影响两部分,滤去变量的空间影响部分就可以用传统的回归方法(如最小二乘)来分析(Getis 和 Griffith,2002)。与基于最大似然估计的空间回归法相比,空间滤波最大的优点就是把变量的空间与非空间影响分开,区别各自的贡献,使结果比较容易解释。空间滤波的核心思想是将原先存在空间自相关的变量划分为两部分,一部分是过滤后的非空间变量,另一部分是剩余的空间变量。过滤后的非空间变量就可以作为一般的变量进行最小二乘回归分析。原变量 X_i 过滤的非空间变量 x_i^* 可以写成

$$x_i^* = \frac{w_i/(n-1)}{G_i} x_i \tag{1.26}$$

其中,w_i 是空间权重的平均值,n 是观测值数量,G_i 是局部 G 指数。分子 $w_i/(n-1)$ 是 G_i 的期望值。当原变量不存在空间自相关时,$x_i^* = x_i$,离差 $L_{x_i} = x_i^* - x_i$ 为 0,也就是不存在剩余的空间变量。将过滤后的变量(包括自变量和因变量)代入传统的最小二乘回归分析中就是空间过滤回归模型:

$$y^* = f(x_1^*, x_2^*, \cdots) \tag{1.27}$$

其中,y^* 是过滤后的因变量,$x_1^*, x_2^* \cdots$ 是过滤后的自变量。在最终的回归模型中,因变量和自变量都包括过滤后的非空间和剩余的空间变量两部分:

$$y = f(x_1^*, L_{x_1}, x_2^*, L_{x_2}, \cdots) \tag{1.28}$$

其中,y 是原始的因变量,L_{x_1}、L_{x_2} $\cdots$ 是对应自变量 x_1、x_2 $\cdots$ 的空间部分。

地理加权回归是处理空间异质性的一类模型(Brunsdon 等,1996),也是空间计量经济学的重要分支之一。经典的地理加权回归使用加权最小二乘对于局部的样本点进行回归,而各个样本点的权重由一个外生给定的空间权重矩阵所确定。空间权重矩阵的设定主要由两部分组成:核函数和带宽。核函数一般选择高斯核函数或二次核函数,而核函数中的带宽则一般由特定的准则来确定,常使用赤池信息量准则。地理加权回归的带宽反映了每个局部回归使用的样本数量,因此在一定程度上反映了空间过程的变化尺度。一般而言,空间过程的变化尺度越小,带宽越大;空间过程的变化尺度越大,带宽越小。由于技术上的限制,经典的地理加权回归对每个自变量使用的带宽都是相同的。但是在实际研究中,不同自变量的空间尺度是不同的。部分自变量可能是局部变化尺度的,也就是带宽较小,但部分自变量可能是全局变化尺度的,带宽接近于全部

样本。例如在房价研究中，契税对于房价的影响不存在空间异质性，也就是说对所有住房来说，契税与房价都呈负相关，契税越高，房价越低；而房价受到面积的影响是存在空间异质性的，普通小区面积越大单价越低，而高档小区面积越大单价越高。如果对所有变量使用统一的带宽，那么该带宽将是所有变量带宽在某种意义上的平均值。但是这也意味着较小带宽的变量实际使用的带宽较大，从而导致引入了更多的偏误；而较大带宽的变量实际使用的带宽较小，从而捕捉到了不必要的噪声。为了解决该问题，Fotheringham 等（2002）又提出了半参数地理加权回归。该方法将变量分为全局变量和局部变量，对于所有全局变量使用最大的带宽，而对于所有局部变量使用统一的带宽。该方法在一定程度上解决了全局变量与局部变量尺度不同而导致的带宽不同问题，但实际上每个变量应当有各自的尺度和带宽。尤其是对于局部变量来说，其尺度和带宽一般不可能是一样的。同样以房价为例，我们并没有充分的理由相信楼层高度的空间异质性尺度与面积的空间异质性尺度是相同的，尽管它们同样属于局部变量，同样存在空间异质性，但是有的变量的空间异质性尺度较大，而有的则较小。

1.2 空间计量经济学的发展阶段

Anselin（2010）在空间计量经济学起步 30 年之际将空间计量经济学的发展划分为以下三个阶段。

1.2.1 准备阶段

1979 年至 1990 年是空间计量经济学的准备阶段。在这一时期，一系列关于空间计量经济学的著作和论文相继问世，并且开始出现对空间计量经济学相关概念的严格定义。空间计量经济学这一领域的起源有两个。第一个起源可以追溯到地理学的定量革命，这一阶段的代表性著作是 Berry 和 Marble 的《空间分析:统计地理读本》(*Spatial Analysis*: *A Reader in Statistical Geography*,1968),以及一些著名学者的经典论文,如 Curry(1970)、Gould(1970)和 Tobler(1970)。到20世纪70年代,一些定量的地理学家开始研究空间模型的估计问题。第二个起源可以追溯到区域科学和区域经济学、城市经济学领域的研究工作,从而把空间效应纳入模型中。准备阶段的研究集中于以莫兰指数检验方法为主的空间相关性检验、空间计量模型的设定、空间计量模型的最大似然估计、工具变量法估计、模型的识别以及模型的识别检验等问题,不过此时对于模型的设定比较基础。

空间计量经济学一词可以追溯到 Paelinck 于1967年在法国区域科学年会上的报告。空间计量经济学的诞生得益于空间统计学方法的不断完善,包括 Moran(1948)提出用0—1连接矩阵表示空间相关关系,Moran(1950a)提出著名的 Moran's I 统计量以测度空间自相关,Geary(1954)提出另一种度量空间依赖的统计量 Geary's C。在1974年蒂尔堡的荷兰统计协会年会上,Paelinck 在其大会致辞中提出将空间计量经济学作为一个新的领域。早期空间计量经济学研究的主要成果包括 Cliff 和 Ord(1972)提出 Moran's I 统计量可以用于检验最小二乘回归得到的残差中的空间自相关,Ord(1975)提出了空间误差模型和空间滞后模型并给出了最大似然估计方法。这些成果阐明了使用空间计量模型的动因,提出了经典空间回归模型设定及估计方法,奠基了空间计量经济学。早期的空间计量经济学相关文章主要出现在统计学、定量地理、区域科学的期刊上,但其所使用的方法并不被主流经济学所接受。随着研究逐渐发展,空间计量经济学这一领域的范畴也逐渐明晰。Paelinck 和 Klaassen 在1979年的著作《空间计量经济学》(*Spatial Econometrics*)中提出了空间计量模型建立的五个重要原则,从而界定了早期空间计量经济学的研究范畴。

Anselin 在1988年的著作《空间计量经济学:方法与模型》(*Spatial Econometrics*:*Methods and Models*)中对此前空间计量经济学的研究成果进行了全面系统的总结,使空间计量经济学被更广泛地了解,并逐渐为主流经济学所接受。该著作将空间计量经济学定义为在区域科学模型的统计分析中,研究由空间引起的各种特性的一系列方法。

在空间自相关检验方面,这一时期具有代表性的研究包括:Cliff 和 Ord(1972)提出采用莫兰指数对模型的普通最小二乘法的残差进行空间相关性检验;Hordijk(1974)、Bartels 和 Hordijk(1977)等对莫兰指数统计量性质和功效进行研究,并且将该统计量用于检验各种模型形式的估计残差;Burridge(1980)和 Anselin(1988c)提出用基于最大似然估计的沃尔德、似然比和拉格朗日乘子检验进行空间相关性检验。

在模型设定方面,这一时期的研究主要集中于空间滞后模型和空间误差模型两类基础模型以及这两个模型的扩展模型,包括 Brandsma 和 Ketellapper(1979)提出的双重参数模型,Burridge(1981)提出的空间杜宾模型,以及 Haining(1978)提出的空间移动平均模型等。

在模型估计方面,最大似然估计方法是这一时期最重要的估计方法。Ord(1975)第一个将最大似然估计引入空间计量模型,此后有一些学者将该方法在空间计量模型中的应用进行了扩展,例如 Hepple(1976)和 Anselin(1980, 1988)考察了极大似然估计量在统计规范和实证方面的性质。有文献对误差的空间自相关形式进行了进一步的设定,如 Bodson 和 Peeters(1975)、Cook 和 Pocock(1983)假定误差的空间自相关性随地理距离的延长而减小。然而最大似然估计的缺点在于计算复杂,因此许多其他的估计方法也逐渐被提出,如 Anselin(1980)将工具变量法应用到空间计量经济学模型提出的空间两阶段最小二乘法,Hepple(1979)和 Anselin(1980,1982)提出贝叶斯估计方法等。

此时,空间异质性同样受到学者的关注。Casetti(1972,1986)提出了将空间异质性引入模型的思路,Foster 和 Gorr(1986)提出了一种使用适应性过滤方法对模型中的空间异质性问题进行处理的技术。学者们同时提出了许多进行模型选择的检验方法(Horowitz,1982;Bivand,1984;Blommestein 和 Nijkamp,1986;Anselin,1988c),比如 Anselin(1984,1986)提出了非嵌套假设检验。还出现了空间计量时空模型的初步研究,主要包括空间似无关回归方面的研究(Hordijk 和 Nijkamp,1977,1978;Anselin,1988b)。

1.2.2 起飞阶段

1990年至2000年是空间计量经济学的起飞阶段,随着地理加权回归、马尔可夫链蒙特卡洛方法、广义矩估计的引入,空间计量经济学在模型设定和估计方法上都有了比较大的改进。与第一阶段相比较,这一时期的空间计量经济学研究范式逐步正规化、严格化,尤其体现在对模型估计量渐进性质的证明方面,比如 Kelejian 和 Prucha(1998,1999)、Conley(1999)对于广义矩估计方法进行了严格的数理推导和证明。同时,用于有限样本性质研究的计算机模拟实验的设计也越来越精细(Anselin 和 Rey,1991;Anselin 和 Florax,1995;Kelejian 和 Robinson,1998)。

这一阶段空间计量经济学模型的设定、估计和检验等方面得到了长足的发展。在模型设定方面,出现了新的模型设定形式,如空间误差分量模型。在空间计量模型估计方面的进展可分为两个方面,一方面表现为极大似然估计方法在计算速度上的技术改进,采用稀疏矩阵进行模型估计(Martin,1992),例如 Pace(1997)讨论了基于 LU 分解(Lower-upper Decomposition)的最大似然估计的快速计算方法,Barry 和 Pace(1999)讨论了稀疏矩阵的对数行列式计算的蒙特卡洛方法;另一方面表现为其他估计方法的应用,如吉布斯抽样(Casella 和 George,1992;Gilks 等;1996)和马尔可夫链蒙特卡洛方法(Lesage,1997)。空间检验方法的新进展包括:考虑空间相关性与异方差同时存在情况下的空间相关性检验(Kelejian 和 Robinson,1992,1998)与稳健的拉格朗日乘子检验统计量(Anselin,1990a;Anselin 等,1996)。

空间异质性在这一阶段取得了新的突破。最重要的进展是地理加权回归方法的提出(Fotheringham,1997;Fotheringham 等,1998;Fotheringham 和 Brunsdon,1999)。此外,空间滤波方法也是该时期的重要进展之一(Getis,1995)。

另外,受限变量的空间模型,如空间 Probit 模型(Case,1992;Mcmillen,1995)以及空间单位根问题的研究(Fingleton,1999)也受到了学者们的关注。

随着空间计量经济学广泛应用于实证研究,对相关软件的需求也越来越大,各种统计、计量软件应运而生。例如美国国家地理信息与分析中心于1992年发布 Space Stat 软件,Lesage 于1997年开发和扩展 Matlab Spatial Econometrics Library 工具箱,Anselin 于1993年开发 Geoda 软件,之后 Stata 和 R 都相继增加了空间统计相关的软件包。这些软件的开发为空间计量经济学的实证研究提供了丰富的分析工具,促进了空间计量经济学的快速发展。

总而言之,空间计量经济学在这一阶段发展迅速,在应用计量经济学领域的地位得到了普遍认可,空间计量经济学也从边缘学科逐渐发展成应用计量经济学与社会科学方法的主流(Anselin,2010)。

1.2.3 成熟阶段

2000年至今是空间计量经济学发展的成熟阶段,其方法被广泛应用于多领域的实证研究,不仅包括城市经济学、区域经济学、房地产经济学、经济地理学等领域,而且拓展到劳动经济学、能源经济学、环境经济学、产业经济学以及国际贸易等其他领域。

该阶段面板数据和广义矩估计方法得到进一步完善(Elhorst,2001,2003;Elhorst 和 Zeilstra,2007;Kapoor 等,2007;Fingleton,2008;Lee 和 Yu,2010;Kelejian 和 Prucha,2010;Drukker 等,2013)。面板数据的最大似然估计、工具变量法、广义矩估计等方法被充分讨论。模型设定上也有比较多的研究,计算速度也得到了大幅提高(Pace 和 Lesage,2004;Bivand 等,2013)。此外,动态面板模型(Lee 和 Yu,2010)、空间 O—D 流模型(Lesage 和 Pace,2008;Kordi 和 Fotheringham,2016)、空间马尔可夫链(Rey 等,2014,2016;Kang 和 Rey,2018)以及多尺度地理加权回归(Fotheringham 等,2017;Yu 等,2019)等模型的研究也极大地拓展了空间计量经济学的理论和应用。在模型检验方面,这一阶段也有极大的完善(Baltagi 和 Li,2001a;Anselin,2001;Lauridsen 和 Kosfeld,2006;Kelejian,2008;Amaral 和 Anselin,2013)。但空间预测研究仍然是空间计量经济学较少关注的领域(Baltagi 和 Li,2006;Kelejian 和 Prucha,2007b;Fingleton,2009)。

表 1.3 梳理了空间计量经济学从准备阶段到成熟阶段的主要理论研究进展。

表 1.3　空间计量经济学的标志性研究成果

作者	时间	贡献
Moran	1948 年	提出用 0－1 连接矩阵表示空间相关关系
Moran	1950 年	提出 Moran's I 统计量
Geary	1954 年	提出 Geary's C 统计量
Cliff 和 Ord	1972 年	提出用 Moran's I 检验残差中的空间自相关
Ord	1975 年	提出了空间误差模型和空间滞后模型并给出了最大似然估计方法
Haining	1978 年	提出了空间移动平均模型
Paelinck 和 Klaassen	1979 年	出版 *Spatial Econometrics*，提出空间计量经济学的范畴和五个基本原则
Anselin	1980 年	讨论了空间计量模型的工具变量法估计
Anselin	1988 年	出版 *Spatial Econometrics: Methods and Models*
Getis	1995 年	总结完善了空间滤波方法
Fotheringham	1997 年	提出了地理加权回归
Lesage	1997 年	提出马尔可夫链蒙特卡洛方法的贝叶斯估计
Kelejian 和 Prucha	1998 年	提出广义空间模型的广义矩估计方法
Elhorst	2003 年	讨论了面板数据空间计量模型的估计方法
Arbia 和 Paelinck	2006 年	发起成立空间计量经济学会
Kelejian 和 Prucha	2007 年	提出了空间计量模型的异方差和自相关一致估计方法
Lesage 和 Pace	2009 年	出版 *Introduction to Spatial Econometrics*
Lee 和 Yu	2010 年	讨论了空间动态面板模型的广义矩估计
Fotheringham 等	2017 年	提出了多尺度地理加权回归
Yu 等	2019 年	解决了多尺度地理加权回归的统计推断问题

1.3　空间计量经济学的应用

空间计量经济学发展至今有着广泛的应用。其中，在区域科学、城市与区域经济研究中，空间计量经济学主要应用于区域创新与知识溢出、产业空间分布、经济增长差异、财税收入与支出、环境与能源、外商直接投资、人口分布、房地产、土地经济等领域。由于空间计量经济学可以识别出空间依赖性，从而改善估计的准确度和有效性，因此为定量分析空间效应，特别是知识溢出、区域增长趋同和区域溢出效应、集聚效应和空间外部性等空间效应，提供了有效方法。

囿于篇幅所限,本书重点介绍以上三个方面的应用研究。

1.3.1 知识溢出

知识具有非排他性、可传播性、非竞争性和外部性等特征,这些特征说明知识是一种比较容易复制的商品(仅限于显性知识),并且知识可以通过各种渠道(如人员流动和体现在产品中的信息公布)被别的经济主体所利用,但是知识创新不能对这部分外部性索取回报,这就导致了知识溢出或技术溢出。具体来说,知识溢出是指一个部门在对外进行经济、业务交往活动时,其知识和技术会自然输出和外露,这种现象源于知识的外部性特征。知识溢出具有企业、产业和区域三个层面的区分。其中,区域间知识溢出是指知识区域之间由于技术差距而形成的知识和技术的自然输出和外露。在一个运行良好的经济体内,其内部企业之间以及科研机构和大学之间通过人员交往、项目合作等方式,可以共享知识溢出效应(Audretsch 和 Feldman,1996)。因此,知识溢出是导致经济集聚的重要原因,同时也是知识空间分布的重要决定因素:一种区域知识的生产不仅增加自身区域的知识存量,而且会溢出到临近区域,引起临近区域知识存量的增加;但知识传播的成本随距离的增加而增大,因此知识对企业的地理区位是有黏性的。为了充分利用知识,个体和企业与知识源地的临近很重要,因此研发活动和创新往往集聚在特定区域,使得技术在地理位置上存在差异。总之,知识溢出对于知识空间分布集聚的趋势产生积极影响。

事实上,经济集聚会引起知识的空间集聚。区域内经济的集聚为研发机构和企业的创新行为提供了良好的基础,在同一区域内,比邻而居的企业之间由于频繁的交往和经常性的合作,产生了进行面对面观察与学习的便利性,因此一项技术创新很容易为其他企业所发现,使得该技术通过技术转让与模仿在集群区域内扩散,并在对此项技术完成消化、吸收与模仿的基础上进行技术改良,从而导致渐进性的技术创新不断发生。此外,在同一区域内各行动主体如企业、教育和研究机构、政府、中介机构及金融机构等因地域的接近、交往的频繁、亲友的情缘等因素形成和积累了丰厚的社会和技术资本,这些因素共同作用,从而减少了学习与交流的交易费用,促使企业不断地进行技术创新,区域知识能力也随之增强。也就是说,经济集聚度和知识集聚度有比较明显的正相关性,两者相互促进、相互影响,一方面经济集聚增强了区域内的创新能力;另一方面区域内拥有的知识创造活动越多、创新能力越强,会引起高新企业、研发机构的进一步集聚,而地区经济集聚度越强,则经济发展水平越高。这已被许多实践所证明:区域知识能力最强、创新过程运行最好的地区,正是那些参与知识创新的主体集中分布、紧密联系且便于交流的地区,而能够共享共同知识结构的区域或组织,比其他地区更能保持持久的创新能力。从相关文献来看,近年来对知识创新行为的集聚研究主要集中在区域内互动学习、学习交易成本、区域社会网络,以及企业和区域的竞争优势等方面。

在知识溢出过程中,有些特定的地理区位由于一些当地特有的因素和其他外部刺激而成为创新的集聚地和增长的源泉,而另外一些区域则由于种种原因沦为外围。创新的空间集群是区域创新中一个异常明显的现象,如美国硅谷和波士顿128号公路这两个著名高新区,就是产业集群和创新空间集群的典型案例。创新行为、创新过程和创新集群及其与区域经济增长的关系成为目前区域经济发展研究的一个重要领域,国际上近年来有关区域创新集群及局域知识溢出的研究得到了很快发展,这两方面的理论来源可以追溯到马歇尔对产业集聚的外部性的有关论述和新古典经济增长理论对技术进步的认识。继新古典经济增长理论将技术进步要素纳入经济增长模型以后,以 Romer(1990)、Lucas(1988)、Grossman 和 Helpman(1993)、Jones(1995)等为代表的新增长理论着重探讨了现代经济发展中最重要的要素——知识,并详细分析了技术创新、人力资本积累和知识溢出对经济增长的影响,使该理论成为知识经济的理论基础。新增长理论认为,技术进步是经济增长的内生变量和决定因素,技术创新通过人力资本的研发及已有的知识存量而产生;新知识的产生是追求利润最大化的厂商进行研发投入的结果,研发成本等会影响到知识增长的速度,从而导致各国和各地区的经济增长速度存在差异;由技术变迁带来的知识积累及溢出在区域生产率增长中发挥着核心作用。这是新经济增长理论对知识溢出的一种认识。另外一种颇具特色的理论就是由 Krugman(1991)等在 20 世纪 90 年代提出的新经济地理学理论。该理论认为,局域知识溢出指特定区域内的知识的外部性,即区域内的企业易于利用邻近的知识及技术资源更快地进行创新活动。这些知识及技术资源主要来源于公立或私立的学术机构或企业的研发机构。借助于当地创新主体之间的各种正式和非正式的联系(如相互之间的信任、社会关系网络等),区域内的企业更容易获取关于创新的信息和知识,拥有更多的创新机会,从而使得其较之区域外的企业更容易开展创新活动。

实际上,在 Romer(1986)、Grossman 和 Helpman(1993)、Krugman(1991)及其他学者强调机构或企业之间的经济知识溢出可以带来收益递增进而最终促进经济增长的同时,就已经有学者沿着另外一条路径对知识溢出进行了研究,并明确提出了知识生产和知识溢出在经济增长和创新过程中的重要性。

随着知识创新和知识生产函数理论逐渐为人接受,区域发展研究的一个新方向是把知识溢出局域化为经济主体(尤其是高技术公司)在地理空间上集群的基本力量,原因主要是经济主体之间在一个特定的地区交流要比穿过不同的地区的交流更容易、更有效。另外,随着信息和通信技术的飞速发展,特别是互联网和局域网瞬时传递信息技术的发展,时空关系经常被假定为已经彻底压扁了,随着经济全球化和遵循摩尔定律的信息经济对经济增长的影响进一步深入,距离、运输成本等因素对经济发展的影响在减少。然而,尽管全球化和技术水平的提高使得较远距离的空间货物运输和信息传递成本降低(Glaeser 和 Kohlhase,2004),但是地理距离对经济增长的影响并未消失。一些信息的传递还要依赖于人员和事物的流动,大多数的生产和服务还需要人们面对面的交流,而且人员流动的成本远比运输货物的成本高得多(Glaeser 等,1992),尤其是对于发展中的国家和地区而言,距离对货物运输、人员流动及信息传递的影响仍然存在(Mccann 和 Shefer,2004)。虽然与以往相比,劳动力的流动要容易一些,但 21 世纪劳动力在地理空间上的流动性仍然受到很大限制(Cheshire 和 Malecki,2004)。

在创新集群和知识溢出过程中,人们也许感觉到经济体可以以很小的成本获得来自远方的知识。知识在很大程度上是暗含在它的特质中,是嵌入在人力资本里随时间而累积的。这种类型的知识的溢出需要干中学,需要研发人员个体之间面对面的接触以及公司之间在地理上邻近和容易到达,因此知识传播的成本是随距离的增加而增大的。更确切地说,隐性知识对公司和地理区位是有黏性的,在没有成本的情况下无法轻易传播。因此,为了充分利用知识,发挥知识的扩散效应,个体和公司与知识创新的特定源地的邻近非常重要。这就是为什么研发活动和创新集聚在一定的地域空间,从而导致在不同地理区位上存在科技差异的原因(Caniels,2000)。

1.3.2 区域增长趋同和溢出效应

假定地区之间存在空间依赖性,那么一个地区的相关区位就会影响它自身的经济绩效。在这种情况下,对具有相似地理环境的地区而言就是条件趋同。由此,要检验趋同的假设,就必须先检验区域之间的空间依赖性,原因是空间自相关性的存在将使得普通最小二乘法产生无效估计和不可靠的统计推论,以Solow(1956)、Barro和Sala-i-Martin(1995)等为代表的趋同研究中就存在忽视地理空间因素的问题。

从新经济地理学的角度考察,趋同的空间误差模型突出了空间溢出效应的重要性。地理位置和地区差异对经济增长机制具有不可忽视的作用。区域经济平均增长率差异的地理溢出效应和空间依赖性理应受到经济增长率分布和趋同研究的重视。如果忽视了地理空间效应的作用,就可能导致错误的模型设定。同时,一旦空间相关性检验发现区域经济增长存在空间自相关误差,那么基于空间效应的模型就可能是估计趋同模型及获得可信统计推论比较可靠的方法。也就是说,将地理空间效应纳入经济增长趋同分析的理论框架可验证新经济地理学关于经济增长与收入分配的差异研究,是经济增长研究的必然要求。因此,在借鉴巴罗等人的基本模型思路的基础上,引入空间依赖性和空间效应的概念,结合空间计量学模型,建立能同时反映趋同和空间溢出与地理扩散效应的经济增长趋同模型体系,可为增长趋同及地理溢出的空间计量经济实证分析构建一个基本框架,并以此从理论上说明地理空间效应在区域增长趋同研究中具有重要作用。

早期的发展经济学家在20世纪50年代探讨区域经济增长机制时就对区域经济溢出现象进行了理论阐述,并在研究欧洲一体化时讨论了溢出问题。根据Englmann和Walz(1995)等的观点,经济增长的地理(空间)溢出效应,是指影响企业区位周围其他企业生产过程的、由某些特定区位的企业产生的正的知识外部效应。在这里,必须正确区分局域地理溢出和全域地理溢出两个概念。前者指位于一个区域的企业的生产过程仅仅受益于该地区知识的积累,在这种情况下,将出现经济行为的空间分布不平衡及经济增长的趋异(发散)。而后者意味着一个区域的知识积累将提高所有企业的生产力,不论该企业位于什么地方或区位。比较起来看,全域地理溢出效应不会强化集聚过程,也不会对增长趋同做出贡献(Englmann和Walz,1995)。一般认为,企业在一个地区的集中将同时产生不同水平的局域地理溢出和全域地理溢出。地区内部和地区之间地理溢出的相对力量决定了区域增长非均衡或均衡模式的形成。

以上分析表明,经济增长过程能配置增长地理分布的空间模式,并能引导区域增长模式的发展方向:①经济行为在空间上不平衡分布,并产生集聚累积过程,大多经济行为趋向少数几个地区;②经济增长受地理集中的刺激,出现非均衡发展的模式;③累积集聚过程产生的影子效应及空间溢出将对非均匀分布做出解释。一个地区集聚的累积过程将减少其周围的集聚行为;④历史因素在初始条件及增长与累积集聚的过程中发挥着重要作用,业已形成的富裕地区和贫困地区的地理分布格局随着时间推移将保持相当的稳定。

1.3.3 集聚效应和空间外部性

Myrdal和Sitohang(1957)、Hirschman(1958)、Richardson(1973)、Dixon和Thirlwall(1975)在讨论循环累积效应时就提出了集聚的空间外部性观点。这些理论强调经济增长过程和空间集聚的关系以及经济增长中发散的可能性,也就是说,经济增长可能导致区域人均收入的发散和区际福利差异的扩大。在对影响区域经济演变因素的研究中,Myrdal 和 Sitohang(1957)和 Hirschman(1958)的早期观点注重用外部性来解释区域经济增长中不断扩大的差异;内生增长理论则注重用技术变迁和人力资源等内生因素来解释技术进步及其空间差异影响,认为集聚效应是资本和人力资本收益递增的主要成因。

Krugman(1991)等基于区域循环累积效应的思想,促进了新经济地理理论的形成。新经济地理理论强调区域增长的地理因素,注重用规模经济、运输成本和中心外围理论等来解释空间经济结构。新经济地理理论的动态集聚经济观点与内生增长理论的差异在于,后者基于地方化或马歇尔—阿罗—罗默经济(简称 MAR 经济),而前者则基于城市化或 Jacob 经济。Henderson 等(1995)认为,MAR 经济是动态地方化经济,其中同种活动的相邻性导致知识外溢;但在 Jacob 经济中,这些外部性来源于经济活动的多样性,即知识外溢来源于不同活动的地理相邻性,因此,可以把 Jacob 经济看作动态城市化经济。

由于动态集聚经济的外部性特征来源于一个区域系统中作为经济单元的区域之间的交互作用,因此动态集聚经济可以看作动态外部性。Maier(2000)指出了区域经济增长中动态效应的重要作用:集聚效应导致非均衡增长和区域系统中的发散或停滞;如果没有集聚效应,区域经济份额将收敛到一个稳定状态并导致经济分布的均质化。集聚效应决定经济空间结构,导致增长过程中的路径依赖和锁定效应等。从各国发展格局来看,经济在少数地区集聚从而形成规模效应是一个普遍存在的现象。由于地区间差距在很大程度上是由各地区经济发展不平衡导致的,因此一些影响地区经济集聚的因素也间接地对地区间发展差距产生显著的影响。

相关实证研究(Poot,2000)对长期以来被主流经济学家所忽略、但被新经济地理理论所强调的各种经济力量的正反馈作用和收益递增性进行了分析,并将区域经济增长的动态效应分解为相邻效应和整体效应,发现无论是宏观经济增长效应还是区域相邻效应,都对经济集聚具有很好的解释力;而正是由于宏观经济增长效应和区域相邻效应的作用,经济集聚和地区间差距是必然趋势。

空间外部性中地区财政的外部性被讨论得较多,地区财政的外部性是指某一地区财政支出变化对于其他地区财政支出的影响。这种效应意味着某一地区的财政支出不仅受到该地区社会经济变量的影响,而且受到其他地区财政支出变化的影响。在财政俱乐部思想中,"用脚投票"与"用手投票"机制决定了地方政府必然会竞相扩大财政支出:面对其他地区在改善公共环境、提高公众福利方面的努力,地方政府必须相应增加自身在公共物品和服务供给方面的财政支出,否则资源要素就可能流失,而地方政府继续执政的前景也会受到影响。因此,地方财政支出存在正向外部效应或示范效应,即一个地方财政支出的扩张往往会同时引致其他地区的支出跟进。主流财政分权理论认为,正是由于存在这种示范效应,各地方政府才能够提高公共物品和服务的供给效率、增加公众社会福利。地方财政支出存在外溢效应的另一个原因则是联系效应或经济活动的空间连续性:尽管地方财政支出的执行范围限于某个地区,但它的经济影响并不局限于此,相关地区也会从该地区公共物品和服务的供给中获益。正是由于地方财政支出存在外溢效应,因此,在分析地方财政支出的增长趋势时,除了强调区域经济发展、人口增长和人口结构以及城市化等因素的影响,还应考虑地方财政支出的外溢效应。

研究地方政府财政行为的相互影响是实证公共经济学的重要课题。总的来看,相关实证研究存在争议。这主要是由于财政支出的空间外部效应较为复杂,既有可能因过度竞争而产生负外部效应,也有可能因示范效应、联系效应而产生正外部效应。根据主流财政分权理论,正向的空间外部效应有效地提高了政府支出水平、增加了社会福利。

1.4 空间计量经济学在中国的发展

1.4.1 中国的空间计量经济学研究概况

中文核心期刊在 2005 年最早开始出现以空间计量为主题的文章,之后相关文章数量开始了指数型的增长,如图 1.2 所示。我国关于空间计量的研究文章大多以实证研究为主,如图 1.3 所示。研究问题主要包括区域创新和知识溢出、产业空间格局、经济增长的差异与趋同、财政税收和支出、环境与能源、外商直接投资、人口、房地产、土地供应、基础设施、城镇化、居民收入与消费等,其中又主要集中在前五个方面。虽然空间计量经济学备受关注,但是在部分文章中出现了模型设定欠妥、忽略空间异质性、模型解释不当等问题。

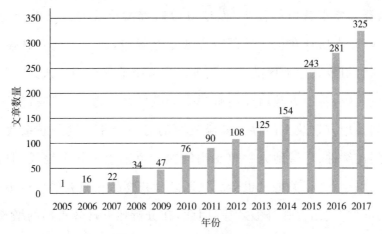

图 1.2 中国空间计量文章数量

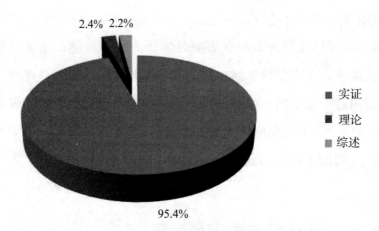

图 1.3 中国空间计量文章类别

首先是模型中空间权重矩阵设定不当。空间权重矩阵是空间统计、空间计量经济学的一个重要概念,是对空间的一个抽象,是反映空间效应的主要工具,空间计量模型的最终估计结果和解释力都与空间权重矩阵的设置密切相关。空间权重的设置以及相关方法多种多样,没有唯一的规范。空间权重矩阵的建立,本质上是为了反映变量的空间依赖结构,而不是反映地理的或抽象的空间格局。研究者设置的空间权重矩阵通常与其分析问题的视角及对空间效应的认识有关。

其次是缺乏对空间异质性的考虑。忽略空间异质性可能会导致估计效率的丧失、有偏的估计、错误的显著性等。一般来说,研究的空间范围越小,空间异质性就越弱,此时可以忽略不去讨论,但当研究大范围的问题时,空间异质性的讨论通常不可省略。有时候忽视空间异质性的代价是巨大的,会导致辛普森悖论,即在某个条件下的两组数据,分别讨论时都会满足某种性质,可是一旦合并考虑,却可能导致相反的结论。此外,如果对非平稳序列进行回归则可能导致伪回归问题,因此需要进行相应的检验。

最后是模型解释不当。空间计量经济学模型的参数解释通常不同于经典线性模型的参数解释,这主要是由于空间效应的加入使得参数并不具有自然的含义,因此 Lesage 和 Pace(2009)相应提出了空间效应分析,具体包括平均直接效应、平均间接效应和平均总效应,可以利用这种定义替换原本最小二乘估计中对于参数的解释。国内部分研究将空间滞后模型回归所得到的空间回归系数解释为空间效应并不恰当,因为空间回归系数一般并不具有明显的含义。

1.4.2 空间计量经济学在中国的发展历程

目前,在实证研究的模型设定方面,我国空间计量经济学研究主要使用截面数据,占全部的 69.7%,其次是面板数据,占 30.3%。从 2005 年起至今,面板数据空间计量模型增长迅速,尤其是在近五年的研究中越来越多。在样本选择方面,由于数据可得性,大量研究使用省域数据,占全部研究的 64.6%。省域这样的大尺度数据主要会带来以下两个方面的问题。首先,省域数据样本量少,这一问题一般通过使用省域面板数据来弥补。其次,省域数据一般存在严重的可变面元问题。

总体上来说,从空间计量文章的数量、研究的问题、模型的选择、检验和估计的方法以及样本的选择等方面看,可以将空间计量经济学在中国的发展分为两个阶段。

准备阶段:2005年至2010年。这五年运用空间计量方法的研究成果开始出现在国内主流期刊中,但每年的文章并不多。实证研究主要使用截面数据模型,估计和检验方法也比较传统。

起飞阶段:2010年至今。相比前一个阶段,研究数量和水平都有较大提高。模型构建越来越精细和复杂,也趋于前沿。但由于我国空间计量方法起步较晚,相关研究尚不成熟。

1.5 本书内容安排说明

本书内容安排如下:第一章是导论,主要介绍空间计量经济学的学科体系、发展历史、应用领域以及在中国的发展情况。第二章是空间计量经济学的基础知识,介绍空间数据、空间权重矩阵、空间依赖性和空间异质性,这不仅是空间计量经济学的必备知识,同时也是所有空间分析的基础。第三章介绍空间滞后模型,包括基本的自变量空间滞后模型、空间误差模型、空间滞后模型和它们的拓展模型,包括广义空间嵌套模型、空间异质性模型的估计、检验,以及理论推导。本章还介绍了多种空间回归模型的选择方案和准则以及一个空间回归模型的应用案例。第四章介绍空间回归模型的贝叶斯估计方法,包括贝叶斯模型的理论推导和马尔可夫链蒙特卡洛模拟方法的介绍。第五章介绍面板数据,以静态空间面板数据模型为主,介绍了固定效应模型和随机效应模型以及两类模型的选择方式。第六章介绍空间滤波方法,首先介绍了该方法的理论基础,然后讲解了一个空间滤波方法的应用案例。第七章介绍地理加权回归模型,前两节介绍基本的地理加权回归方法及其拓展的半参数地理加权回归方法,然后介绍前沿的地理加权回归模型拓展——多尺度地理加权回归方法,其中包括作者对该模型统计推断的研究成果,剩余两节是地理加权回归和多尺度地理加权回归的两个应用案例。最后是参考文献。

第 2 章 空间数据与空间效应

本章介绍空间计量经济学的基础知识。2.1 节介绍了空间数据及其相关内容,这是空间建模的基础,包括了空间随机过程和空间抽样,空间数据正是对潜在的空间过程进行空间抽样得到的。2.2 节介绍了空间权重矩阵,这是描述空间结构的重要手段之一,在空间计量经济学中有着至关重要的作用。2.3 节介绍了空间效应之一——空间依赖性,这是空间计量经济学处理的主要问题。2.4 节介绍了另一种空间效应——空间异质性,空间异质性在近几年的研究中备受关注,其应用也相当广泛。

2.1 空间数据相关概念

2.1.1 空间数据

经典的用于宏观和微观计量经济分析的数据主要分为三类:截面数据、时间序列数据和面板数据。

对于截面数据,只有当数据是在截面总体中由随机抽样得到的样本观测值,并且被解释变量具有连续的随机分布时,才能够将模型类型设定为经典的计量经济学模型,Haavelmo(1943)为此建立了概率论基础。但是在实际的经验实证研究中,我们面对的截面数据经常是非随机抽样得到的,例如截断数据、归并数据、持续时间数据等,或者被解释变量是不具有连续随机分布的数据,例如离散选择数据、计数数据等。

时间序列数据是指将同一统计指标的数值按其发生的时间先后顺序排列而成的数列。

面板数据是将截面数据和时间序列数据综合起来的一种新的数据类型。和纯粹的截面数据相比,面板数据能够提供同一个体在不同时间点的动态变化;和单一的时间序列数据相比,面板数据又能够提供不同个体在同一时点的横截面信息。因此,和传统的截面模型及时间序列模型相比,面板数据模型在模型估计、假设检验和应用等方面具有明显的优势。国内外高质量面板数据的出现极大地推动了面板数据计量经济学的发展,在宏观经济学和应用微观计量经济学等各个领域都有非常重要的应用。面板数据计量经济学的最新发展主要集中在三个部分。第一是非线性面板数据建模的发展,包括各类非参数半参数条件均值模型、条件分位数模型和离散数据模型等。第二是非平稳面板数据模型的发展,包括面板数据单位根检验与协整分析,以及包含非平稳变量和未知时间趋势的估计与检验等。第三是包含横截面相关的面板数据建模。面板数据通常包含两个维度:行为个体与时间维度。行为个体可以是微观层面的个人、家庭或企业,也可以是宏观层面的地区、国家或产业。传统的面板数据建模通常假设面板数据各行为主体之间是完全独立的(横截面独立假设),这就完全排除了行为个体之间可能存在的相互影响,从而导致模型估计与检验的一系列问题,这也使得横截面相关性成为面板数据领域最为活跃的科研方向之一。

从另一个角度,即是否包含空间信息,可以将数据划分为非空间数据和空间数据。非空间数据指不包含空间信息的数据,以往研究中处理的数据以此为主。空间数据又被称为空间参照数据或地理参照数据,是包含了空间对象或特征的点、线或区域的数据,如 Od 流数据、空间跟踪数据、空间属性数据等。其中,最常见到的就是空间属性数据。空间属性数据是指包含了某个时间或某些时间的空间位置信息和研究对象相应属性的数据,是研究中的重要数据类型,也是空间计量经济学中用到的主要数据类型。空间属性数据可以表示成如下形式:

$$\{z_j(s_i,t):j=1,\cdots,k;i=1,\cdots,n;t=1,\cdots,T\}\equiv\{z_j(s_i,t)\}_{j,i,t} \quad (2.1)$$

其中 z_j 表示第 j 个属性信息,s_i 表示第 i 个空间单元(点、线或区域),t 代表第 t

个时间。

这种形式的数据被称为时空数据立方。空间数据与一般数据最主要的不同在于其中的 s_i 存储了空间信息。空间信息一般可以通过坐标来表示,但也有很多种其他的表达方式,例如空间单元间的相邻关系、拓扑关系等。在研究中,通常需要对坐标进行一定的转换从而使其能够表达某种我们认为研究对象可能具有的空间结构。其中,最为明显的就是相邻关系。对于任意一个空间单元 s_i,可以用 $N(i)$ 代表其有哪些临近的空间单元。一般来说,空间相邻关系与空间属性及时间无关,这样便得到了表示空间单元之间相邻关系的集合 $\{N(i)\}$。结合空间属性数据集合,空间属性数据及其相邻关系可以表示为

$$\{z_j(s_i,t),N(i)\}_{j,i,t} \tag{2.2}$$

另外,$\{N(i)\}$ 可以用矩阵的形式表示,在 n 个空间单元中的任意两个空间单元,不相邻空间单元对应的矩阵元素定义为 0,相邻空间单元对应的矩阵元素定义为 1。例如中国的 31 个省份(不包括港澳台)可以根据省界来判定两个省份是否相邻。两省份存在省界则为相邻省份,定义为 1,不存在省界则为不相邻省份,定义为 0。将 31 个省份按确定的顺序排列成一行,同时以相同顺序排成一列,并用上述方法确定任意两个省份之间的相邻关系,则可以将中国 31 个省份的相邻关系以矩阵的形式表示出来,如图 2.1 所示。这也就是中国 31 个省份的二进制邻接权重矩阵,是空间信息的一种抽象方式。

时空数据立方其本质是一个多元时空序列。如果时间 t 固定,则可以表示成 $\{z_j(s_i)\}_{j,i}$,这就是一个空间数据矩阵或者说是截面空间数据。如果空间单元固定,就是一个多元时间序列。如果属性信息固定,就是一个一元时空序列。

空间数据不同于经典的截面数据。恰当利用空间数据中的位置信息能够得到以往经典截面数据所不能反映的现象。以北京市各行政区的 GDP 为例,如表 2.1 所示。

图2.1 中国31个省份二进制邻接权重矩阵

表 2.1　北京 2014 年各区县 GDP　　　　　　　　　　　　单位:万元

区县	GDP
东 城 区	17 330 098
西 城 区	30 522 768
朝 阳 区	43 373 344
丰 台 区	10 916 146
石 景 山 区	4 009 076
海 淀 区	42 900 222
房 山 区	5 192 997
通 州 区	5 489 086
顺 义 区	13 397 471
昌 平 区	6 111 387
大 兴 区	4 750 244
门 头 沟 区	1 338 295
怀 柔 区	2 193 279
平 谷 区	1 834 287
密 云 县	2 118 809
延 庆 县	998 044

如果把该数据当作普通的截面数据,则仅可以将 GDP 数据转化成 GDP 分布图,从而得到均值和方差等统计信息,如表 2.2 所示。而如果将该数据当作空间数据,则可以将其表示成地图并从中明显看出 GDP 具有很强的正的空间自相关,即高 GDP 的区域集中在一起,并且分布在城市中心周围。

表 2.2　北京 2014 年各区县 GDP 统计特征　　　　　　　单位:万元

均值	12 029 722.06
标准差	14 342 036.46
最大值	43 373 344
最小值	998 044

事实上,由于空间信息的加入,不仅可以将数据从图表形式转换成地图形式,而且更重要的是可以用相关数据对空间进行分析,从而由经典的探索性数据分析衍生出探索性空间数据分析,进一步研究空间数据中与空间相关的统计特征,例如空间关系、空间分布、空间划分、空间预测等,其方法包括了空间自相关分析、标准差椭圆、空间聚类、克里金插值等。当拥有了一定的空间数据分析手段后,如果我们再次讨论计量经济学,就会发现部分经典假设在处理空间数

据时面临失效问题,但如果通过这些空间分析方法来进行检验,就可以衍生出空间计量经济学方法。例如,Cliff 和 Ord(1972)利用 Moran's I 发现经典计量模型在处理空间数据时可能存在误差项的自相关。

2.1.2 空间随机过程

空间数据是通过对空间对象或特征进行取样得到的,而空间对象或特征可以被认为是随机变量。随着空间位置的变化,空间上的一系列随机变量构成了空间随机过程,简称空间过程。所以换个角度,空间数据可以说是空间随机过程的有限观测样本。因此在某种意义上,真实世界的空间对象或特征可以用一个我们永远不会真正知道的潜在的空间随机过程来描述。

随机过程的数学定义是:设 Ω 是一个样本空间,F 是 Ω 上的一个 σ 代数,$\mathbb{P}$ 是可测空间 (Ω, F) 的一个概率测度,$\{x_i, i \in I\}$ 是概率空间 $(\Omega, F, \mathbb{P})$ 的一列随机变量,其中 I 是指标集,属于 d 维实数空间,即 $I \in \mathbb{R}^d$,由此可以称 $\{x_i : i \in I \subset \mathbb{R}^d\}$ 是一个随机过程。i 是参数,可以将 x_i 理解为关于参数 i 的函数 $x(i)$。

特别的,空间随机过程是当指标集属于二维或者三维欧式空间(即 $i \in I \subset \mathbb{E}^2$ 或者 $i \in I \subset \mathbb{E}^3$,代表了空间位置)时的特例。因此任意的一个空间位置 i,x_i 是一个随机变量。实际上,空间随机过程属于随机场的概念。如果取空间上有限个固定位置 $\{i_1, i_2, \cdots, i_n\} \subset I$,则 $(x_{i_1}, x_{i_2}, \cdots, x_{i_n})$ 是一个随机向量,它们的联合分布反映了它们之间的相关性,也就是空间依赖性。另外,如果确定一个事件 $\omega \in \Omega$,则称 $\{x_i(\omega), i \in I \subset \mathbb{R}^p\}$ 是一个随机过程的轨道。如果空间随机过程中 x_i 的定义由随机变量变成随机向量,则可以将之称为多元空间随机过程。需要注意的是,空间随机过程与经典随机抽样的随机向量不同,空间随机过程的观测值之间存在依赖性,而随机过程的形式通常来说是由先验假设和理论基础所确定的。

根据状态空间(X 的所有可能状态所构成的集合)离散(集合与自然数集合之间存在一一对应)或连续以及参数空间(指标集 I)离散或连续,可以将随机过程分为四类,因此空间随机过程也就相应地分为四类。状态空间离散的两种情况称为链,参数空间离散的情况称为序列。

随机变量$\{x_i, i \in I\}$的分布是对于所有的n,I中的任意组合$\{i_1, i_2, \cdots, i_n\}$对应的随机向量$(x_{i_1}, x_{i_2}, \cdots, x_{i_n})$的有限维联合分布的定义为:

$$F(y_1, y_2, \cdots, y_n) = \mathbb{P}(x_{i_1} \leqslant y_1, x_{i_2} \leqslant y_2, \cdots, x_{i_n} \leqslant y_n) \tag{2.3}$$

由柯尔莫哥洛夫存在性定理[①]可知,如果随机过程模型的有限维联合分布函数族满足对称性[②]和相容性[③],那么它就是有效的。事实上,如果可以得到随机过程的全部有限维联合分布函数族,那么就可以知道随机过程的全部信息。但这在实际中是不可能的,因此需要使用建模的手段来刻画随机过程。这可以很自然地引申到空间随机过程,进一步帮助我们理解空间数据和空间数据建模。

在诸多随机过程中,正态随机过程是重要的一类,其又被称为高斯过程。正态随机过程的有限维联合分布函数族是多元正态分布,因此对于每一随机过程中的随机变量来说,其分布函数都是正态分布,而多元正态分布又被均值(向量)和协方差阵唯一确定,所以只要满足协方差是非负定[④]的,就能满足柯尔莫哥洛夫存在性定理的条件。

类似于随机变量的期望、协方差等数字特征,随机过程也有对应的数字特征,主要包括以下几种:

期望函数:

$$m_x(i) = E(x_i) = \int x_i \mathrm{d}F \tag{2.4}$$

方差函数:

---

① 柯尔莫哥洛夫存在性定理:对于给定参数集I和满足对称性和相容性条件的分布函数族F,必存在一个概率空间$(\Omega, \mathcal{F}, \mathbb{P})$及定义在其上的随机过程$\{x_i, i \in I\}$,使得该随机过程的有限维分布函数族是$F$。

② 对称性:设$\{j_1, j_2, \cdots, j_n\}$是$\{i_1, i_2, \cdots, i_n\}$的任意一个重排,则有
$F(x_{i1}, x_{i2}, \cdots, x_{in}; y_{i1}, y_{i2}, \cdots, y_{in}) = F(x_{j_1}, x_{j_2}, \cdots, x_{j_n}; y_{j_1}, y_{j_2}, \cdots, y_{j_n})$。

③ 相容性:设$m < n$,
$F(x_{i_1}, x_{i_2}, \cdots, x_{i_m}; y_{i_1}, y_{i_2}, \cdots, y_{i_m}) = F(x_{i_1}, x_{i_2}, \cdots, x_{i_m}, x_{i_{m+1}}, \cdots, x_{i_n}; y_{i_1}, y_{i_2}, \cdots, y_{i_m}, +\infty, \cdots, +\infty)$。

④ 矩阵所有特征值非负。

$$\sigma_x^2(i) = E((x(i) - m_x(i))^2) \tag{2.5}$$

自相关函数：
$$R_x(i,j) = E(x(i)x(j)) \tag{2.6}$$

自协方差函数：
$$C_x(i,j) = E[(x(i) - m_x(i))(x(j) - m_x(j)))] = R_x(i,j) - m_x(i)m_x(j) \tag{2.7}$$

下面介绍随机过程的几个重要性质的定义。

不相关：若自协方差 $C_x(i,j) = 0$，则称 $x(i)$ 与 $x(j)$ 不相关，也可以用 $R_x(i,j) = m_x(i)m_x(j)$ 来表示。对于任意 $x(i)$ 与 $x(j)$ 的自协方差均为 0 的要求过于苛刻，通常来说 $C_x(i,j) \neq 0$，也就是说对于随机过程来说相关性是普遍存在的，对于空间随机过程当然也如此，因此空间存在自相关是很自然的。

严格平稳性：若对于任意的有限集 $\{i_1, i_2, \cdots, i_n\} \subset I$，任意的增量 $\Delta s \in \mathbb{R}^d$，使得 $\{i_1 + \Delta s, i_2 + \Delta s, \cdots, i_n + \Delta s\} \subset I$ 都有

$$F(y_{i_1}, y_{i_2}, \cdots, y_{i_m}; i_1, i_2, \cdots, i_n) = F(y_{i_1}, y_{i_2}, \cdots, y_{i_m}; i_1 + \Delta s, i_2 + \Delta s, \cdots, i_n + \Delta s) \tag{2.8}$$

则可以理解为联合分布函数不受参数平移的影响，具有严格平稳性。

遍历性：若在指标集 I 上，随机过程按其分布函数遍历其所有的可能状态，则称其具有遍历性。事实上，这个性质使得我们可以认为极限上的两个事件在平均意义下是相互独立的，这可以帮助我们识别潜在的随机过程。

各向同性：若绕原点的任一轴的旋转变换都使得联合分布函数保持不变，则称该随机过程具有各向同性。一个平稳的随机过程的联合分布由于任意平移分布函数是相同的，因此分布函数只取决于随机变量的相对位置，而如果是各向同性的分布，那么就可以将相对位置简化为相对距离，否则需要考虑方向角问题。

由于存在空间异质性，这些假设实际上来说对空间随机过程是过于严格的，尤其是平稳性和各向同性较难满足。

处理空间自相关比较普遍的方法是假设空间自相关仅在给定的范围内发

生(例如邻接),而范围之外(比如距离很远)的空间单元不存在自相关。而对于异质性的问题,则一般通过正则条件来限制异质性的程度,这就是局部协方差正则随机场的想法。随机过程满足如下两条性质则是一个正则的随机场 Ω,对应的数学表达分别为:

(1) 一致非退化,即 $\exists \delta > 0$ 使得 $\forall i, \omega_i \in \Omega$,方差 $\sigma^2(\omega_i) \geqslant \delta$。

(2) 李雅普诺夫有界,即 $\exists \beta > 0$ 使得 $\forall k \in N^+, \forall i, \omega_i \in \Omega$,绝对中心矩 $E(|\omega_i - E(\omega_i)|^{2+k}) \leqslant \beta$。

这实际上是对空间异质性进行了一种假设,而一般对于自相关则进行如下假设:

$\exists \varepsilon > 0$,使得当 $d_{ij} < \varepsilon$ 时,$\mathrm{Cov}(\omega_i, \omega_j) > 0$;当 $d_{ij} > \varepsilon$ 时,$\mathrm{Cov}(\omega_i, \omega_j) = 0$,其中 d_{ij} 是空间单元 i 和 j 之间的距离。

局部协方差正则随机场的概念适用于任何有度量空间,且这个随机过程符合一般的统计性质。虽然这个框架看上去潜在地要求了随机场各向同性,但是实际上可选取特殊的距离的度量来避免这个问题。实际上局部协方差正则随机场的条件很强,在实际应用中会受到一定的限制。

2.1.3 空间抽样

空间抽样是连接空间随机过程和空间数据的纽带。虽然大多数情况下很难对所研究的空间对象或特征去抽样甚至只能被动地去获得数据,例如 GDP、人口等,但我们仍然需要了解应当如何对空间进行抽样。这一方面使我们可以对已有的数据进行评估和考量,从而为模型设定、统计推断等提供一定的帮助。另一方面随着大数据时代的到来,样本量越来越大,出于对计算时间的考虑,我们就很可能需要对已有的数据再次进行抽样,而简单的随机抽样是草率的,因为空间具有依赖性和异质性。总之,空间抽样之所以值得关注,是因为我们希望空间数据尽可能代表空间的真实情况,并且抽样影响了后续包括建模、统计推断等一系列的理论,因此空间抽样至关重要。

空间抽样,顾名思义,就是在空间中收集观测样本的过程,并且每一个样本都包含了空间位置的信息。空间抽样基于经典抽样理论发展而来,经典抽样方法主要分为三种:简单随机抽样、系统抽样和分层抽样,空间抽样也分为这三种。简单随机抽样是指从总体中任意抽取 n 个单位作为样本,并且使每个可能的样本(位置)被抽中的概率都相等的抽样方式。系统抽样又被称为等距抽样,是指首先将总体均匀地划分成 n 块,然后随机确定起点,样本中其他 $n-1$ 个点和起始点对齐(在各自 n 块中的相对位置与起始点相同)的抽样方式。事实上,系统抽样中关于对齐的要求并不是必需的。分层抽样是指先将总体的单位按某种特征分为若干层,然后再从每一层内进行简单随机抽样,从而组成一个样本的抽样方式。很多学者对抽样方法进行了比较研究。例如,对线性自相关模型进行分层抽样得到的方法一般会比使用系统抽样得到的方差小,而如果自相关函数不是线性的,那么系统抽样就更为有效;虽然系统抽样很好地覆盖了观测样本,可以反映变异函数的主要特点,但当总体的空间自相关只有在距离很小时才会产生时,系统抽样就没有那么好了;反之分层抽样就可以将样本集中分布在一些特定的区域,而其他区域则分布很少的样本,但这样做的缺点是变异函数值仅在一定的距离存在。

  由于存在空间依赖性,空间数据的独立性无法满足,所以空间抽样并不是随机抽样,这就导致基于经典随机抽样的大部分统计理论都失效了,因此需要重新讨论与经典统计理论平行的理论,包括估计方法、统计推断等。事实上,在讨论估计方法和检验统计量的性质时,使用有限样本往往不能得到希望结果,因此通常需要使用渐近理论,即考虑当空间观测样本趋于无穷大时,是否能找到需要的估计方法或统计量。

  由于空间依赖性的存在,在做统计时必然会损失掉一部分信息,这貌似可以通过样本的增多而弥补,但是往往空间依赖也随着样本的增多而增多。如果空间依赖的增加量是样本增加量的高阶无穷小,那么一个存在依赖性的大样本与一个相对小一点的独立样本才是差不多的。

  空间抽样最主要关注的问题有两方面:确定样本量大小和选取抽样的位置。前者主要是出于节约费用、减少用时的考虑,具体大小随着研究问题以及研究目的的变化而变化。而后者则是在样本量确定的情况下考虑如何制定抽样方案，其核心思想是要使样本反映变量总体的空间变异的概率最大，即最大化抽样效率。

样本量容量的确定方法有很多，下面给出一种常用的确定方法（针对简单随机抽样）：

$$n_0 = \frac{Z_\alpha^2 S^2}{d^2} \tag{2.9}$$

其中 Z_α 是显著性水平为 α 的 Z 统计量，S 为总体的标准差，d 为绝对误差。

在经典的抽样理论中，一般而言样本量不应少于 30，当然仍需要具体问题具体分析。而对于空间抽样来说，由于空间依赖性的存在，空间抽样的方差比传统随机抽样的方差要小，因此相同情况下，空间抽样的样本量可以比传统随机抽样小一些，空间抽样的样本量

$$n_s = n_0(1-r) \tag{2.10}$$

其中 r 反映了空间依赖性带来的空间变异的比例。

确定了样本容量之后，就要确定抽样的位置。经典的方法在评价抽样方案时没有考虑变量的空间结构，因此也就无法讨论抽样位置，而空间抽样希望可以优化抽样的位置，从而最大化信息量。Yfantis 等（1987）指出等边三角形抽样网格，在径向对称和协方差递减的假设条件下，可以对变异函数得到非常可信的估计和均值预测。在考虑变量空间结构的先验信息并假设变量平稳的条件下，Van Groenigen 和 Stein（1998）总结了一重抽样[①]空间位置分配的两种不同目标：第一个被称为 Warrick-Myers 准则，该准则使样本点对应的分布与设计分布（一般是均匀分布）最大可能地保持一致；第二个被称为平均最短距离最小化准则，该准则使样本点在空间中的分布尽可能均匀，从而所有样本的位置并不会相距太远。当然相应的样本优化准则还有很多，如克里金方差最小化

[①] 一重抽样是相对于二重抽样而言的，但二重抽样与两阶段抽样含义不同。两阶段抽样是先从总体 N 个单元（初级单元）中抽出 n 个样本单元，却并不对这 n 个样本单元中的所有小单元（二级单元）都进行调查，而是在其中再抽出若干个二级单元进行调查；二重抽样则不同，它要对第一重样本进行调查以获取总体的某些辅助信息，并且要利用这些辅助信息进行排序、分层、抽样或估计等。

准则、均方距离准则等。

空间数据的空间单元划分往往是人为的,因此会引起连续的地理现象的空间模式的变化,也就是可变面元问题。当将基于点测量的空间现象的点数据聚合(扩散)为区域数据时,就会出现可变面元问题,其结果是使相关的统计结果随区域边界选择的不同而不同,即这些统计值的结果受空间分区的影响。简而言之,很多统计方法对于尺度是敏感的,不同的尺度可能对应了不同的空间过程,导致不同的结论。

Cliff 和 Ord(1981)更加明确地将空间自相关和可变面元问题联系起来,并表明空间尺度的选择对于空间自相关强度的影响是非常重要的。换句话说,在不同的空间尺度下,会出现不同的空间自相关程度,同时也影响了用于分析的数据的空间结构。在所有其他条件相同的情况下,较大的区域单元比较小的区域单元有更低程度的自相关性。

可变面元问题已经困扰了使用聚合数据的学者几十年。无数研究已经证明,解决可变面元问题的分析方案是不存在的,已经提出的那些解决方案往往有实质性的缺陷,因此在先验分析的研究假设中需要明确考虑到可变面元问题。不幸的是大量数据都是基于行政边界的,但所幸所有变量一般都相对平等,因此对于变量间的相关度来说,可变面元问题几乎对其没有影响,而对于空间自相关来说,可变面元问题就是一个巨大的困扰。一般来说,越精细尺度的面域单元数据越是有效,这主要是因为提高了单元内部的同质性,从而减少了可变面元问题的影响。反之使用中国省域尺度这样样本量小而空间单元大的数据,一般而言可变面元就是一个巨大的问题。

关于可变面元问题有两个方面的效应:尺度效应和分区效应。尺度效应指当空间数据经聚合而改变其单元面积的大小、形状和方向时,分析结果也随之变化的现象。分区效应指给定尺度下不同的单元组合方式导致分析结果产生变化的现象。对于时间序列来说,时间轴的间隔是明确的,但空间数据并不均匀,因此很难去划分空间数据。在应用区域科学的计量经济分析中,有相当一部分分析是基于不规则的任意边界的空间数据,然而其对模型的解释和政策建议却是基于一般空间的。这样做的前提是统计性质的空间结构与数据所处的空间单元的组织是无关的,但事实却是截面数据的统计测度对于空间单元的组织方式是敏感的。读者之后会了解到,不同的空间单元的组织导致了不同的空间权重矩阵。

一般来讲,随着空间数据的聚合,变量间的相关性也会增加。这是因为在聚合的过程中数据发生中和,产生平滑效应,使得相关性增大。区域之间的差异随着空间聚合过程的进行而降低,区域内部的差异随着空间聚合过程的进行而增强。因此在空间分析时确定所采用的空间尺度极其重要,应当考虑模型的 R^2、t 值等一系列准则,数据的空间尺度可能决定这项研究的最终结论。在计量经济的研究框架中,这也是完全合理的观点。诸多研究也表明,当选择精确的空间尺度时,若采用相对较小的单元,那么就能够检测到更大空间尺度难以检测的聚集区。

如果想尽可能避免可变面元问题,主要有三种方式。第一种解决办法是将数据分解成更小的单元,通过更进一步的分析来处理,但这通常做不到,因为很多基于空间的数据已经是所能得到的最小单元了,例如一个区域的人口数据。第二种退而求其次的办法是在大多数的尺度(包括大小和分区)上进行敏感性分析,如果结果是稳定的,那么就有信心相信可变面元问题的影响并不严重。最后,如果前两者都不能实现,那么第三种方法是将参数看成空间上的曲面,这会相对稳健。这是由于我们认为一般来说社会经济属性的空间过程都是连续的,如果将参数看成空间上的一个曲面,也就是考虑到参数在空间的非平稳性,那么就可以缓解可变面元问题的影响,这是由于参数非平稳是导致可变面元问题的重要原因,而如果参数本身在空间上是平稳的并且使用一个恰当的模型,那么就几乎不存在可变面元问题了。但目前大多数模型都是全局模型,也就是将参数在空间上看成一个平面,这就不能避免可变面元问题。与之相对的是局部模型,局部模型一般会考虑非平稳参数,从而在一定程度上缓解了可变面元问题,例如地理加权回归。

2.2 空间权重矩阵

2.2.1 空间权重矩阵的定义

空间权重矩阵是空间统计、空间计量经济学的一个重要概念，是对空间进行抽象和反映空间效应的主要工具。很多时候，空间权重矩阵从形式上将非空间统计、非空间计量与空间统计、空间计量区别开来。事实上，是否考虑空间依赖性是区分它们的根本原因，但一般来说都需要使用空间权重矩阵来表达空间依赖的结构，即使用变量的空间滞后来表达空间依赖性，因此可以说空间权重矩阵是空间计量的核心内容之一。对于时间序列分析来说，时间滞后的使用是理所应当的，而对于空间分析来说似乎并没有那么直观。这不仅是因为空间滞后基本是主观的，很难说清楚其中的机理，而且还因为这一概念所衍生的高阶空间滞后也是值得探讨的，因此空间权重矩阵的使用一直是颇受争议的。但尽管如此，为了处理空间依赖性，我们似乎没有什么更好的办法，所以对于空间权重矩阵的设置和优化问题一直很关注。目前来说，空间权重的设置以及相关方法多种多样，没有一个准确唯一的规范。空间权重矩阵通常与我们分析问题的视角以及我们对空间效应的认识有关。空间计量模型的最终估计结果和解释力都与空间权重矩阵的设置密切相关。需要特别注意的一点是，建立空间权重矩阵本质上是为了反映变量的空间依赖结构，而不是反映地理的或抽象的空间格局。空间依赖意味着对于每一个空间单元，都要考虑其他空间单元对该单元的影响，而空间依赖性通常可以表达成空间邻近的拓扑结构。通常可以将空间权重矩阵看成一个算子，并且为了表达空间依赖性，空间权重矩阵经常是以与被解释变量、解释变量或误差项的乘积形式出现的，也就是空间滞后。而在这个乘积(空间滞后)中的每个元素是由被解释变量、解释变量或误差项加权求和而来，所以我们称之为空间权重矩阵。

空间权重矩阵的使用一般需要假设观测样本固定在可以表达成栅格或区

域的空间单元上(对于点数据,一般可以通过 Voronoi 剖分等方法对空间进行划分)。将 n 个空间单元两两之间的空间联系量化写成一个数表,就构成一个 $n\times n$ 的矩阵,矩阵 W 中的任意元素 w_{ij} 表示的是空间单元 i 和空间单元 j 的空间联系,如式(2.11)所示。

$$W = \begin{bmatrix} w_{11} & \cdots & w_{1n} \\ \vdots & \ddots & \vdots \\ w_{n1} & \cdots & w_{nn} \end{bmatrix} \tag{2.11}$$

虽然目前对称的空间矩阵比较普遍,但对称性并不是空间权重矩阵必须满足的条件。一般来说,矩阵必须满足非负性和正则性。非负性指空间权重矩阵中的每一个元素都是非负的。正则性与空间计量模型的估计量和检验的渐近性质相关。具体来说,正则性就是矩阵元素绝对值的行求和与列求和是有界的,即

对于 $\forall j \in \mathbb{N}^+$ 且 $j \leqslant n$,$\exists M_1 > 0$,使得 $\sum_{i=1}^{n} |w_{ij}| < M_1 < \infty$

对于 $\forall i \in \mathbb{N}^+$ 且 $i \leqslant n$,$\exists M_2 > 0$,使得 $\sum_{j=1}^{n} |w_{ij}| < M_2 < \infty$

空间权重矩阵的有界性设定是为了得到合理的误差。基于邻接概念的空间权重矩阵很容易满足这些正则条件,而对于更加复杂的空间权重矩阵,特别是包含参数的空间权重矩阵就需要仔细考虑是否满足正则条件。此外,如果限制行和与列和大于 0,那么就可以排除孤岛的出现。

另外,在使用空间权重矩阵时,经常需要对矩阵做标准化(行标准化)处理。空间权重矩阵标准化就是将每一行的元素都除以其均值,这样就将 W 的每行之和变为 1,好处是可以将空间效应解释为相邻值的平均,并且这种方式使得标准化后的空间权重矩阵的最大特征值等于 1。空间权重矩阵的行,反映了其他空间单元对于特定空间单元的影响,而空间权重矩阵的列,反映了某一个元素对于所有其他空间单元的影响。因此,行标准化意味着对于每一个空间单元来说,其受到的所有其他空间单元的影响之和是相同的,与此相对应,列标准化意味着对于每一个空间单元来说,其对于所有其他空间单元的影响之和是相同

的。Anselin(1988a)指出,虽然在数学和统计上并没有行标准化这样的要求,但是在很多情况下,行标准化的形式有助于我们解释模型系数。不过行标准化通常会使空间权重矩阵变成非对称的形式,这增加了估计和检验程序的复杂性,并且使得空间单元 i 对于空间单元 j 的影响与空间单元 j 对于空间单元 i 的影响(这是两种原本可能相同的对偶的影响)变得不同。另外,行标准化也会导致每个空间单元所受到的效应总体上是相同的,但这有悖于一般常识——通常认为与更多空间单元相邻的中心区域总体上会受到更多的空间效应的影响,而相对边缘区域受到的影响就没有那么多。再者,Anselin(1988a)还指出,我们并非总是要执行空间权重矩阵标准化处理。事实上,当权重是基于距离函数的倒数或者类似的距离衰减概念得到时,这些权重本身具有经济意义上的解释,如果将它们行标准化就会导致其经济意义解释上的损失。即使使用简单的邻接矩阵,行标准化也会存在一个问题,即导致邻居越少的空间单元中,单个空间单元对其中心空间单元的影响却越强,显然,这种交互影响无法找到经济意义上的支持。尽管如此,空间权重矩阵的标准化依然被广泛使用。Kelejian 和 Prucha(2010)还提出了一个更优的标准化方式:利用矩阵的最大特征值来标准化空间权重矩阵,即对于空间权重矩阵 W 除以其最大特征值

$$W_{\text{norm}} = v_{\max}^{-1} W \tag{2.12}$$

其中,$v_{\max}$ 是空间权重矩阵 W 的最大特征值。

显而易见,这种标准化的方式也使得标准化后的空间权重矩阵的最大特征值等于 1,并且这种标准化方式不同于行标准化,其保留了原有空间权重矩阵的相对空间关系和经济学含义,并且通常存在的空间权重矩阵的对称性也不会因为标准化而失去,这使得一些基于对称的稀疏矩阵的算法可以被应用,从而能很大程度上提高计算速度。

对于空间权重矩阵 W,通过 Ord(1975)提出的方式进行标准化也是可取的:

$$W_{\text{norm}} = D^{-\frac{1}{2}} W D^{-\frac{1}{2}} \tag{2.13}$$

其中 $D = \text{diag}(\sum_{j=1}^{n} w_{1j}, \sum_{j=1}^{n} w_{2j}, \cdots, \sum_{j=1}^{n} w_{nj})$。

这种标准化方式使得其标准化后的空间权重矩阵与行标准化后的空间权重矩阵的特征值是相同的，并且同样保持了对称性和原本的相对空间关系和经济学含义。

由于空间单元的相邻关系一般都是其局部性质，因此在权重矩阵中会存在大量的 0 元素，这意味着空间权重矩阵通常都是稀疏矩阵。这一点在理论上并没有什么实质性的帮助，但对应用来说非常重要。稀疏矩阵与非稀疏矩阵的算法在复杂度上相差极大，尤其是当样本量较大的时候，稀疏矩阵的使用显得更加重要。然而当样本量进一步增大时，基于稀疏矩阵的算法也会显得力不从心，因此需要使用抽样或者大数据的相关理论来处理。

空间权重矩阵的对角元素均为 0，即 $w_{ii}=0(i=1,2,\cdots,n)$。这是显而易见的，但并不是由于自己和自己不相邻，而是由于空间权重矩阵是表达依赖性的一种手段，而每个空间单元并不能依赖其自己本身。

2.2.2 空间权重矩阵的设置

空间权重矩阵主要分为三类：基于几何的、基于理论的以及基于数据的。基于几何的空间权重矩阵主要反映了几何的空间关系，从而表达空间依赖性，例如邻接矩阵。基于理论的空间权重矩阵主要反映了研究问题相关理论所讨论的空间之间的联系，从而表达空间依赖性，例如距离函数矩阵。基于数据的空间权重矩阵主要反映了数据自身所表现的空间关联，从而表达空间依赖性，例如 Getis 和 Aldstadt(2004) 利用局部统计量构造了权重矩阵。最后一种空间权重矩阵是内生的，而前两种通常是外生的。对于外生的空间权重矩阵来说，一个重要的问题是确定空间权重矩阵中的参数。参数值一般是被先验确定的，这就带来了很多问题。因为估计的有效性是建立在空间结构被正确反映的条件下，一旦空间权重矩阵是外生的，就很有可能造成空间结构的不恰当地反映。而且这可能导致循环论证，我们希望分析出空间具有某种结构，但空间权重矩阵的使用事实上是假设了一种空间结构的存在。因此,通常需要对不同空间权重矩阵进行比较,从而确定一种恰当的空间权重矩阵设置方式。一般研究中采用二进制邻接矩阵。信息准则、拉格朗日乘子检验、最大化 Moran's I 等方法也都为空间权重矩阵的比较提供了依据。事实上,当空间权重矩阵出现在假设检验中时,空间权重矩阵则并不要求被恰当地设定。因为原假设不存在空间依赖性,而空间权重矩阵是在备择假设中,即备择假设存在空间权重矩阵所反映的这种空间依赖性。一般来说,如果拒绝了原假设,就可以解释为样本不具有独立性,但是并不能说明样本具有某种特定方式(由空间权重矩阵诱导的)的依赖性;如果接受了原假设,则并不能说明不存在空间依赖性,只能是空间权重矩阵的这种空间依赖性不显著,即可能由于空间权重设置的不准确,忽略了真实存在的空间依赖性,也就是说,可能存在其他空间权重矩阵形式的空间依赖。

下面介绍几种常用的空间权重矩阵的具体设置方式。首先介绍二进制邻接矩阵:

$$w_{ij}=\begin{cases}1, \text{bound}(i)\bigcap \text{bound}(j)\neq\emptyset\\ 0, \text{bound}(i)\bigcap \text{bound}(j)=\emptyset\end{cases} \quad (2.14)$$

其中 bound() 表示空间单元的边界,一般来说,空间单元的相邻有三种类型,分别为 Rook 邻接、Bishop 邻接和 Queen 邻接。其中 Rook 邻接最为常用。Rook 邻接指两个空间单元具有公共边,如图 2.2 所示。Bishop 邻接指两个空间单元具有公共顶点,如图 2.3 所示。Queen 邻接是 Rook 邻接和 Bishop 邻接的并集,指两个空间单元具有公共边或公共顶点,如图 2.4 所示。

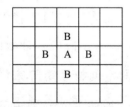
图 2.2 Rook 邻接形式

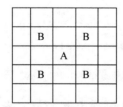
图 2.3 Bishop 邻接形式

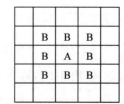
图 2.4 Queen 邻接形式

二进制邻接方式很容易推广到不规则的空间单元上面。例如如果空间单元按照图 2.5 形式分布,

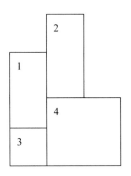

图 2.5 不规则空间单元的分布形式

则二进制邻接矩阵为

$$W = \begin{pmatrix} 0 & 1 & 1 & 1 \\ 1 & 0 & 0 & 1 \\ 1 & 0 & 0 & 1 \\ 1 & 1 & 1 & 0 \end{pmatrix} \tag{2.15}$$

对于二进制邻接矩阵来说,对角线上的元素均为 0,且该矩阵是一个对称矩阵。首先,第 1 个空间单元与所有其他空间单元相邻,因此第一行除第一个元素之外的其他元素均为 1。由于该种矩阵具有对称性,出于降低算法复杂度的考虑,在接下来的设置中就可以不考虑第 1 个空间单元。其次,第 2 个空间单元仅与第 4 个空间单元相邻,因此第二行第三个元素为 0,第二行第四个元素为 1。最后,第 3 个空间单元也与第 4 个空间单元相邻,因此将第三行第四个元素设置为 1。这样就结束了上述矩阵的设置。更为一般的例子可以对照中国地图来设置前文中提到的中国 31 个省份的空间权重矩阵。二进制邻接矩阵看似简单,但其背后的出发点是这种矩阵等价于一个网络的连接矩阵,该网络的结构可从图论的概念进行分析。其他常用的内在空间结构表征的因素还有网络的大小(样本量)、每个空间单元的连接数、形状指标、邻接矩阵的主特征值(一个矩阵可以有多个特征值,在这些特征值中,模最大的那个特征值即主特征值)。因此也就衍生出了几种类似的空间权重矩阵,例如共享边界比矩阵、k 邻近矩阵等。

共享边界比矩阵表示如下:

$$w_{ij} = \begin{cases} 1, & \dfrac{|\text{bound}(i) \cap \text{bound}(j)|}{|\text{bound}(i)|} \geqslant r \\ 0, & \dfrac{|\text{bound}(i) \cap \text{bound}(j)|}{|\text{bound}(i)|} < r \end{cases} \tag{2.16}$$

其中 $|\text{bound}(i)|$ 表示空间单元 i 边界的测度（长度），$|\text{bound}(i) \cap \text{bound}(j)|$ 表示空间单元 i 和 j 相邻边界的测度。

k 邻近矩阵为：

$$w_{ij} = \begin{cases} 1, & j \in N_k(i) \\ 0, & j \notin N_k(i) \end{cases} \tag{2.17}$$

其中 $N_k(i)$ 表示距离空间单元 i 最近的 k 个空间单元所构成的集合。

上述两种权重矩阵通常不是对称矩阵。前者由于自身的边界长度不同，因此虽然相邻空间单元的相邻边长度相同，但与自身边界长度的比值不同，因此权重矩阵的元素不同。后者由于空间单元的邻近排序并不是对称的，因此会有部分空间单元是其他空间单元最邻近的，但其自身最邻近的空间单元却是另一些。另外这两种权重矩阵的参数选择是个问题，即共享边界比的阈值 r 选择多大合适，以及 k 邻近矩阵的参数 k 选择多少合适。通常来说都是外生给定参数，最多能做的就是对参数进行优化以及敏感性分析。目前来说比较合适的方法就是通过设置几个不同的参数，将几个矩阵通过前文中提到的几种方式来比较。

此外还有距离函数矩阵：

$$w_{ij} = f(d_{ij}) \tag{2.18}$$

其中 d_{ij} 是空间单元 i 与空间单元 j 之间的距离，$f(x)$ 是一个单调非增的函数。

一般来说，基于距离的单调非增函数所构建的权重矩阵是基于某些经济理论的，因此函数的设定通常需要具有经济学含义。另外，根据距离阈值设定的空间权重矩阵也是这种矩阵的一个特例：

$$w_{ij} = \begin{cases} 1, & d_{ij} \leqslant d \\ 0, & d_{ij} > d \end{cases} \tag{2.19}$$

此时 f 是不连续的，是一个示性函数。

当然关于距离 d 的选择同样是需要斟酌的,除了 d 的大小需要考虑,对距离的定义也需要慎重考虑,对于空间距离可以选择区域中心距离、最短路径距离、交通距离、闵可夫斯基距离等,当然抽象的距离也是可以使用的。

最后介绍核函数矩阵

$$w_{ij}=K(z_{ij}) \tag{2.20}$$

其中 $z_{ij}=\dfrac{d_{ij}}{h_i}$,$h_i$ 是带宽,K 是核函数。带宽可以是内生自适应的,也可以是外生设定的。而核函数也有多种选择的可能,例如三角核函数:

$$K(z)=(1-|z|),|z|<1 \tag{2.21}$$

均匀核函数:

$$K(z)=1/2,|z|<1 \tag{2.22}$$

高斯核函数:

$$K(z)=\dfrac{1}{\sqrt{2\pi}}\mathrm{e}^{-\frac{z}{2}} \tag{2.23}$$

在实际应用中通常还会遇到点数据。如果设置时需要考虑区域边界的权重矩阵,就需要对点进行划分(如二进制邻接权重矩阵),将每个点看成其所属区域的一个抽样。一般可以通过 Voronoi 划分将点数据划分成区域数据的 Voronoi 图。Voronoi 图,又叫泰森多边形或 Dirichlet 图,是由一组连接两邻点直线的垂直平分线构成的连续多边形组成,如图 2.6 所示。n 个在平面上有区别的点,按照最邻近原则划分平面,每个点与它的最近邻区域相关联。Delaunay 三角形是由与相邻 Voronoi 多边形共享一条边的相关点连接而成的三角形。Delaunay 三角形的外接圆圆心是与三角形相关的 Voronoi 多边形的一个顶点。Delaunay 三角网是 Voronoi 图的对偶图。通常来说,先得到 Delaunay 三角网之后就可以通过对偶性得到 Voronoi 图。平面的 Delaunay 三角网有最大化最小角性和空圆性。而对于给定的点,这样的划分是唯一的,有了区域的划分就可以类似地进行空间权重矩阵的设置。

在设置空间权重矩阵时,有时需要考虑到高阶空间权重矩阵。高阶空间权

图 2.6　产业集群 Voronoi 图

重矩阵指的是空间权重矩阵的指数次幂,例如 $W^2,W^3,W^4\cdots$。空间权重矩阵可以反映空间单元受到邻近空间单元的影响,而高阶空间权重矩阵反映的是空间单元受到高阶邻近空间单元的影响,比如二阶的二进制邻接空间权重矩阵反映了空间单元受到邻近的邻近的空间单元的影响。高阶空间权重矩阵对于空间依赖性的分析有很多意义,这主要是由于经常会遇到需要讨论 $(I_n-\rho W)^{-1}$ 的情况,而 $(I_n-\rho W)^{-1}$ 又可以通过泰勒展开得到 $[(I_n-\rho W)^{-1}=I_n+\rho W+\rho^2 W^2+\rho^3 W^3+\cdots]$,这样就从一个讨论逆矩阵的问题简化成了讨论矩阵的指数次幂的问题,再通过一些条件限制以及近似,这个无穷级数只要考虑前面的有限项就可以了。不同于时间序列的高阶滞后的明确意义,由于高阶空间权重矩阵反映的通常不是我们希望的更加远的相邻,很多时候高阶空间权重矩阵的意义并不明确,因此高阶权重矩阵的意义也是需要被关注的,很多时候这也是空间权重矩阵受到质疑的原因。二进制邻接矩阵中的邻接对应了网络中的距离,高阶的邻接意味着更长的网络距离,因此高阶二进制邻接权重矩阵表示了网络距离等于其阶数的各点之间的联系,这样的高阶权重矩阵是令人满意的。但即使是看上去意义相对明确的二进制邻接矩阵,同样会有一些问题。例如 Blommestein（1985）提出邻接矩阵的高阶矩阵存在冗余路径，即低阶的邻接权重矩阵中已经包含了一些高阶邻接权重矩阵中的联系，因此在统计推断的时候这些联系可能被重复计算。对于一般的二进制邻接矩阵，通常可以发现高阶邻接权重矩阵中某两个元素的比例与其低阶邻接权重矩阵中这两个元素之比是一样的，也就反映了重复的联系关系。

2.2.3 空间滞后

空间计量经济学使用空间权重矩阵的主要目的是将对于变量在空间上一点的观测和空间中其他单元上的观测联系在一起。联系的方式就是将空间权重矩阵和变量相乘，这样对于每一个空间单元，空间滞后就是其空间权重矩阵定义的相邻空间单元的一个加权平均。

对于一个有 n 个空间单元的系统，$i=1,2,\cdots,n$，考虑 m 个不同的变量，$j=1,2,\cdots,m$，$X=\begin{bmatrix} x_{11} & \cdots & x_{1m} \\ \vdots & \ddots & \vdots \\ x_{n1} & \cdots & x_{nm} \end{bmatrix}$ 是 m 个变量的所有 n 个观测值所构成的矩阵，$W=\begin{bmatrix} w_{11} & \cdots & w_{1n} \\ \vdots & \ddots & \vdots \\ w_{n1} & \cdots & w_{nn} \end{bmatrix}$ 是一个对应这 n 个空间单元的空间权重矩阵，X 的空间滞后表示为：

$$WX = \begin{bmatrix} \sum_{i=1}^{n} w_{1i} x_{i1} & \cdots & \sum_{i=1}^{n} w_{1i} x_{im} \\ \vdots & \ddots & \vdots \\ \sum_{i=1}^{n} w_{ni} x_{i1} & \cdots & \sum_{i=1}^{n} w_{ni} x_{im} \end{bmatrix} \quad (2.24)$$

其中每一个元素都是每个变量的每个观测值的邻近观测值的平均。事实上对于每个变量的观测值 x_i，其概率分布都是一个条件概率分布

$$P(x_i | x_k = a_k, k=1,2,\cdots,i-1,i+1,\cdots,n) \quad (2.25)$$

而一般来说很多空间单元对于x_i的概率分布没有影响,即x_i与某些x_k是相互独立的,因此事实上

$$P(x_i|x_k=a_k,k=1,2,\cdots,i-1,i+1,\cdots,n)=P(x_i|x_k=a_k,k\in N(i))$$
(2.26)

其中$N(i)=\{k|P(x_i)\neq P(x_i|x_k)\}$。

如果空间单元之间距离很大,那么一般来说相关性的影响可以忽略不计,因此集合$N(i)$在实证中通常近似是其相邻的空间单元。上述概念就是空间依赖性,其具体内容会在下一节里详细阐述。

然而由于依赖形式的多种多样,空间依赖性在模型中依然很难处理,因此需要假定一种依赖的形式。空间滞后变量来自一种很自然的想法,即类似于时间序列分析使用的时间滞后变量。然而不同于时间序列的滞后变量仅有一个方向,空间滞后可以有很多个方向。这就导致需要确定空间滞后的方向。但是一般而言空间滞后方向性的先验知识是缺乏的,因此只能将每个方向上的依赖都考虑到,而为了处理起来更加方便,一般使用它们的加权平均。这隐含了两层假设:首先是线性的假设,我们假设空间依赖的结构是线性的;其次是权重设定正确的假设,我们假定空间依赖结构是否存在以及强弱可以由给定的权重来反映是正确的。当潜在的空间结构中存在非线性,或者权重错误地反映了依赖关系时,空间结构的设定就是错误的。

2.3 空间依赖性

2.3.1 空间依赖性现象

空间依赖性现象在空间数据中极为普遍。例如,GDP的分布在空间上极不均匀,GDP较高的区域,其周围区域GDP也相对较高,这种现象被称为呈现显著的正相关。其他的很多社会经济数据(例如人均GDP、人口、创新等)也存在类似的现象。

对于空间数据来说,空间依赖性主要由两方面的原因产生。第一个原因是测量误差,这通常是由于空间单元的划分或聚合所导致的。例如,有三个空间单元 A、B、C。假设这三个空间单元之间相互都没有影响,都是独立的。如果可以将空间单元 B 也分成两个相互独立的部分 B1 和 B2,并分别与 A、C 聚合成两个新的空间单元 1 和 2,那么在理论上,空间单元 1 和 2 也是相互独立的。但是,由于考虑到 B 存在测量误差,并且 B1 和 B2 的测量误差之和是 B 的测量误差,而这两部分测量误差之间是相关的,因此空间单元 1 和 2 的测量误差就是相关的,所以空间单元 1 和 2 具有空间依赖性。当然,如果 B1 和 B2 本来就相互依赖,那么空间单元 1 和 2 具有空间依赖性就更加自然了。这种情况属于可变面元问题导致的空间依赖性。很多时候,社会经济活动跨越了行政边界,这就导致基于行政边界的空间单元划分将社会经济活动进行了不恰当的分割,从而导致空间依赖性。

导致空间依赖性的第二个原因是空间联系,它也是最主要的原因,包括空间相互作用、空间层次结构等。Tobler(1970)地理学第一定律指出任何事物都存在空间相关性,距离越近的事物空间相关性越大。研究发现空间联系中的空间溢出、空间博弈等问题都会导致空间依赖性,我们更希望能清楚地解释这种类型的空间依赖性,这也是空间计量经济学发展的动力之一。

测量误差和空间联系导致了数据中存在空间依赖性,其严格的定义是空间随机过程不相互独立。但由于空间依赖性的讨论很复杂,因此在实证研究中通常更为关注空间单元的变化趋势之间的关系,即空间依赖的特殊情况——空间自相关。空间自相关可以分为正相关、负相关和不相关。正相关表示某一个空间单元周围的值高则该空间单元的值高,周围的值低则该空间单元的值低。负相关表示某一个空间单元周围的值高则该空间单元的值低,周围的值低则该空间单元的值高。不相关表示空间单元的值的高低与周围空间单元的值没有关系,但需要注意,这并不代表它们之间不存在空间依赖,事实上即使不存在空间自相关,也可能存在空间单元的值与周围空间单元的值的平方或更高阶次幂有相同或相反的变化趋势等多种空间依赖的情况,其本质还是在于它们并不相互独立。即便如此,考虑到研究时使用的理论、模型和数据,在一定的假设下,我们只需要研究空间自相关,而不需要解决空间依赖性。目前为止空间计量经济学主要的研究都是针对空间自相关的。

在此之前,我们并没有加入计量模型而是主要讨论空间数据的问题。模型的各种设定都是为了能更好地表达变量之间的关系,这种关系可能是数据上的,也可能是理论上的。而计量模型中最受关注的问题之一就是各种设定都会出现的误差项问题。在本书的导论部分我们介绍了空间依赖性会打破经典计量中高斯—马尔可夫假定的误差项不相关假设,从而使得最小二乘估计不再是最小方差无偏估计,因此,通常需要对误差项进行空间自相关的相关测度和检验。虽然我们研究的很多现象都存在空间自相关,但它们并不都会导致线性回归模型中误差项的空间自相关。通俗地讲,在经典线性回归模型 $Y=X\beta+\varepsilon$ 中,如果 Y 的空间自相关被 X 完全解释,那么在误差项中就不会出现空间自相关。如果是这样并且不考虑异方差的问题,那么经典的计量理论就是适用的,从而没有充分的理由使用空间计量的方法来处理模型。况且,即使考虑异方差,经典的最小二乘估计此时依然是无偏的,只不过没有那么有效。但如果存在误差项的空间自相关,那么最小二乘估计就有偏了,从而需要使用空间计量经济学方法来解决。一般来说,可以通过经典线性模型最小二乘估计得到的模型残差来构造多种统计量,以检验误差的空间自相关。

最后值得一提的是,模型设定的问题也可能导致残差出现空间自相关。即使是使用相同的自变量和因变量,通过不同变量变换方式,残差所表现的空间自相关的强弱也是不同的。因此,除了测量误差和空间联系这两个最普遍的导致空间依赖性的原因,对于误差项来说,模型设定也是其空间自相关的来源之一。

2.3.2 空间自相关测度

空间自相关的测度主要有两方面的作用。第一方面是探索性空间分析。由于空间自相关对应了很多重要的理论概念,因此在实际研究中通常有重要意义,例如研究各种因素的集聚。第二方面是检验误差项中是否存在空间自相关。由于空间数据的使用，以及考虑到空间相互作用等理论，在建模时经常会导致模型中的误差项存在空间自相关，因此为了能正确有效地建模，测度空间自相关必不可少。

空间自相关的测度分为全局统计量和局部统计量（全局自相关测度和局部自相关测度）。全局自相关统计量是反映对于所有空间单元来说是否存在空间自相关的量化指标，局部自相关统计量是反映对于某一个空间单元来说与其他空间单元是否存在空间自相关的量化指标。有些时候，每个空间单元的局部自相关统计量的平均值就是对应的全局自相关统计量。显而易见，由于全局自相关统计量平均了局部自相关，即使通过检验得到全局上不存在空间自相关，在某些局部仍然可能是存在空间自相关的。事实上，如果由几个相邻的空间单元构成的某一个区域存在显著的空间自相关，但由于其他空间单元不存在空间自相关，并且这样的空间单元很多，那么整体上就不会存在空间自相关。此外，之前已经提到的可变面元问题也会出现在测度空间自相关的过程中。毋庸置疑，局部空间自相关统计量显示了更多的细节，这一般来说对于探索性空间分析尤为重要一些，因为局部空间自相关在一定程度上允许了空间的异质性，更为贴近实际情况。而如果仅关注误差项中的空间自相关的话，就几乎不需要使用到局部空间自相关，因为在研究中对于样本都是一视同仁的，而且误差项一般来说并不具有明显的研究意义。当然也有部分例外，比如误差项可能表示索洛剩余，所以通常不需要对误差项计算局部空间自相关统计量，而只需要计算全局空间自相关统计量。如果全局空间自相关统计量显著，那么模型中的误差项就存在显著的空间自相关，需要使用相应空间计量经济学的方法来处理模型。当然，直接设定空间计量模型，然后检验相应空间依赖项的系数的显著性也是可行的，比如经典的拉格朗日乘子检验，这种方法不仅可以检验空间自相关，也为权重矩阵和模型的选择提供了依据。

空间自相关的统计量多种多样，其中最为广泛使用的就是 Moran's I。

$$I = \frac{n}{\sum_i \sum_j w_{ij}} \frac{\sum_i \sum_j w_{ij}(x_i - \bar{x})(x_j - \bar{x})}{\sum_i (x_i - \bar{x})^2} \quad (2.27)$$

其中 n 为样本数量，w_{ij} 为空间权重矩阵 W 的 (i,j) 元素，x_i 和 x_j 分别是空间单元 i 和 j 的观测值，$\bar{x}$ 是观测值的平均值。

I 是正值则反映了正相关，负值则反映了负相关。一般来说，将空间权重矩阵进行标准化可以使 Moran's I 的表达更为简洁。

$$I = \frac{X'WX}{X'X} \tag{2.28}$$

不难发现，实际上 Moran's I 是样本观测值 X 与其空间滞后 WX 的皮尔森相关系数，所以这种空间自相关的测度显得顺理成章。值得一提的是，Kelejian 和 Prucha(2001)证明了 Moran's I 检验统计量的渐进分布，极大简化了使用 Moran's I 检验误差中的空间自相关的过程，使得通过非常方便的 z 检验就可以进行相应的统计推断，目前被广泛使用。

上述是全局 Moran's I，与其对应的是局部 Moran's I。

$$I_i = \frac{n(x_i - \bar{x}) \sum_{j \neq i} w_{ij}(x_j - \bar{x})}{\sum_i (x_i - \bar{x})^2} \tag{2.29}$$

可以很明显地看到，局部 Moran's I 对 i 求均值就是全局 Moran's I。局部 Moran's I 反映了某一个空间单元的空间自相关，即某一个空间单元与其邻近的空间单元之间的相关关系。在统计推断时通常使用全局统计量，全局统计量只能给出一个值，而局部统计量则对于每个空间单元给出一个值，从而通过 GIS 落在地图上。因此相比于全局统计量，局部统计量给出了更多的信息。另外，局部 Moran's I 经常会与 Moran 散点图一起使用，图 2.7 是一个 Moran 散点图，横坐标是变量 X，纵坐标是变量 X 的滞后变量 WX。

当计算出 Moran's I 的值之后，需要对该统计量进行检验。由于该统计量的分布依赖于输入变量的分布，因此 Moran 统计量的检验需要依赖于蒙特卡洛模拟。在蒙特卡洛模拟过程中，通过多次随机置换各个空间单元的位置，每次重新计算空间权重矩阵和 Moran's I 统计量，可以得到多次置换后的 Moran's I 统计量，将其制成频数直方图，就得到了 Moran's I 统计量的经验分布，然后与实际计算的 Moran's I 统计量进行对比。这种方法基于的假设为：

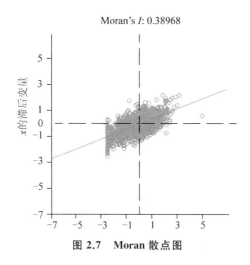

图 2.7 Moran 散点图

当空间单元随机分布时,变量并不存在空间自相关,因此 Moran's I 统计量接近于 0。当实际的 Moran's I 统计量是小概率发生时,则拒绝了原假设(不存在空间自相关)。但是,当输入的变量是经典线性回归模型的残差时,由于假设误差服从正态分布,Moran's I 统计量也渐进服从正态分布,因此可以使用 z 检验从而避免了蒙特卡洛模拟的大量计算。图 2.8 是 Moran's I 统计量的蒙特卡洛模拟,图中深黑部分为重复 99 999 次计算 Moran's I 的直方图,图中右边浅色直线为计算的 Moran's I,可以发现 Moran's I 是小概率事件。

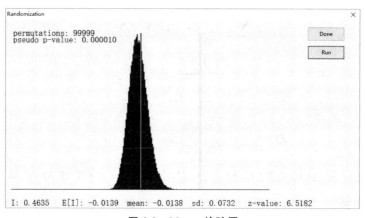

图 2.8 Moran 检验图

可以对 Moran 散点图进行线性回归,当斜率大于一定值的时候(即斜率显著不为 0),则可以说明变量 X 存在空间自相关。而且 Moran 散点图将观测值与其空间滞后分成了四类,即坐标系的四个象限。一、二、三、四象限分别对应了高高、低高、低低、高低四种情况,而不仅仅是分成了正相关和负相关两种情况,因此很多时候可以与局部 Moran's I 相结合,找出显著的存在空间自相关的空间单元,并用这四种情况来表示在对应的地图上的空间单元,这就是经典的 LISA 图。

LISA 图主要用于检验变量的局部自相关性。所谓"高—高"自相关说明该变量在该地的值高于该变量平均值,并且周围地区的值同样高于变量平均值,这反映了变量的正自相关;类似地,"低—低"自相关说明该变量在该地的值低于该变量平均值,并且周围地区的值同样低于变量平均值,这也是正自相关。而负自相关则包括"低—高"自相关和"高—低"自相关,分别说明该变量在该地的值低于该变量平均值,并且周围地区的值同样高于变量平均值,以及该变量在该地的值高于该变量平均值,并且周围地区的值同样低于变量平均值。LISA 的检验类似于全局 Moran's I 统计量,对每个区域都进行了一次蒙特卡洛模拟检验,并将显著的区域落在地图上。

类似 Moran's I 统计量的空间自相关统计量还有 Geary's C、Getis's G 和半变异函数等,它们分别如下所示:

$$C = \frac{(n-1)\sum_i \sum_j w_{ij}(x_i - x_j)^2}{2\sum_i (x_i - \bar{x})^2 \sum_i \sum_j w_{ij}} \tag{2.30}$$

$$G = \frac{\sum_i \sum_j w_{ij} x_i x_j}{\sum_i \sum_j x_i x_j} \tag{2.31}$$

$$\gamma(h) = \frac{1}{2}\sum_{i=1}^{n-h}\sum_{j=i+h}^{n} w_{ij}(x_i - x_j)^2 \tag{2.32}$$

不同统计量相对应的检验方式以及对于 x 的要求并不尽相同,例如 Getis's G 要求 x 大于 0。同时,很多全局统计量都有对应的局部统计量,例如 Getis's G 的局部统计量用式(2.33)表示:

$$G_i = \frac{\sum_{j \neq i} w_{ij} x_j}{\sum_{j \neq i} x_j} \tag{2.33}$$

事实上,这些测度空间自相关的统计量一般都形如式(2.34):

$$\Gamma = \sum_{i,j} w_{ij}\, y_{ij} \tag{2.34}$$

其中y_{ij}测度了两个空间单元的联系,一般选择为$(x_i-x_j)^2$,当然也可以像G指数那样选择$x_i x_j$,或者选择空间单元之间的夹角等,这通常与所研究的问题密切相关,不能一概而论。

一般来说,通常使用Moran's I更加恰当,这一方面是因为Moran's I不光能反映正相关,也可反映负相关,而很多指数则不能;另一方面Moran's I对于回归模型中的误差项的空间自相关检验有很多优势,并且相关的研究也比较充分。

2.4 空间异质性

空间异质性是空间数据的另一个重要性质,空间异质性的广泛存在被认为是地理学第二定律。空间异质性是很容易被人们所接受的,例如存在空间的层次结构、发达和欠发达地区等大量显而易见的例子。对空间异质性比较直观的理解是,处于不同位置的空间单元的结构是不同的。所谓异质性,就是同质性的反义。同质性表达的是不同位置的空间单元的结构是相同的,但这个要求过于严格,因此在很多实证研究中都不能被满足。但同质性假设确实是一个一般性的假设,因为如果不假设同质性,那么需要估计的参数就会随着样本量增大而增大,从而变得无法处理,因此通常至少假设空间在局部是同质性的。目前空间异质性的处理方法是一个研究热点,主要的方法包括变参数、随机系数和结构转换等。

空间异质性的一个广义且容易理解的方式是,对于空间数据考虑如式(2.35)的回归方程:

$$y_i = f_i(x_i, \beta_i, \varepsilon_i) \tag{2.35}$$

其中y_i是因变量,x_i是自变量,β_i是参数,ε_i是误差项,f_i是一个表达x_i和y_i关系

的函数。

更简单的例子是,如果仅有两个空间单元的数据,即只有两个样本,考虑两个空间单元是异质的,自变量和因变量之间的关系是线性的,且误差项满足正态分布,那么则有如下方程组:

$$y_1 = \alpha_1 + x_1\beta_1 + \varepsilon_1 \tag{2.36}$$

$$y_2 = \alpha_2 + x_2\beta_2 + \varepsilon_2 \tag{2.37}$$

$$\varepsilon_1 \sim N(0, \sigma_1^2) \tag{2.38}$$

$$\varepsilon_2 \sim N(0, \sigma_2^2) \tag{2.39}$$

很明显,方程需要估计的参数多于样本量,因此没有办法对方程的参数进行估计。因此,为了进行有效的估计和统计推断,以及确保模型是可识别的,需要进行一定的假设和处理。

空间异质性的准确定义是空间随机过程非平稳,其中平稳性的概念在之前空间随机过程一节中已经介绍了,非平稳随机过程就是不存在平稳性的随机过程。平稳的空间随机过程可以说是具有同质性的。当然这里并没有假设各向同性,同质性的空间随机过程也可以是各向异性的,只不过各向同性的平稳随机过程有很多好的性质从而便于讨论。

一般而言,空间异质性可以分成两类。一类是函数形式或参数改变,忽略异质性可能会导致很多问题,比如估计效率的丧失、有偏的估计(异方差不会导致有偏)、错误的显著性等。另一类是异方差,主要是由于遗漏变量、模型设定、测量误差等原因导致的误差项的非定常的方差。很多时候可以通过相应的区域科学理论、样本的选择或抽样的优化等方式从一开始就避免对异质性的讨论。一般来说,研究的空间范围越小,空间异质性就越弱,从而可以忽略不去讨论。但当研究大范围的问题时,对空间异质性的讨论通常就是不可避免的,需要用特别的方式去处理。

有时候忽视空间异质性的代价是巨大的。1951年,英国统计学家 E.H.辛普森(E.H.Simpson)提出了著名的辛普森悖论,即在某个条件下的两组数据,分别讨论时都会满足某种性质,可是一旦合并考虑,却可能导致相反的结论。

这里给出一个空间异质性的情况。假设我们有两个区域，每个区域中有 10 个空间单元。横坐标是自变量 x，纵坐标是因变量 y。如果将两个区域的数据合并，则通过回归得到一个正的系数，反映了 x 和 y 是正相关的。而如果分开来看，也就是考虑空间是异质的，分为区域 1 和区域 2，并分别回归，那么两个回归系数都是负的，反映了 x 和 y 是负相关的。同样的数据得出了截然相反的结论，因此考虑空间异质性的影响至关重要。具体回归结果可参见图 2.9 和图 2.10。

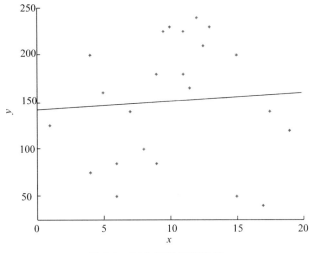

图 2.9　不分区域回归结果

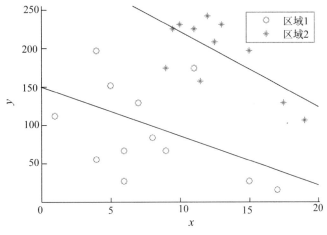

图 2.10　分区域回归结果

处理两类空间异质性的方法有很多并且还在逐渐完善。对于异方差导致的空间异质性来说,可以使用经典的处理异方差的广义最小二乘法,同时在空间计量经济学中也有对应的考虑到空间自相关和异方差的广义矩估计方法。对于函数形式或参数改变导致的空间异质性,比较经典的处理方法是空间机制和地理加权回归。

第 3 章 空间回归模型

这一章介绍截面数据的空间回归模型,空间回归模型是经典的线性模型的推广。3.1 节介绍自变量空间滞后模型,该模型的估计和检验与线性模型区别不大,但具有空间效应,是最基本的空间回归模型之一。3.2 节介绍空间误差模型,这是一种重要的空间回归模型,实际应用非常广泛,本章主要给出空间误差模型的矩估计方法和最大似然估计方法。3.3 节介绍空间滞后模型,这是另一类重要的空间回归模型,通常会与空间误差模型相比较,这里给出空间滞后模型的两阶段最小二乘估计方法和最大似然估计方法,其模型解释与其他模型有所相同。3.4 节介绍广义嵌套空间模型,最大似然估计方法依然是有效的,并且这一节还给出了广义矩估计方法。3.5 节介绍空间异质性模型,主要包括异方差和空间机制,这是空间模型处理空间异质性的两种主要方式。3.6 节介绍空间回归模型的选择,主要是比较哪种模型更适合数据,在实际应用中非常重要。

3.1 自变量空间滞后模型

3.1.1 经典线性回归模型

自变量空间滞后模型与经典线性回归模型非常类似,虽然加入了空间的影响,但在自变量空间滞后模型中使用经典线性回归的类似方法是可行的。我们先简单回顾一下经典线性回归模型。

$$y = X\beta + \varepsilon \tag{3.1}$$

$$\varepsilon \sim N(0, \sigma^2 I_n) \tag{3.2}$$

将 $X\beta$ 展开有如下形式：

$$y = \sum_r x_r \beta_r + \varepsilon \tag{3.3}$$

对于上述模型可以有如下的分析：

$$\frac{\partial y_i}{\partial x_{ir}} = \beta_r, \forall i, r \tag{3.4}$$

$$\frac{\partial y_i}{\partial x_{jr}} = 0, \forall i, j, r, i \neq j \tag{3.5}$$

$$E(y_i) = \sum_r x_{ir} \beta_r \tag{3.6}$$

β_r 表示了第 i 个样本的第 r 个自变量 x_{ir} 的变化导致因变量 y_i 的变化的多少，而不同于 i 的第 j 个样本的第 r 个自变量 x_{jr} 的变化则不会导致第 j 个样本的因变量 y_i 的变化。

3.1.2 自变量空间滞后模型

自变量空间滞后模型是在经典线性回归模型中加入自变量的空间滞后，从而对空间结构进行一定的解释。该模型具有如下形式：

$$y = X\beta + WX\theta + \varepsilon \tag{3.7}$$

$$\varepsilon \sim N(0, \sigma^2 I_n) \tag{3.8}$$

其中 W 是空间权重矩阵。

自变量空间滞后模型中虽然加入了自变量的空间滞后 WX，但是使用经典线性模型的估计方法以及统计推断的方法是恰当的，这也是其类似于经典线性模型的地方。其中空间滞后变量 WX 可以被看成是经典线性模型中的自变量，即令 $\widetilde{X} = (X, WX), \widetilde{\beta} = \begin{pmatrix} \beta \\ \theta \end{pmatrix}$，这样自变量空间滞后模型就等价于经典线性模型：

$$y = \widetilde{X}\widetilde{\beta} + \varepsilon \tag{3.9}$$

因此自变量空间滞后模型并不需要使用特别的估计和统计推断方法。尽管如此，但相应模型的分析却发生了变化：

$$\frac{\partial y_i}{\partial x_{ir}} = \beta_r \tag{3.10}$$

另一方面 $\frac{\partial y_i}{\partial x_{jr}}$ 不一定是 0 了:

$$\frac{\partial y_i}{\partial x_{jr}} = W_{ij}\theta_r, \quad i \neq j \tag{3.11}$$

$$\sum_{j \neq i} \frac{\partial y_i}{\partial x_{jr}} = \theta_r \sum_{j=1}^{n} W_{ij} \tag{3.12}$$

如果空间权重矩阵是行标准化的,那么

$$\sum_{j \neq i} \frac{\partial y_i}{\partial x_{jr}} = \theta_r \tag{3.13}$$

θ_r 表示了其他空间单元自变量的第 r 个自变量的变化导致第 i 个空间单元的因变量 y_i 变化的多少,一定程度上反映了空间依赖效应的大小,由于并不是空间单元本身的原因导致了因变量的变化,因此可以称为间接效应。β_r 依然表示了第 i 个样本的第 r 个自变量 x_{ir} 的变化导致因变量 y_i 的变化的多少,也就是该空间单元自身对于因变量的影响,因此可以称为直接效应。因此,y_i 受到所有空间单元的第 r 个自变量影响的总效应为:

$$\sum_{j} \frac{\partial y_i}{\partial x_{jr}} = \frac{\partial y_i}{\partial x_{ir}} + \sum_{j \neq i} \frac{\partial y_i}{\partial x_{jr}} = \beta_r + \theta_r \tag{3.14}$$

此时模型中的每个参数都仍然具有相对明确的意义,然而对于更加复杂的空间回归模型来说,参数并不会具有一个明确的意义。尽管如此,这并不会妨碍我们对于模型的分析。区别只不过是目前可以由参数直接对应的意义,在更复杂的模型中需要由参数的函数来表示。

如果数据生成过程[①]是自变量空间滞后模型,而我们并没有在模型中加入自变量空间滞后项,而是使用了经典线性模型,并采用最小二乘估计的话,我们将得到如下估计结果

$$\hat{\beta} = (X'X)^{-1}X'y \tag{3.15}$$

---

① 数据生成过程是隐藏在观察数据背后的,是生成该观察数据的准确的内在机制。一般来说,数据的生成过程是很难通过观察数据倒推出来的,只能根据数据使用统计或计量等方法近似估计。

而实际上将$\hat{\beta}$带入真实的自变量空间滞后模型会发现

$$\hat{\beta}=\beta+\frac{X'WX}{X'X}\theta+(X'X)^{-1}X'\varepsilon \tag{3.16}$$

从而

$$E(\hat{\beta})=\beta+M_I\theta \tag{3.17}$$

其中$M_I=\frac{X'WX}{X'X}$,也就是X的Moran's I统计量。因此$\hat{\beta}$是一个有偏的估计,与真实值相差了$M_I\theta$,这也就是存在遗漏变量偏误。此时,经典线性回归模型的误差实际上是$WX\theta+\varepsilon$,因此误差显然是空间自相关的。此时自变量X是可以观测的,因此在模型中加入X的空间滞后WX就能将误差中的空间自相关消除。

3.2 空间误差模型

3.2.1 模型设定

空间误差模型是空间计量经济学里的重要模型,在实际中也应用得非常普遍。该模型通过误差项的空间自相关设置将空间依赖效应反映出来。通常来说,不可观测的变量是普遍存在的,例如区域的可达性、声誉等,而如果回归模型中包含不可观测的存在空间自相关的影响,那么将会导致一个空间误差模型。虽然空间误差模型的应用广泛,但由于它是一类特殊的误差非球对称分布的回归模型,所以需要对经典方法进行适当的改变。

空间误差模型的模型设定如下:

$$y=X\beta+\mu \tag{3.18}$$

$$\mu=\lambda W\mu+\varepsilon \tag{3.19}$$

$$\varepsilon\sim N(0,\sigma^2 I_n) \tag{3.20}$$

其中λ是空间回归系数,W是空间权重矩阵。消掉μ则有

$$y = X\beta + (I_n - \lambda W)^{-1}\varepsilon \tag{3.21}$$

因此误差的协方差阵为

$$\Omega = E(uu') = E[(I_n - \lambda W)^{-1}\varepsilon((I_n - \lambda W)^{-1}\varepsilon)']$$
$$= \sigma^2(I_n - \lambda W)^{-1}((I_n - \lambda W)^{-1})' \tag{3.22}$$

需要注意协方差阵 Ω 是关于参数 λ 的，即 $\Omega(\lambda)$。如果知道了参数 λ，那么也就知道了协方差阵，因此很自然的想法就是使用广义最小二乘的方法进行估计。

3.2.2 矩估计

如果对于空间误差模型使用最小二乘估计，那么对于 β 的估计是无偏的。这是由于

$$\hat{\beta} = (X'X)^{-1}X'y = \beta + (X'X)^{-1}X'(I_n - \lambda W)^{-1}\varepsilon \tag{3.23}$$

因此

$$E(\hat{\beta}) = E(\beta + (X'X)^{-1}X'(I_n - \lambda W)^{-1}\varepsilon) = \beta \tag{3.24}$$

但是这样对于 β 的估计并没有那么有效。而用广义最小二乘的方法进行估计是有效的：

$$\hat{\beta}_{\text{GLS}} = (X'(I_n - \lambda W)'(I_n - \lambda W)X)^{-1}X'(I_n - \lambda W)'(I_n - \lambda W)y$$

这可以看成经过一个变换后的最小二乘估计，即令 $X^* = (I_n - \lambda W)X$，$y^* = (I_n - \lambda W)y$，那么空间误差模型变成：

$$y^* = X^*\beta + \varepsilon \tag{3.25}$$

因此

$$\hat{\beta}_{\text{GLS}} = (X^{*\prime}X^*)^{-1}X^{*\prime}y^* \tag{3.26}$$

与此同时

$$\text{var}(\hat{\beta}_{\text{GLS}}) = \sigma^2(X'(I_n - \lambda W)'(I_n - \lambda W)X)^{-1} \tag{3.27}$$

而对于 σ^2 的估计 $\hat{\sigma}_{\text{GLS}}^2$ 有

$$\hat{\sigma}_{\text{GLS}}^2 = \frac{e'e}{n} \tag{3.28}$$

其中 $e = y^* - X^*\hat{\beta}_{\text{GLS}}$。

然而由于并不知道参数 λ，因此还需要其他的手段来估计参数 λ。一种方式就是使用矩估计的方法。实际上这种方法是通过矩条件将 σ^2 和 λ 同时估计出来，注意到空间权重矩阵 W 的迹为 0，容易知道如下三个矩条件：

$$E\left(\frac{1}{n}\varepsilon'\varepsilon\right)=\sigma^2 \tag{3.29}$$

$$E\left(\frac{1}{n}\varepsilon'W'W\varepsilon\right)=\frac{1}{n}\sigma^2\operatorname{tr}(W'W) \tag{3.30}$$

$$E\left(\frac{1}{n}\varepsilon'W'\varepsilon\right)=0 \tag{3.31}$$

由误差项 $\mu=\lambda W\mu+\varepsilon$ 可以得到 $\varepsilon=\mu-\lambda W\mu$，那么由最小二乘估计得到的残差 $\hat{\mu}$，令 $W\hat{\mu}=\hat{\mu}_L$，$W^2\hat{\mu}=\hat{\mu}_{LL}$，那么矩条件可以化简为

$$\begin{bmatrix} \frac{2}{n}\hat{\mu}'\hat{\mu}_L & -\frac{1}{n}\hat{\mu}_L'\hat{\mu}_L & 1 \\ \frac{2}{n}\hat{\mu}_{LL}'\hat{\mu}_L & -\frac{1}{n}\hat{\mu}_{LL}'\hat{\mu}_{LL} & \frac{1}{n}\operatorname{tr}(W'W) \\ \frac{1}{n}(\hat{\mu}'\hat{\mu}_{LL}+\hat{\mu}_L'\hat{\mu}_L) & -\frac{1}{n}\hat{\mu}_L'\hat{\mu}_{LL} & 0 \end{bmatrix} \begin{bmatrix} \lambda \\ \lambda^2 \\ \sigma^2 \end{bmatrix} = \begin{bmatrix} \frac{1}{n}\hat{\mu}'\hat{\mu} \\ \frac{1}{n}\hat{\mu}_L'\hat{\mu}_L \\ \frac{1}{n}\hat{\mu}'\hat{\mu}_L \end{bmatrix} \tag{3.32}$$

然而由于这个方程组是两个变量三个方程，因此一般来说并没有解，这主要是由于样本量无法达到无穷大，所以大数定律无法严格满足。处理这个问题的办法之一就是使用非线性最小二乘使得这个方程组近似满足，也就是通过 λ 和 σ^2 的选取使得方程左边与方程右边之差的平方和最小，这样就可以得到 λ 和 σ^2 的估计值 $\hat{\lambda}$ 和 $\hat{\sigma}^2$。

3.2.3 最大似然估计

最大似然估计是经典的估计方法之一，其基本思想是当从模型总体随机抽取 n 组样本观测值后，最合理的参数估计量应该使得从模型中抽取该 n 组样本观测值的概率最大。最大似然估计不像最小二乘估计旨在使残差平方和最小，而是希望得到使得模型能最好地拟合样本数据的参数估计量，即让联合密度 $f(\theta|y)$ 最大。又由于假设了 ε 服从相互独立的正态分布，因此可以转化为最大

化 $f(\theta|\varepsilon)$ 来求解。需要注意的是,在转化时要乘以雅可比行列式。注意到对数似然函数中有对数行列式的存在,因此需要行列式的值大于 0,即 $|I_n-\lambda W|>0$,故对于参数 λ 有一定的限制:

$$\lambda \in [v_{\min}^{-1}, v_{\max}^{-1}] \tag{3.33}$$

其中 $v_{\min}$ 和 $v_{\max}$ 分别是空间权重矩阵 W 的最小特征值和最大特征值。

容易知道,当空间权重矩阵是行标准化时,$v_{\max}=1$。在计算时由于特征值的计算量大,通常限制 $\lambda \in (-1,1)$。要估计的参数可以整体写为 $\theta=[\beta' \sigma^2 \lambda]'$。那么空间误差模型的对数似然函数为:

$$L(\theta) = -\frac{n}{2}\ln(2\pi\sigma^2) + \ln|I_n-\lambda W|$$
$$-\frac{1}{2\sigma^2}[(I_n-\lambda W)(y-X\beta)]'[(I_n-\lambda W)(y-X\beta)] \tag{3.34}$$

对数似然函数对参数 θ 求导可以得到①

$$g(\theta) = \frac{\partial L(\theta)}{\partial \theta} = \begin{bmatrix} \dfrac{\partial L(\theta)}{\partial \beta} \\ \dfrac{\partial L(\theta)}{\partial \sigma^2} \\ \dfrac{\partial L(\theta)}{\partial \lambda} \end{bmatrix}$$

---

① 其中求导使用到了对数行列式的性质:$\ln|I_n-\lambda W| = \text{tr}(\ln(I_n-\lambda W))$。其中公式的右边是对数矩阵的迹,需要注意对数矩阵并不是对矩阵的所有元素取对数,而是矩阵的指数函数的反函数。矩阵的指数函数是由一个级数来定义的:$e^X = \sum_{k=0}^{\infty} \frac{1}{k!} X^k$,因此对数矩阵的计算比较复杂,例如 $\ln\begin{pmatrix} 1 & 1 \\ 0 & 1 \end{pmatrix} = \begin{pmatrix} 0 & 1 \\ 0 & 0 \end{pmatrix}$,所以对数似然函数中 $\ln|I_n-\lambda W|$ 这一项对 λ 求导有

$$\frac{\partial \ln|I_n-\lambda W|}{\partial \lambda} = \frac{\partial \text{tr}(\ln(I_n-\lambda W))}{\partial \lambda} = \text{tr}\left(\frac{\partial \ln(I_n-\lambda W)}{\partial \lambda}\right)$$
$$\text{tr}\left(\frac{\partial \ln(I_n-\lambda W)}{\partial \lambda}\right) = \text{tr}((I_n-\lambda W)^{-1}(-W))$$

推导时需要注意矩阵乘积的迹的轮换性质。

$$= \begin{bmatrix} \sigma^{-2}X'(I_n-\lambda W)'(I_n-\lambda W)(y-X\beta) \\ -\frac{n}{2}\sigma^{-2}+\frac{1}{2}\sigma^{-4}((I_n-\lambda W)(y-X\beta))'((I_n-\lambda W)(y-X\beta)) \\ -\text{tr}((I_n-\lambda W)^{-1}W)+\sigma^{-2}(y-X\beta)'A'W(y-X\beta) \end{bmatrix}$$

(3.35)

而

$$g(\theta)=0 \tag{3.36}$$

所构成的方程组的解 $\hat{\theta}$ 就是对于空间误差模型的最大似然估计。这里可以看到，在 $g(\theta)=0$ 的三个方程中，由第一个方程可以得到

$$\hat{\beta}_{ML}=(X'(I_n-\lambda W)'(I_n-\lambda W)X)^{-1}X'(I_n-\lambda W)'(I_n-\lambda W)y \tag{3.37}$$

由第二个方程可以得到

$$\hat{\sigma}_{ML}^2=\frac{(y-X\hat{\beta}_{ML})'(I_n-\lambda W)'(I_n-\lambda W)(y-X\hat{\beta}_{ML})}{n} \tag{3.38}$$

因此显而易见，最大似然方法对于 β 和 σ^2 的估计与广义最小二乘方法的估计是相同的，而最大似然估计给出了另一种对 λ 进行估计的方法，不过实际上 λ 的估计的计算量是非常大的，在实际应用中需要一些优化的方式。

$g(\theta)$ 再对 θ 求导就得到了海塞矩阵 H，也就是对数似然函数对于 θ 的二阶导数，为了表示方便，令 $I_n-\lambda W=A$，$y-X\beta=r$

$$H=\sigma^{-2}\begin{bmatrix} -X'A'AX & -\sigma^{-2}X'A'Ar & -X'(W'A+A'W)r \\ -\sigma^{-2}r'A'AX & \frac{n}{2}\sigma^{-2}-\sigma^{-4}r'A'Ar & -\sigma^{-2}r'A'Wr \\ -r'(W'A+A'W)X & -\sigma^{-2}r'W'Ar & -\text{tr}(A^{-1}WA^{-1}W)\sigma^2-r'W'Wr \end{bmatrix}$$

(3.39)

同时，海塞矩阵 H 的期望为

$$E(H) = \begin{bmatrix} -\sigma^{-2}X'A'AX & 0_{k\times 1} & 0_{k\times 1} \\ 0_{1\times k} & -\dfrac{n}{2}\sigma^{-4} & -\sigma^{-2}\mathrm{tr}(WA^{-1}) \\ 0_{1\times k} & -\sigma^{-2}\mathrm{tr}(WA^{-1}) & -\mathrm{tr}(A^{-1}WA^{-1}W) - \mathrm{tr}((WA^{-1})'WA^{-1}) \end{bmatrix}$$
(3.40)

当空间权重矩阵是对称矩阵时,则有 $W=W'$, $A=A'$, $WA^{-1}=A^{-1}W$。令 $B=WA^{-1}$,则 $B'=B$,梯度向量 $g(\theta)$ 和海塞矩阵的期望 $E(H)$ 可以简化为:

$$g(\theta) = \begin{bmatrix} \sigma^{-2}X'A^{2}r \\ -\dfrac{n}{2}\sigma^{-2} + \dfrac{1}{2}\sigma^{-4}r'A^{2}r \\ -\mathrm{tr}(B) + \sigma^{-2}r'WAr \end{bmatrix} \quad (3.41)$$

$$E(H) = \begin{bmatrix} -\sigma^{-2}X'A^{2}X & 0_{k\times 1} & 0_{k\times 1} \\ 0_{1\times k} & -\dfrac{n}{2}\sigma^{-4} & -\sigma^{-2}\mathrm{tr}(B) \\ 0_{1\times k} & -\sigma^{-2}\mathrm{tr}(B) & -2\times\mathrm{tr}(B^{2}) \end{bmatrix} \quad (3.42)$$

因此,信息矩阵为:

$$I(\theta) = -E(H) = \begin{bmatrix} \sigma^{-2}X'A^{2}X & 0_{k\times 1} & 0_{k\times 1} \\ 0_{1\times k} & \dfrac{n}{2}\sigma^{-4} & \sigma^{-2}\mathrm{tr}(B) \\ 0_{1\times k} & \sigma^{-2}\mathrm{tr}(B) & 2\times\mathrm{tr}(B^{2}) \end{bmatrix} \quad (3.43)$$

所以参数 θ 估计的最大似然估计 $\hat{\theta}$ 的协方差阵 $\mathrm{Var}(\hat{\theta})$ 就是信息矩阵在真实的参数 θ 处的逆 $I(\theta)^{-1}$。由于并不知道真实的参数 θ,因此用最大似然估计 $\hat{\theta}$ 去替代,就得到了

$$\hat{\theta} \sim N(\hat{\theta}, I(\hat{\theta})^{-1}) \quad (3.44)$$

因此当样本量趋于无穷时,最大似然估计是渐近于最小方差的无偏估计。海塞矩阵要求是负定的,而如果海塞矩阵中的值(尤其是对角元)的绝对值很大,那么对数似然函数在距离最大值很远的点减小得很快,并且估计量的方差

很小,实际应用中这种情况会带来计算量的减少和估计精度的提高。

由于对数似然函数的最大值问题计算量非常大,因此衍生出了一些相应的数值方法来减少计算量。一个比较常用的对参数进行最大似然估计的数值方法就是牛顿-拉夫逊方法或牛顿迭代法,这是一个非常普遍的求根方法,其具体迭代步骤如下:

$$\hat{\theta}^{(i+1)} = \hat{\theta}^{(i)} - H(\hat{\theta}^{(i)})^{-1} g(\hat{\theta}^{(i)}) \tag{3.45}$$

也可以使用

$$\hat{\theta}^{(i+1)} = \hat{\theta}^{(i)} + I(\hat{\theta}^{(i)})^{-1} g(\hat{\theta}^{(i)}) \tag{3.46}$$

实际上,空间误差模型有一些更为简单的结论可以用来简化计算,从而并不需要使用牛顿迭代法,而对于一般嵌套模型等复杂的模型,通常就需要使用到这些数值方法。对于空间误差模型来说,对数似然函数中带来最大麻烦的是 $\ln|I_n - \lambda W|$ 这一项。当 W 是对称时容易知道:

$$\ln|I_n - \lambda W| = \sum_{i=1}^{n} \ln(1 - \lambda \nu_i) \tag{3.47}$$

$$\text{tr}(W^j) = \sum_{i=1}^{n} \nu_i^j \tag{3.48}$$

$$\text{tr}(W A^{-1}) = \sum_{i=1}^{n} (1 - \lambda \nu_i)^{-1} \nu_i \tag{3.49}$$

其中 ν_i 是矩阵 W 的第 i 个特征值。这样可以简化问题,只需要计算空间权重矩阵的特征值就可以了。而另一种方式是采用

$$|I_n - \lambda W| \approx \sum_{i=1}^{m} \lambda^j \text{tr}(W^j) \tag{3.50}$$

并且

$$\text{tr}(M) = u'Mu \tag{3.51}$$

其中 u 是一个由独立的标准正态分布随机变量构成的 $n \times 1$ 维的随机向量,这是一个基于稀疏矩阵的算法,实际应用广泛,可以极大地节约内存和计算量。

3.2.4 模型检验

空间误差模型基于最大似然理论的检验方式主要有三种:沃尔德检验、似

然比检验和拉格朗日乘子检验。

对于空间误差模型的检验,原假设H_0和备择假设H_1分别为:

$$H_0:\lambda=0$$
$$H_1:\lambda\neq 0$$

从而,三种检验统计量分别是沃尔德检验、似然比检验和拉格朗日乘子检验。

沃尔德检验:

$$WT_\lambda=\lambda^2(\mathrm{tr}(B^2)+\mathrm{tr}(B'B)-\frac{2}{n}(\mathrm{tr}(B))^2)\sim\chi^2(1) \tag{3.52}$$

其中λ是最大似然估计值。

似然比检验:

$$LR_\lambda=n[\ln(\sigma_0^2)-\ln(\sigma_1^2)]+2\ln|I_n-\lambda W|\sim\chi^2(1) \tag{3.53}$$

其中σ_0^2为$\lambda=0$时估计的σ^2,σ_1^2为$\lambda\neq 0$时估计的σ^2。

拉格朗日乘子检验:

$$LM_\lambda=\frac{(ne'We/e'e)^2}{\mathrm{tr}((W+W')W)}\sim\chi^2(1) \tag{3.54}$$

其中e是$y=X\beta+\varepsilon$通过最小二乘估计得到的残差。

由于拉格朗日乘子检验是基于原假设成立的情况,因此只需要进行最小二乘估计,计算量小,所以最为常用。此外,空间误差模型的拉格朗日乘子统计量LM_λ和Moran's I统计量I_{Moran}的关系如下:

$$LM_\lambda=\frac{n^2 I_{\mathrm{Moran}}^2}{\mathrm{tr}((W+W')W)} \tag{3.55}$$

通过上述任意一种检验就可以知道空间误差模型中的空间回归系数是否显著,也可以知道是否有必要使用空间误差模型。

对于空间误差模型的分析通常来说和最小二乘估计的分析相似,这主要是由于误差项的空间依赖设置并不会影响因变量对于自变量的导数,因此可以使用与最小二乘估计相似的解释。

3.3 空间滞后模型

3.3.1 模型设定

空间滞后模型是另一种常用的空间计量模型,该模型通过加入因变量的空间自相关设置来解决空间依赖性。空间滞后模型形如:

$$y = \rho W y + X\beta + \varepsilon \tag{3.56}$$

$$\varepsilon \sim N(0, \sigma^2 I_n) \tag{3.57}$$

通常而言,如果空间单元的因变量依赖于其周围空间单元的前一个时期的因变量,那么就会导致一个空间滞后模型。这是由于 $y_t = \rho W y_{t-1} + X\beta + \varepsilon_t$,进而 $y_t = \rho W(\rho W y_{t-2} + X\beta + \varepsilon_{t-1}) + X\beta + \varepsilon_t$,仿照此继续可以得到:

$$y_t = (I_n + \rho W + \rho^2 W^2 + \cdots + \rho^r W^r) X\beta + \rho^{r+1} W^{r+1} y_{t-r-1} + u \tag{3.58}$$

其中 $u = \varepsilon_t + \rho W \varepsilon_{t-1} + \cdots + \rho^r W^r \varepsilon_{t-r}$。

从而当 $|\rho| < 1$ 且所有 $E(\varepsilon_{t-k}) = 0 (k = 0, 1, \cdots, r)$ 时

$$\lim_{q \to \infty} E(y) = (I_n - \rho W)^{-1} X\beta \tag{3.59}$$

而空间滞后模型可以写成

$$y = (I_n - \rho W)^{-1} X\beta + (I_n - \rho W)^{-1} \varepsilon \tag{3.60}$$

当 $|\rho| < 1$ 时,

$$y = (I_n + \rho W + \rho^2 W^2 + \cdots) X\beta + (I_n + \rho W + \rho^2 W^2 + \cdots) \varepsilon \tag{3.61}$$

$$E(y) = (I_n - \rho W)^{-1} X\beta \tag{3.62}$$

从上述推导可以看到,y 的期望并不是经典线性模型或空间误差模型的 $X\beta$,也不是自变量空间滞后模型的 $X\beta + WX\theta$,而是 $(I_n + \rho W + \rho^2 W^2 + \cdots) X\beta$,也就是增加了 $X\beta$ 的各阶空间滞后,这也就是说,该模型使用所有自变量的所有阶空间滞后可以解释因变量。但因变量空间滞后模型,只加入了一阶空间滞后,但对于每个自变量滞后的系数估计相互没有影响。而空间滞后模型由 β 和单一的系数 ρ 就决定了各个自变量各阶空间滞后的强度,因此自变量的空间滞

后对于 y 的影响必须对于所有自变量在一定程度上都是一致的。这种分析对于之前提到的时空依赖的例子是满足的。需要注意，虽然形式上如此，但并不可以将 $\rho W y$ 看成 y 的解释变量。此外，通常空间依赖强度不会太大，也就是 $|\rho|$ 会很小，因此在某种意义上，空间滞后模型中起到显著作用的是前几阶空间滞后，而后面项的影响几乎可以忽略不计。这样就可以将空间滞后模型与自变量空间滞后模型和空间误差模型联系起来：空间滞后模型的误差项是空间误差模型的设置，而自变量是自变量空间滞后模型的特殊化推广。

3.3.2 最大似然估计

对空间滞后模型使用最小二乘估计是有偏的，这是由于

$$E(\hat{\beta}) = E((X'X)^{-1}X'y) = E((X'X)^{-1}X'(I_n-\rho W)^{-1}(X\beta+(I_n-\rho W)^{-1}\varepsilon))$$
$$= (X'X)^{-1}X'(I_n-\rho W)^{-1}X\beta \neq \beta \tag{3.63}$$

那么通过上述推导可以得到的一个很自然的想法就是，如果由于 $(I_n-\rho W)^{-1}$ 的出现使得估计有偏，那么消掉 $(I_n-\rho W)^{-1}$ 就是一个无偏的估计，即使用下面的式子来估计：

$$\hat{\beta} = (X'X)^{-1}X'(I-\rho W)y \tag{3.64}$$

然而仍然需要对 ρ 进行估计才能实现这一方法，所以依然可以使用最大似然估计，实际上空间滞后模型与空间误差模型的最大似然估计很类似，而且之前直观所得到的估计 $\hat{\beta}$ 也就是空间滞后模型的最大似然估计值。

空间滞后模型的对数似然函数是

$$\ln L(\beta,\rho,\sigma^2|y,X)$$
$$= -\frac{n}{2}\ln(2\pi\sigma^2) + \ln|I_n-\rho W| - \frac{1}{2\sigma^2}((I_n-\rho W)y-X\beta)'((I_n-\rho W)y-X\beta) \tag{3.65}$$

与空间滞后模型类似，由一阶条件等于 0 可以得到参数 $\theta=[\beta'\sigma^2\rho]'$ 的估计值。

$$g(\theta) = \begin{bmatrix} \sigma^{-2}X'((I_n-\rho W)y-X\beta) \\ -\dfrac{n}{2}\sigma^{-2}+\dfrac{1}{2}\sigma^{-4}(((I_n-\rho W)y-X\beta)'(I_n-\rho W)y-X\beta) \\ -\operatorname{tr}((I_n-\rho W)^{-1}W)+\sigma^{-2}((I_n-\rho W)y-X\beta)'Wy \end{bmatrix} \quad (3.66)$$

令 $I_n-\rho W=A$，$Ay-X\beta=r$，$B=WA^{-1}$，则海塞矩阵为

$$H = \sigma^{-2}\begin{bmatrix} -X'X & -\sigma^{-2}X'r & -X'Wy \\ -\sigma^{-2}r'X & \dfrac{n}{2}\sigma^{-2}-\sigma^{-4}r'r & -\sigma^{-2}r'Wy \\ -y'W'X & -\sigma^{-2}y'W'r & -\operatorname{tr}(B^2)\sigma^2-y'W'Wy \end{bmatrix} \quad (3.67)$$

海塞矩阵的期望是

$$E(H) = \begin{bmatrix} -\sigma^{-2}X'X & 0_{k\times 1} & -\sigma^{-2}X'BX\beta \\ 0_{1\times k} & -\dfrac{n}{2}\sigma^{-4} & -\sigma^{-2}\operatorname{tr}(B) \\ -\sigma^{-2}\beta'X'B'X & -\sigma^{-2}\operatorname{tr}(B) & -\operatorname{tr}(B^2)-\operatorname{tr}(B'B)-\sigma^{-2}\beta'X'B'BX\beta \end{bmatrix}$$
$$(3.68)$$

信息矩阵为

$$\begin{aligned}I(\theta) &= -E(H) \\ &= \begin{bmatrix} \sigma^{-2}X'X & 0_{k\times 1} & \sigma^{-2}X'BX\beta \\ 0_{1\times k} & \dfrac{n}{2}\sigma^{-4} & \sigma^{-2}\operatorname{tr}(B) \\ \sigma^{-2}\beta'X'B'X & \sigma^{-2}\operatorname{tr}(B) & \operatorname{tr}(B^2)+\operatorname{tr}(B'B)+\sigma^{-2}\beta'X'B'BX\beta \end{bmatrix}\end{aligned}$$
$$(3.69)$$

对空间滞后模型可以做类似于空间误差模型的相应讨论，如对称的情况、数值方法等。区别只是参数估计和信息矩阵的形式不同。

3.3.3 模型检验

空间滞后模型的检验也与空间误差模型的检验相似，原假设 H_0 和备择假设 H_1 分别为

$$H_0: \rho = 0$$
$$H_1: \rho \neq 0$$

沃尔德检验：

$$WT_\rho = \rho^2(\mathrm{tr}(B^2) + \mathrm{tr}(B'B) - \frac{2}{n}(\mathrm{tr}(B))^2 +$$
$$\sigma^{-2}\beta'X'B'(I_n - X(X'X)^{-1}X')BX\beta) \sim \chi^2(1) \quad (3.70)$$

其中 β, σ^2, ρ 是最大似然估计值。

似然比检验：

$$LR_\rho = n[\ln(\sigma_0^2) - \ln(\sigma_1^2)] + 2\ln|I_n - \rho W| \sim \chi^2(1) \quad (3.71)$$

其中 σ_0^2 为 $\rho = 0$ 时估计的 σ^2，σ_1^2 为 $\rho \neq 0$ 时估计的 σ^2。

拉格朗日乘子检验：

$$LM_\rho = \frac{(n\,e'Wy/e'e)^2}{\mathrm{tr}((W+W')W) + n(WX\beta)'(I_n - X(X'X)^{-1}X')(WX\beta)/e'e} \sim \chi^2(1)$$
$$(3.72)$$

其中 e 是最小二乘估计的残差。

可以看出空间滞后模型的检验统计量要略复杂于空间误差模型，这主要是由于空间滞后模型中存在 β 和 ρ 所产生的协方差，而这一部分不存在于空间误差模型。

3.3.4 空间两阶段最小二乘估计

Anselin(1988)对于空间滞后模型使用工具变量法进行了估计，即空间两阶段最小二乘估计，这是估计空间滞后模型的另一种方式。空间滞后模型中 X 是外生的，即

$$E(X'\varepsilon) = 0 \quad (3.73)$$

模型中因变量的空间滞后项 Wy 事实上可以看成一个具有内生性的自变量，因此令 $Z = [X, Wy]$，$\delta = [\beta', \rho]'$，那么方程可以写成

$$y = Z\delta + \varepsilon \quad (3.74)$$

但是空间滞后项 Wy 这个自变量是内生的。这是由于

$$\begin{aligned}
E((Wy)'\varepsilon) &= E((W(I_n-\rho W)^{-1}X\beta + W(I_n-\rho W)^{-1}\varepsilon)'\varepsilon) \\
&= E(\varepsilon'(I_n-\rho W')^{-1}W'\varepsilon) \\
&= \mathrm{tr}((I_n-\rho W)^{-1}W \times E(\varepsilon\varepsilon')) \\
&= \sigma^2 \mathrm{tr}((I_n-\rho W)^{-1}W) \neq 0
\end{aligned} \quad (3.75)$$

为此,需要找到一个满足式(3.76)—式(3.78)的工具变量 Q

$$\mathrm{plim}\left(\frac{1}{n}Q'\varepsilon\right) = 0 \quad (3.76)$$

$$\mathrm{plim}\left(\frac{1}{n}Q'Z\right) = H_{QZ} \quad (3.77)$$

其中 $\mathrm{rank}(H_{QZ}) = \mathrm{rank}(Z)$。

$$\mathrm{plim}\left(\frac{1}{n}Q'Q\right) = H_{QQ} \quad (3.78)$$

其中 H_{QQ} 满秩。

为了满足这些条件,由于

$$E(Wy|X) = W(I_n-\rho W)^{-1}X\beta \quad (3.79)$$

而

$$(I_n-\rho W)^{-1} = I_n + \rho W + \rho^2 W^2 + \cdots = \sum_{k=0}^{\infty} \rho^k W^k \quad (3.80)$$

$$E(Wy|X) = \sum_{k=0}^{\infty} \rho^k W^{k+1} X\beta \quad (3.81)$$

因此,WX 和 W^2X 等 X 的各阶空间滞后变量都可以选取为 Wy 的工具变量。由于条件的满足是在渐进意义上的,所以通常需要样本量足够大。一般选取 $Q = (X, WX)$ 或者 $Q = (X, WX, W^2X)$。当然也可以选择 $W(I_n-\rho W)^{-1}X\beta$ 作为工具变量,但是首先需要对 δ 有一个第一步的估计,并且需要计算矩阵的逆。在选取了工具变量 Q 之后,就是经典的两阶段最小二乘估计:

$$\hat{Z} = Q(Q'Q)^{-1}Q'Z \quad (3.82)$$

$$\hat{\delta} = (\hat{Z}'\hat{Z})^{-1}\hat{Z}'y \quad (3.83)$$

$$\hat{\sigma}^2 = \frac{e'e}{n} \tag{3.84}$$

$$\widehat{\text{var}}(\hat{\delta}) = \hat{\sigma}^2 (Z'Q(Q'Q)^{-1}Q'Z)^{-1} \tag{3.85}$$

另外，当空间滞后模型的自变量存在内生性问题（即 $X = [X_1, X_2]$，其中 X_1 是外生的，X_2 是内生的）时，也可以使用这种方法。只需要与经典的解决内生性的工具变量法简单结合，就可以处理具有内生性的空间滞后模型了。此外，使用工具变量法估计空间滞后模型比使用最大似然估计的计算量小很多，因此当样本量很大时，通常会选择这种估计方法。

3.3.5 模型解释

空间滞后模型有一套自己特定的模型解释方式，也就是 LeSage 和 Pace（2009）所提出的空间效应分析，包括直接效应、间接效应和总效应。实际上这种分析方式已经在自变量空间滞后模型的介绍中有所涉及。将常数项单独列出，空间滞后模型可以写成如下形式：

$$(I_n - \rho W)y = X\beta + \iota_n \alpha + \varepsilon \tag{3.86}$$

$$y = (I_n - \rho W)^{-1} X\beta + (I_n - \rho W)^{-1} \iota_n \alpha + (I_n - \rho W)^{-1} \varepsilon \tag{3.87}$$

将其展开得到

$$y = \sum_r S_r(W) x_r + V(W) \iota_n \alpha + V(W) \varepsilon \tag{3.88}$$

其中

$$S_r(W) = V(W) I_n \beta_r \tag{3.89}$$

$$V(W) = (I_n - \rho W)^{-1} = I_n + \rho W + \rho^2 W^2 + \rho^3 W^3 + \cdots \tag{3.90}$$

写成分量的形式：

$$\begin{pmatrix} y_1 \\ y_2 \\ \vdots \\ y_n \end{pmatrix} = \sum_{r=1}^{k} \begin{pmatrix} S_r(W)_{11} & \cdots & S_r(W)_{1n} \\ \vdots & \ddots & \vdots \\ S_r(W)_{n1} & \cdots & S_r(W)_{nn} \end{pmatrix} \begin{pmatrix} x_{1r} \\ x_{2r} \\ \vdots \\ x_{nr} \end{pmatrix} + V(W) \iota_n \alpha + V(W) \varepsilon$$

$$\tag{3.91}$$

那么y_i对于x_{ir}和x_{jr}的导数分别为

$$\frac{\partial y_i}{\partial x_{ir}} = S_r(W)_{ii} \qquad (3.92)$$

$$\frac{\partial y_i}{\partial x_{jr}} = S_r(W)_{ij} \qquad (3.93)$$

所以$S_r(W)$的对角元素表示了直接效应,也就是空间单元自身的自变量对于因变量的影响;非对角元素表示了间接效应,也就是其他空间单元的自变量对于该空间单元因变量的影响。通常在实际研究中更加关心所有空间单元平均的效应,因此有如下定义:

平均直接效应:

$$n^{-1}\mathrm{tr}(S_r(W)) \qquad (3.94)$$

平均总效应:

$$n^{-1}\iota_n' S_r(W) \iota_n \qquad (3.95)$$

平均间接效应:

$$n^{-1}\iota_n' S_r(W) \iota_n - n^{-1}\mathrm{tr}(S_r(W)) \qquad (3.96)$$

利用这种定义方式,就替换了原本最小二乘估计中对于参数的解释,这主要是由于空间效应的加入使得参数并不具有自然的含义。此外还可以具体讨论每个观测所受到和发出的平均效应。

每个观测所受到的平均总效应是

$$n^{-1} S_r(W) \iota_n \qquad (3.97)$$

表示了某一个y_i受到所有$x_r + \delta \iota_n$的平均影响。

每个观测所发出的平均总效应是

$$n^{-1} \iota_n' S_r(W) \qquad (3.98)$$

表示了所有y_i受到某一个$x_{jr} + \delta$的平均影响。

所以当空间权重矩阵W对称时,每个观测所发出和受到的平均总效应相等。部分文献将空间滞后模型回归所得到的ρ解释为空间效应并不恰当,因为参数ρ一般并不具有明显的含义。事实上,只要模型中出现了因变量的空间滞后项,就需要用到这种解释和分析方式,这样的模型包括空间滞后模型、空间杜宾模型、广义空间模型和广义嵌套空间模型等。

3.4 广义嵌套空间模型

3.4.1 模型设定

自变量空间滞后模型、空间误差模型、空间滞后模型分别代表了在经典线性模型中分别加入自变量空间滞后、误差项空间滞后、因变量空间滞后这三种情况。如果三种模型两两结合又形成了三种模型,分别是空间杜宾模型(自变量空间滞后与因变理空间滞后结合)、空间杜宾误差模型(自变量空间滞后与误差项空间滞后相结合)、广义空间模型(误差项空间滞后与因变量空间滞后相结合)。由于自变量的空间滞后总可以看成新的自变量,对于模型的估计和检验并不会造成明显的影响,因此空间杜宾模型与空间滞后模型、空间杜宾误差模型与空间误差模型以及广义空间模型与广义嵌套空间模型是相似的,可以类比自变量空间滞后模型与经典线性模型的区别,而且对于广义嵌套空间模型,我们只需要讨论广义空间模型就可以了。当然对于广义空间模型的讨论实际上类似于空间滞后模型和空间误差模型的结合,在最大似然估计上也可以看到很多的相似之处,只不过广义空间模型计算起来更为复杂。而对于广义嵌套的模型解释,则同样需要进行类似于空间滞后模型的空间效应的分析。

广义嵌套空间模型形如:

$$y = \rho W_1 y + X\beta + WX\theta + \mu \tag{3.99}$$

$$\mu = \lambda W_2 \mu + \varepsilon \tag{3.100}$$

$$\varepsilon \sim N(0, \sigma^2 I_n) \tag{3.101}$$

广义空间模型形如:

$$y = \rho W_1 y + X\beta + \mu \tag{3.102}$$

$$\mu = \lambda W_2 \mu + \varepsilon \tag{3.103}$$

$$\varepsilon \sim N(0, \sigma^2 I_n) \tag{3.104}$$

除了广义嵌套空间模型的这种误差项的空间自相关设置,误差项的自相关设置还有另外两种方式,从而导致另外两类模型:空间误差移动平均模型和空间误差分量模型。

空间误差移动平均模型形如:

$$y = X\beta + \mu \tag{3.105}$$

$$\mu = (I_n - \lambda W)\varepsilon \tag{3.106}$$

$$\varepsilon \sim N(0, \sigma^2 I_n) \tag{3.107}$$

空间误差分量模型形如:

$$y = X\beta + \mu \tag{3.108}$$

$$\mu = W\psi + \xi \tag{3.109}$$

$$\psi \sim N(0, \sigma^2_\psi I_n), \xi \sim N(0, \sigma^2_\xi I_n) \text{ 且 } \forall i,j, E(\psi_i \xi_j) = 0 \tag{3.110}$$

后两种模型也可以加入因变量的空间滞后和自变量的空间滞后。其估计方法同样可以使用最大似然估计和广义矩估计。三种设置之间的主要区别在于误差的协方差结构不同,可以适用于不同的应用问题。

3.4.2 最大似然估计

广义空间模型的最大似然估计是空间滞后模型和空间误差模型的结合,在似然函数、信息矩阵以及推导过程方面非常相似。令 $A = (I_n - \rho W_1), B = (I_n - \lambda W_2), r = B(Ay - X\beta)$ 并且假设 $|A| > 0, |B| > 0, \theta = (\beta', \sigma^2, \rho, \lambda)'$,那么广义空间模型的对数似然函数为

$$\ln L(\beta, \sigma^2, \rho, \lambda \mid y, X) = -\frac{n}{2}\ln(2\pi\sigma^2) + \ln|A| + \ln|B| - \frac{1}{2\sigma^2}r'r \tag{3.111}$$

从而梯度向量

$$g(\theta) = \begin{bmatrix} \sigma^{-2} \, r'BX \\ -\dfrac{n}{2}\sigma^{-2} + \dfrac{1}{2}\sigma^{-4} r'r \\ -\operatorname{tr}(A^{-1} W_1) + \sigma^{-2} r'B W_1 y \\ -\operatorname{tr}(B^{-1} W_2) + \sigma^{-2} r'B W_2 (Ay - X\beta) \end{bmatrix} \quad (3.112)$$

再令 $\bar{A} = W_1 A^{-1}, \bar{B} = W_2 B^{-1}, C = B \bar{A} B^{-1}$，则信息矩阵为

$$I(\theta) = \begin{bmatrix} \sigma^{-2} X'B'BX & 0_{k\times 1} & \sigma^{-2} X'B'B\bar{A}X\beta & 0_{k\times 1} \\ 0_{1\times k} & \dfrac{n}{2}\sigma^{-4} & \sigma^{-2}\operatorname{tr}(C) & \sigma^{-2}\operatorname{tr}(\bar{B}) \\ \sigma^{-2}\beta'X'\bar{A}'B'BX & \sigma^{-2}\operatorname{tr}(C) & \operatorname{tr}(\bar{A}^2 + C'C + \sigma^{-2}(B\bar{A}X\beta)'B\bar{A}X\beta) & \operatorname{tr}(\bar{B}'C + W_2 W_1 A^{-1} B^{-1}) \\ 0_{1\times k} & \sigma^{-2}\operatorname{tr}(\bar{B}) & \operatorname{tr}(\bar{B}'C + W_2 W_1 A^{-1} B^{-1}) & \operatorname{tr}(\bar{B}^2 + \bar{B}'\bar{B}) \end{bmatrix}$$

(3.113)

这里需要注意广义空间模型与空间滞后模型和空间误差模型的不同。空间误差模型和空间滞后模型的似然函数的一阶条件方程组是线性的，因此容易通过求解方程来获得参数的估计值；而对于广义空间模型来说，一阶条件的方程组是非线性的，因此需要特殊的手段来求解方程，所以一个简单的想法是与之前讨论过的空间误差模型和空间滞后模型类似的数值算法，并且当权重矩阵是对称的时可以简化估计，而且同样可以使用三种检验方式，只需要套用最大似然的检验即可。而此时最大似然估计的计算量就更大了，所以在实际应用中通常使用广义矩估计方法。

3.4.3 广义矩估计

广义空间模型也可以通过结合之前介绍的空间滞后模型的空间两阶段最小二乘估计的方法以及空间误差模型的矩估计或广义矩估计的方法来估计，这种方法被称为可行广义空间两阶段最小二乘估计，属于广义矩估计在广义空间模型上面的应用。广义矩估计的基本想法类似于矩估计。下面给出基于同方差的广义矩估计方法。

第一步:首先对模型进行类似于空间滞后模型的处理:

$$y = \rho W_1 y + X\beta + \mu \tag{3.114}$$

$$\mu = \lambda W_2 \mu + \varepsilon \tag{3.115}$$

可以写成

$$y = Z\delta + \varepsilon \tag{3.116}$$

$$\mu = \lambda W_2 \mu + \varepsilon \tag{3.117}$$

其中 $Z = [X, W_1 y]$, $\delta = [\beta', \rho]'$。

利用工具变量 Q 可以在不考虑误差项的空间自相关设置的情况下对 δ 有一个初步的估计 $\tilde{\delta}$。此时等价于对广义空间模型所对应的空间滞后模型的 δ 进行估计。令 $P_Q = Q(Q'Q)^{-1}Q'$, $\tilde{Z} = P_Q Z$,则

$$\tilde{\delta} = (\tilde{Z}'\tilde{Z})\tilde{Z}'y \tag{3.118}$$

第二步:进行类似于空间误差模型的处理,从而获得 λ 的一个初步估计 $\tilde{\lambda}$,前一步估计得到的残差的矩条件为

$$E\left(\frac{1}{n}\varepsilon' W_2' W_2 \varepsilon\right) = \frac{\sigma^2}{n}\operatorname{tr}(W_2' W_2) \tag{3.119}$$

$$E\left(\frac{1}{n}\varepsilon' W_2' \varepsilon\right) = 0 \tag{3.120}$$

令 $\tilde{u} = u(\tilde{\delta}) = y - Z\tilde{\delta}$, $A_1 = W_2' W_2 - n^{-1}\operatorname{tr}(W_2' W_2)I_n$, $A_2 = \frac{1}{2}(W_2 + W_2')$, $A_3 = I_n - \lambda W_2$。那么通过矩条件可以得到

$$q_n^\lambda(\lambda, \tilde{\delta}) = n^{-1}\begin{bmatrix} \tilde{u}' A_3' A_1 A_3 \tilde{u} \\ \tilde{u}' A_3' A_2 A_3 \tilde{u} \end{bmatrix} = 0 \tag{3.121}$$

从而类似于空间误差模型的矩估计,找到近似满足矩条件的 $\tilde{\lambda}$:

$$\tilde{\lambda} = \arg\min_\lambda \{q_n^\lambda(\lambda, \tilde{\delta})' q_n^\lambda(\lambda, \tilde{\delta})\} \tag{3.122}$$

第三步:式(3.116)和(3.117)又可以合并写成

$$y_*(\lambda) = Z_*(\lambda)\delta + \varepsilon \tag{3.123}$$

其中 $y_*(\lambda) = (I_n - \lambda W_2)y$, $Z_*(\lambda) = (I_n - \lambda W_2)Z$。

可以进一步对 δ 有一个新的估计

$$\hat{\delta} = (\hat{Z}_*(\tilde{\lambda})' \hat{Z}_*(\tilde{\lambda}))^{-1} \hat{Z}_*(\tilde{\lambda})' y_*(\tilde{\lambda}) \tag{3.124}$$

其中 $\hat{Z}_*(\tilde{\lambda}) = P_Q Z_*(\tilde{\lambda})$。

第四步：令 $\hat{u} = y - Z\hat{\delta}$，并用其替换掉第二步中的 $\tilde{u}$，得到 $q_n^\lambda(\lambda, \hat{\delta})$，然后求得 λ 的估计值：

$$\hat{\lambda} = \arg\min_\lambda \{q_n^\lambda(\lambda, \hat{\delta})' \hat{\Phi}^{\lambda\lambda-1} q_n^\lambda(\lambda, \hat{\delta})\} \tag{3.125}$$

其中 $\hat{\Phi}^{\lambda\lambda} = \{\hat{\varphi}_{rs}^{\lambda\lambda}\}_{r,s=1,2}$，

$$\hat{\varphi}_{rs}^{\lambda\lambda} = \hat{\sigma}^4 (2n)^{-1} \mathrm{tr}((A_r + A'_r)(A_s + A'_s)) + $$
$$\hat{\sigma}^2 n^{-1} \hat{\alpha}'_r \hat{\alpha}_s + n^{-1}(\hat{u}^{(4)} - 3\hat{\sigma}^4)\mathrm{vecd}(A_r)'\mathrm{vecd}(A_s) +$$
$$n^{-1} \hat{u}^{(3)} (\hat{\alpha}'_r \mathrm{vecd}(A_s) + \hat{\alpha}_s \mathrm{vecd}(A_r)),$$

$\hat{u}^{(3)}$ 和 $\hat{u}^{(4)}$ 是基于 $\hat{\varepsilon} = (I_n - \tilde{\lambda} W_2)\hat{u}$ 对 $u^{(3)} = E(\varepsilon^3)$ 和 $u^{(4)} = E(\varepsilon^4)$ 的估计值，

$\hat{\alpha}_r = Q\hat{P}^*(-n^{-1} Z_*(\tilde{\lambda})'(A_r + A'_r)\hat{\varepsilon})$，

$\hat{P}^* = (n^{-1} Q'Q)^{-1}(n^{-1} Q' Z_*(\tilde{\lambda}))(n^{-1}(Z_*(\tilde{\lambda})'Q(n^{-1} Q'Q)^{-1} n^{-1} Q' Z_*(\tilde{\lambda}))^{-1}$

并且估计值具有渐进分布，从而对其进行统计推断是容易的。其中 $\hat{\Phi}^{\lambda\lambda}$ 之前已经定义。

$$\begin{pmatrix} \hat{\delta} \\ \hat{\lambda} \end{pmatrix} = \begin{pmatrix} \delta \\ \lambda \end{pmatrix}, \begin{bmatrix} \hat{\Omega}^{\delta\delta} & \hat{\Omega}^{\delta\lambda} \\ \hat{\Omega}^{\delta\lambda} & \hat{\Omega}^{\lambda\lambda} \end{bmatrix} \tag{3.126}$$

其中 $\hat{\Omega}^{\delta\delta} = \hat{P}^{*\prime} \hat{\Phi}^{\delta\delta} \hat{P}^*$，

$\hat{\Omega}^{\delta\lambda} = \hat{P}^{*\prime} \hat{\Phi}^{\delta\lambda}(\hat{\Phi}^{\lambda\lambda})^{-1} \hat{J}(\hat{J}'(\hat{\Phi}^{\lambda\lambda})^{-1}\hat{J})^{-1}$，

$\hat{\Omega}^{\lambda\lambda} = (\hat{J}'(\hat{\Phi}^{\lambda\lambda})^{-1}\hat{J})^{-1}$，

$\hat{\Phi}^{\delta\delta} = \hat{\sigma}^2 n^{-1} Q'Q$，

$\hat{\Phi}^{\delta\lambda} = \hat{\sigma}^2 n^{-1} Q'[\hat{\alpha}_1, \hat{\alpha}_2] + \hat{u}^{(3)} n^{-1}(\mathrm{vecd}(A_1), \mathrm{vecd}(A_2))$，

$$\hat{J} = n^{-1} \begin{bmatrix} 2\hat{u}'W_2'A_1\hat{u} & -\hat{u}'W_2'A_1'W_2\hat{u} \\ 2\hat{u}'W_2'A_2\hat{u} & -\hat{u}'W_2'A_2'W_2\hat{u} \end{bmatrix} \begin{pmatrix} 1 \\ 2\hat{\lambda} \end{pmatrix}$$

重复上述第三步和第四步可以提高估计的有效性。当参数的估计值在迭代之后没有显著变化时,则说明已经收敛到误差范围内,就可以停止迭代了。如果模型设定正确,一般来说收敛的速度非常快,迭代几次参数就没有显著变化了。然而如果模型设定与数据生成过程相差比较大,则有可能不收敛,因此在实际应用中需要注意这一点。

3.5 空间异质性模型

3.5.1 异方差

模型中误差项的协方差可以是更为复杂的异方差的情况,但分析方法是类似的。对于最大似然估计来说,需要求导的参数增多了,而且对数似然函数、一阶条件以及信息矩阵中都会出现误差的协方差阵。而对于矩估计来说,矩估计无法对具有异方差的空间误差模型给出参数 λ 的一致的估计,所以需要使用广义矩估计方法。具有异方差的广义空间模型形如:

$$y = \rho W_1 y + X\beta + \mu \tag{3.127}$$

$$\mu = \lambda W_2 \mu + \varepsilon \tag{3.128}$$

$$\varepsilon \sim N(0, \Omega) \tag{3.129}$$

其中 $\Omega = \begin{bmatrix} \sigma_1^2 & & & \\ & \sigma_2^2 & & \\ & & \ddots & \\ & & & \sigma_n^2 \end{bmatrix}$,而 $\sigma_i^2 = h_i(z\alpha)$,$\alpha = \begin{bmatrix} \alpha_1 \\ \alpha_2 \\ \vdots \\ \alpha_p \end{bmatrix}$,$h_i$ 是已知的函数并且 $h_i > 0$,z 是已知的变量(可以包含解释变量)。

需要注意解释变量的个数 k 以及误差协方差中的参数个数 p 之和 $k+p$ 应该小于等于 $n-2$,否则会由于模型中要估计的参数多于样本数量而导致自由度不足,因而无法对方程进行估计。此时要估计的参数的数量为 $k+p+2$,如果要得到一个有效的估计,那么样本数量 n 就需要足够大。

令 $A=(I_n-\rho W_1), B=(I_n-\lambda W_2), r=\Omega^{-1/2}B(Ay-X\beta)$，并且假设 $|A|>0, |B|>0$，那么异方差的广义空间模型的对数似然函数为

$$\ln L(\beta,\rho,\lambda,\alpha\mid y,X)=-\frac{n}{2}\ln(2\pi)-\frac{1}{2}\ln|\Omega|+\ln|A|+\ln|B|-\frac{1}{2}r'r$$

(3.130)

求导得到其一阶条件为

$$\frac{\partial L}{\partial \beta}=r'\Omega^{-\frac{1}{2}}BX,$$

$$\frac{\partial L}{\partial \rho}=-\mathrm{tr}(A^{-1}W_1)+r'\Omega^{-\frac{1}{2}}BW_1y,$$

$$\frac{\partial L}{\partial \lambda}=-\mathrm{tr}(B^{-1}W_2)+r'\Omega^{-\frac{1}{2}}W_2(Ay-X\beta),$$

$$\frac{\partial L}{\partial \alpha_k}=-\frac{1}{2}\mathrm{tr}(\Omega^{-1}H_k)+\frac{1}{2}r'\Omega^{-\frac{1}{2}}H_kB(Ay-X\beta),$$

其中 $H_k=\dfrac{\partial \Omega}{\partial \alpha_k}=\mathrm{diag}\left(\dfrac{\partial h_1(z\alpha)}{\partial \alpha_k},\dfrac{\partial h_2(z\alpha)}{\partial \alpha_k},\cdots,\dfrac{\partial h_n(z\alpha)}{\partial \alpha_k}\right), k=1,\cdots,p$。

信息矩阵是对称的，其上三角元素分别为

$I\beta\beta'=X'B'\Omega^{-1}BX,$

$I\beta\rho=X'B'\Omega^{-1}BW_1A^{-1}X\beta,$

$I\beta\lambda=0,$

$I\beta\alpha'=0,$

$I\rho\rho=\mathrm{tr}((W_1A^{-1})^2)+\mathrm{tr}(\Omega(BW_1A^{-1}B^{-1})'\Omega^{-1}BW_1A^{-1}B^{-1})+$
  $(BW_1A^{-1}X\beta)'\Omega^{-1}BW_1A^{-1}X\beta,$

$I\rho\lambda=\mathrm{tr}((W_2B^{-1})'\Omega^{-1}BW_1A^{-1}B^{-1}\Omega+W_2W_1A^{-1}B^{-1}),$

$I\rho\alpha_k=\mathrm{tr}(\Omega^{-1}H_kBW_1A^{-1}B^{-1}),$

$I\lambda\lambda=\mathrm{tr}((W_2B^{-1})^2+\Omega(W_2B^{-1})'\Omega^{-1}W_2B^{-1}),$

$I\lambda\alpha_k=\mathrm{tr}(\Omega^{-1}H_kW_2B^{-1}),$

$I\alpha_k\alpha_l=\dfrac{1}{2}\mathrm{tr}(\Omega^{-2}H_kH_l)。$

类似于同方差的广义空间模型,由于一阶条件的方程是非线性的,因此一般需要数值方法计算。

处理异方差的另一种方法则是广义矩估计方法。可以将最大似然估计的对数似然函数的一阶条件看成广义矩估计的矩条件,因此最大似然估计实际上也可以看作广义矩估计的特殊情况。类似于同方差的情况,异方差的广义矩估计也需要4个步骤。

第一步:这一步与之前是完全相同的。对于模型,首先进行类似于空间滞后模型的处理,具有异方差的广义空间模型可以写成

$$y = Z\delta + \varepsilon \tag{3.131}$$

$$\mu = \lambda W_2 \mu + \varepsilon \tag{3.132}$$

其中 $Z = [X, W_1 y], \delta = [\beta', \rho]'$。

利用工具变量 Q 可以在不考虑误差项的空间自相关设置的情况下对 δ 有一个初步的估计 $\tilde{\delta}$。此时等价于对广义空间模型所对应的空间滞后模型的 δ 进行估计。令 $P_Q = Q(Q'Q)^{-1}Q', \tilde{Z} = P_Q Z$,则有:

$$\tilde{\delta} = (\tilde{Z}'\tilde{Z})\tilde{Z}'y \tag{3.133}$$

第二步:这一步也是类似的,由于异方差的存在,使得矩条件变成

$$E\left(\frac{1}{n}\varepsilon' W_2' W_2 \varepsilon\right) = \frac{1}{n}\sigma^2 \mathrm{tr}(W'\mathrm{diag}(E(\varepsilon_i^2))W) \tag{3.134}$$

$$E\left(\frac{1}{n}\varepsilon' W_2' \varepsilon\right) = 0 \tag{3.135}$$

令 $\tilde{u} = u(\tilde{\delta}) = y - Z\tilde{\delta}, A_1 = W_2' W_2 - \mathrm{diag}(w_i' w_i), A_2 = \frac{1}{2}(W_2 + W_2')$,$A_3 = I_n - \lambda W_2$,其中 w_i 是 W_2 的第 i 列。那么通过矩条件可以得到

$$q_n^\lambda(\lambda, \tilde{\delta}) = n^{-1}\begin{bmatrix} \tilde{u}' A_3' A_1 A_3 \tilde{u} \\ \tilde{u}' A_3' A_2 A_3 \tilde{u} \end{bmatrix} = 0 \tag{3.136}$$

从而类似于空间误差模型的矩估计,找到近似满足矩条件的 $\tilde{\lambda}$:

$$\tilde{\lambda} = \arg\min_\lambda \{q_n^\lambda(\lambda, \tilde{\delta})' q_n^\lambda(\lambda, \tilde{\delta})\} \tag{3.137}$$

第三步：这一步与之前也是完全相同的，式（3.131）和（3.132）又可以合并写成

$$y_*(\lambda) = Z_*(\lambda)\delta + \varepsilon \tag{3.138}$$

其中 $y_*(\lambda) = (I_n - \lambda W_2)y$，$Z_*(\lambda) = (I_n - \lambda W_2)Z$。

可以进一步对 δ 有一个新的估计

$$\hat{\delta} = (\hat{Z}_*(\tilde{\lambda})'\hat{Z}_*(\tilde{\lambda}))^{-1}\hat{Z}_*(\tilde{\lambda})'y_*(\tilde{\lambda}) \tag{3.139}$$

其中 $\hat{Z}_*(\tilde{\lambda}) = P_Q Z_*(\tilde{\lambda})$。

第四步：异方差处理与之前的不同主要在于这一步。令 $\hat{u} = y - Z\hat{\delta}$，并用其替换掉第二步中的 $\tilde{u}$，得到 $q_n^\lambda(\lambda, \hat{\delta})$，然后求得 λ 的估计值：

$$\hat{\lambda} = \arg\min_\lambda\{q_n^\lambda(\lambda, \hat{\delta})'\hat{\Phi}^{\lambda\lambda-1}q_n^\lambda(\lambda, \hat{\delta})\} \tag{3.140}$$

其中 $\hat{\Phi}^{\lambda\lambda} = \{\hat{\varphi}_{rs}^{\lambda\lambda}\}_{r,s=1,2}$，

$\hat{\varphi}_{rs}^{\lambda\lambda} = (2n)^{-1}\mathrm{tr}((A_r + A'_r)\Sigma(A_s + A'_s)\Sigma) + n^{-1}(Q\hat{P}^*\hat{\alpha}_r)'\Sigma Q\hat{P}^*\hat{\alpha}_s$，

$\Sigma = \mathrm{diag}(\hat{\varepsilon}_i^2)$，

$\hat{\varepsilon}_i^2 = ((I_n - \tilde{\lambda}W_2)\hat{u})^2$，

$\hat{\alpha}_r = Q\hat{P}^*(-n^{-1}Z_*(\tilde{\lambda})'(A_r + A'_r)\hat{\varepsilon})$，

$\hat{P}^* = (n^{-1}Q'Q)^{-1}(n^{-1}Q'Z_*(\tilde{\lambda}))(n^{-1}Z_*(\tilde{\lambda})'Q(n^{-1}Q'Q)^{-1}n^{-1}Q'Z_*(\tilde{\lambda}))^{-1}$。

并且估计值具有渐进分布，其中 $\hat{\Phi}^{\lambda\lambda}$ 之前已经定义：

$$\begin{bmatrix}\hat{\delta}\\\hat{\lambda}\end{bmatrix} = \begin{pmatrix}\delta\\\lambda\end{pmatrix}, \begin{bmatrix}\hat{\Omega}^{\delta\delta} & \hat{\Omega}^{\delta\lambda}\\\hat{\Omega}^{\delta\lambda} & \hat{\Omega}^{\lambda\lambda}\end{bmatrix} \tag{3.141}$$

其中 $\hat{\Omega}^{\delta\delta} = \hat{P}^{*'}\hat{\Phi}^{\delta\delta}\hat{P}^*$，

$\hat{\Omega}^{\delta\lambda} = \hat{P}^{*'}\hat{\Phi}^{\delta\lambda}(\hat{\Phi}^{\lambda\lambda})^{-1}\hat{J}(\hat{J}'(\hat{\Phi}^{\lambda\lambda})^{-1}\hat{J})^{-1}$，

$\hat{\Omega}^{\lambda\lambda} = (\hat{J}'(\hat{\Phi}^{\lambda\lambda})^{-1}\hat{J})^{-1}$，

$\hat{\Phi}^{\delta\delta} = n^{-1}Q'\Sigma Q$，

$\hat{\Phi}^{\delta\delta} = n^{-1}\Sigma S(\alpha_1, \alpha_2)$，

$$\hat{J} = n^{-1} \begin{bmatrix} 2\hat{u}'W_2'A_1\hat{u} & -\hat{u}'W_2'A_1'W_2\hat{u} \\ 2\hat{u}'W_2'A_2\hat{u} & -\hat{u}'W_2'A_2'W_2\hat{u} \end{bmatrix} \begin{bmatrix} 1 \\ 2\hat{\lambda} \end{bmatrix}。$$

与同方差的情况类似,重复上述第三步和第四步可以提高估计的有效性。当参数的估计值在迭代之后没有显著变化时,则说明已经收敛到误差范围内,就可以停止迭代了。虽然异方差的收敛速度比同方差慢,但如果模型设定是正确的,那么收敛的速度依然很快。然而同样需要注意模型设定与数据生成过程的差别会造成不收敛的问题。

3.5.2 空间机制

通常来说模型参数对于所有空间样本来说都是固定的,然而空间的异质性会导致这一点并不能满足。Anselin(1988a)提出了空间机制的概念,用来指对于不同空间数据的子集(也就是空间机制),模型系数是不同的。这实际上有点类似于地理加权回归。如果不同空间机制不进行处理而进行分别的回归,那么样本中的信息就不能被充分利用。两个空间机制的非空间回归模型形式如下:

$$\begin{bmatrix} y_1 \\ y_2 \end{bmatrix} = \begin{bmatrix} X_1 & 0 \\ 0 & X_2 \end{bmatrix} \begin{bmatrix} \beta_1 \\ \beta_2 \end{bmatrix} + \begin{bmatrix} \varepsilon_1 \\ \varepsilon_2 \end{bmatrix} \tag{3.142}$$

而如果只是部分系数不是常数,那么

$$\begin{bmatrix} y_1 \\ y_2 \end{bmatrix} = X_1\beta_1 + \begin{bmatrix} X_2 & 0 \\ 0 & X_3 \end{bmatrix} \begin{bmatrix} \beta_2 \\ \beta_3 \end{bmatrix} + \begin{bmatrix} \varepsilon_1 \\ \varepsilon_2 \end{bmatrix} \tag{3.143}$$

对于前者来说需要考虑是否存在组间异方差。如果存在组间异方差,$\text{var}(\varepsilon_1) \neq \text{var}(\varepsilon_2)$,那么模型也就等价于分别回归了。当然对于多个空间机制的情况,如果组间并不都是异方差的,那么空间机制模型就更为合适。上述模型是非空间的模型,可以很自然地推广到空间模型,具有空间机制的广义空间模型形式如下:

$$\begin{bmatrix} y_1 \\ y_2 \end{bmatrix} = \begin{bmatrix} \rho_1 W_1 & 0 \\ 0 & \rho_2 W_2 \end{bmatrix} \begin{bmatrix} y_1 \\ y_2 \end{bmatrix} + \begin{bmatrix} X_1 & 0 \\ 0 & X_2 \end{bmatrix} \begin{bmatrix} \beta_1 \\ \beta_2 \end{bmatrix} + \begin{bmatrix} u_1 \\ u_2 \end{bmatrix} \tag{3.144}$$

$$\begin{bmatrix} u_1 \\ u_2 \end{bmatrix} = \begin{bmatrix} \lambda_1 W_3 & 0 \\ 0 & \lambda_2 W_4 \end{bmatrix} \begin{bmatrix} u_1 \\ u_2 \end{bmatrix} + \begin{bmatrix} \varepsilon_1 \\ \varepsilon_2 \end{bmatrix} \tag{3.145}$$

另一种空间机制的模型就是使用具有空间机制的空间权重矩阵：

$$W = \begin{bmatrix} W_1 & & & \\ & W_2 & & \\ & & \ddots & \\ & & & W_n \end{bmatrix} \tag{3.146}$$

对于空间机制的模型的估计是之前介绍的不具有空间机制的模型的简单拓展，并且同时也是允许存在异方差的。空间机制主要表现了不同组样本之间结构的不同，然而需要确定空间相互依赖于一个空间机制内的，并且不存在空间机制之间的空间溢出效应。所以需要有充分的理由将样本划分为几个体制而使用空间机制模型。

对于空间机制模型，一般更加关心系数稳定性的检验，也就是模型系数在空间上是否会显著地随机制而改变。系数稳定性的原假设H_0是$\beta_1 = \beta_2$，比较经典的方法是使用邹检验：

$$C = \{(e'_r e_r - e'_u e_u)/k\} / \{e'_u e_u/(n-2k)\} \sim F(k, n-2k) \tag{3.147}$$

其中e_r是受限制的估计的残差，即系数稳定下的残差。e_u是未受限的估计的残差，即系数不稳定下的残差。

另一种方式是使用基于最大似然估计的检验：沃尔德检验、拉格朗日乘子检验和似然比检验。

$$h(\theta) = R\theta = [I_k, -I_k] \begin{bmatrix} \beta_{11} \\ \vdots \\ \beta_{1k} \\ \beta_{12} \\ \vdots \\ \beta_{2k} \end{bmatrix} = 0 \tag{3.148}$$

$$WT = h\,(\hat{\theta})' \left(\frac{\partial h(\theta)}{\partial \theta'} I(\hat{\theta}) \frac{\partial h(\theta)}{\partial \theta} \right)^{-1} h\,(\hat{\theta}) \sim \chi^2(k) \tag{3.149}$$

$$LM = \frac{\partial h(\bar{\theta})}{\partial \theta'} I(\bar{\theta}) \frac{\partial h(\bar{\theta})}{\partial \theta} \sim \chi^2(k) \tag{3.150}$$

$$LR = 2(\ln L(\hat{\theta}) - \ln L(\bar{\theta})) \sim \chi^2(k) \tag{3.151}$$

其中 $\hat{\theta}$ 是未受限的估计的参数，$\bar{\theta}$ 是受限制的估计的参数。

3.5.3 空间协整

对于空间异质性，也就是空间非平稳来说，即使是使用空间异质性建模，依然需要满足一定的平稳性条件。一般假定变量都是空间宽平稳的。[①] 宽平稳的概念是变量的期望、方差对于所有空间单元上的变量都保持恒定，并且协方差不受空间单元的平移的影响。如果对非平稳序列进行回归则可能会导致伪回归问题[②]，因此需要进行相应的检验。

Fingleton(1999)最早将时间序列的协整等概念引申到了空间计量经济学，利用蒙特卡洛模拟的方法研究了伪空间回归、空间单位根和空间协整。Lauridsen 和 Kosfeld(2006)提出了一个基于拉格朗日乘子检验的单位根检验。Lee 和 Yu(2009)研究发现相比于时间序列的情况，空间回归模型发生伪回归的现象较弱，但仍然存在。

讨论变量的平稳性需要考虑最为简单的单变量空间回归模型，也就是同期单变量一阶空间自回归模型：

$$y = \rho W y + \varepsilon \tag{3.152}$$

$$\varepsilon \sim N(0, \sigma^2 I_n) \tag{3.153}$$

[①] 一个严平稳过程只要二阶矩存在，则必定是宽平稳过程。但反过来一般是不成立的。而通常我们在空间计量经济学中考虑的空间随机过程二阶矩都是存在的。

[②] 残差序列是一个非平稳序列的回归被称为伪回归，其拟合优度、显著性水平等指标可能都很好，但是由于残差序列是一个非平稳序列，因此这种回归关系不能真实反映因变量和解释变量之间存在的均衡关系，而仅仅是一种数字上的巧合而已。如果一组非平稳序列之间不存在协整关系，则这一组变量构造的回归模型就有可能出现伪回归。伪回归的出现说明模型设定出现了问题。

因此可以求得

$$y = (I_n - \rho W)^{-1} \varepsilon \tag{3.154}$$

$$\text{var}(y) = \sigma^2 ((I_n - \rho W)'(I_n - \rho W))^{-1} \tag{3.155}$$

通常会假定

$$\rho \in [v_{\min}^{-1}, v_{\max}^{-1}] \tag{3.156}$$

其中 $v_{\min}$ 和 $v_{\max}$ 分别是空间权重矩阵 W 的最小特征值和最大特征值。而当 W 是行标准化时，$v_{\max} = 1$，因此 $\rho \in [v_{\min}^{-1}, 1]$。Fingleton(1999) 指出，虽然当 $|\rho| < 1$ 时模型是不稳定的，但却是渐进稳定的，即当样本量趋于无穷时稳定。而当 $|\rho| = 1$ 时，模型并不是渐进稳定的。对于稳定性有两个很重要的概念：单整和协整。

对于之前的模型，当 $|\rho| < 1$ 时，称为空间稳定的或 0 阶单整过程，记为 $SI(0)$。我们定义变量的空间差分为

$$\Delta y = y - Wy = (I - W)y \tag{3.157}$$

其中 $\Delta = (I - W)$ 是空间差分算子。

如果上述方程是稳定的，则称为 1 阶空间单整过程，记为 $SI(1)$。此时有一个单位根。

同理，如果当经过 d 次空间差分后

$$\Delta^d y = (I - W)^d y \tag{3.158}$$

是平稳的，则称为 d 阶空间单整过程，记为 $SI(d)$。如果 x 和 y 都是 $SI(1)$ 的变量，那么它们的线性组合至少也是 $SI(1)$ 的。如果两个变量的线性组合是稳定的，则称它们是空间协整的。更一般地，如果 x 和 y 都是 $SI(d)$ 的变量，并且它们的线性组合 $y - \beta x$ 是 $SI(d-b)(0 < b \leqslant d)$ 的，则称 x 和 y 是 (d, b) 阶协整的，记为 $SCI(d, b)$。当两个变量的单整的阶不同时，显然不是协整的。在空间计量的应用中，变量通常是 $SI(1)$ 的，所以一般会只考虑两个变量是否是 $SCI(1, 1)$ 的，也就是考虑空间差分后的两个变量的回归误差是否是平稳的。

伪回归的模型的误差项包含一个单位根，可以表达为

$$y = X\beta + \mu \tag{3.159}$$

$$\mu = \lambda W\mu + \varepsilon \tag{3.160}$$

$$\varepsilon \sim N(0, \sigma^2 I_n) \tag{3.161}$$

其中 $\lambda = 1$。这也是空间误差模型的表达式，但空间误差模型要求 $|\lambda| < 1$，而如果真实情况是 $\lambda = 1$ 时，空间误差模型的拉格朗日乘子检验也是显著的，这也就给我们了一个基于 LM 统计量检验单位根的方式。一般选取原假设 H_0 为不平稳，即 $\mu = \lambda W\mu + \varepsilon$，等价于 $\mu = \Delta^{-1}\varepsilon$，故模型等价于

$$\Delta y = \Delta X\beta + \varepsilon \tag{3.162}$$

由于 $\Delta y = \Delta X\beta + \varepsilon$ 的误差项是一个白噪声，所以这个对于变量差分后的方程的空间误差模型的拉格朗日乘子检验

$$LM_\lambda = \frac{(n e'We/e'e)^2}{\mathrm{tr}((W+W')W)} \tag{3.163}$$

应当接近于 0，其中 e 是 $\Delta y = \Delta X\beta + \varepsilon$ 通过最小二乘回归所得到的残差，而不是 $y = X\beta + \varepsilon$ 通过最小二乘回归得到的残差，该 LM 统计量简记为 DLM_λ。而 $y = X\beta + \varepsilon$ 通过最小二乘回归得到的残差的 LM 统计量简记为 LM_λ。因此当 LM_λ 是显著的正值而 DLM_λ 接近于 0 时，就反映了不平稳，存在伪回归现象。如果 LM_λ 是正值时，DLM_λ 也是显著的正值，那么则反映了平稳的空间自回归。当 LM_λ 接近于 0，而 DLM_λ 是显著的正值时，则反映了不存在空间自相关。

3.6 空间回归模型的选择

3.6.1 数据生成过程

在空间计量实证研究中，研究者通常希望得到一个能够较好地描述数据的空间特征和经济现象的模型，并把后续的分析工作建立在假定这个模型与数据生成过程相符的基础上，因此选择恰当的空间计量模型至关重要。模型选择是数据分析的重要组成部分，是模型建立的基础，也是实证研究的一个关键环节。因此，空间计量模型的选择问题变成了空间建模必须要解决的问题。

对不同的数据生成过程使用不同的模型会导致估计存在不同的无偏性和有效性,其具体影响如表3.1所示:

表3.1 数据生成过程对模型估计的影响

数据过程 使用模型	SEM	SAR	SDM	SAC
SEM	无偏,有效	有偏	有偏	有偏
SAR	无偏,无效	无偏,有效	有偏	无偏,无效
SDM	无偏,无效	无偏,无效	无偏,有效	无偏,无效
SAC	无偏,有效	无偏,有效	有偏	无偏,有效

首先,如果使用的模型恰好与数据生成过程相对应,那么估计就是无偏且有效的,也就是表3.1中的对角线上的情况。其次,空间杜宾模型含有解释变量空间变量,如果忽略这一项而使用其他模型,那么将会导致估计是有偏的,原因类似于自变量空间滞后模型相对于经典线性模型的估计的讨论。再次是对误差项空间滞后的忽略会导致估计的无效性,不过实际上,只要无偏并且样本量足够大,无效性的问题并不是那么不可以接受,这类似于空间误差模型相对于经典线性模型的估计的讨论。最后是对因变量空间滞后的忽略同样会导致有偏,这类似于空间滞后模型相对于经典线性模型的估计的讨论。综上所述,最不能接受的就是忽略因变量和自变量的空间滞后。

3.6.2 拉格朗日乘子检验

Anselin(2006)给出了基于拉格朗日乘子检验的关于选择空间误差模型还是空间滞后模型的检验流程,流程如图3.1所示。

首先进行最小二乘回归,得到残差。然后,计算之前已经介绍的空间滞后模型和空间误差模型的拉格朗日乘子检验统计量并比较它们的显著性。如果是两者都不显著,那么就选择最小二乘回归;如果是其中之一显著并且另一个不显著,那么选择显著的统计量对应的模型;如果两者都显著,那么进一步使用稳健的拉格朗日乘子检验,然后选择显著的统计量对应的模型。Anselin等(1996)构造的稳健的拉格朗日乘子检验统计量的计算公式如下:

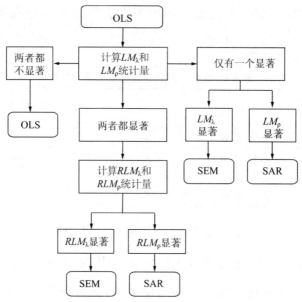

图 3.1 空间滞后模型与空间误差模型选择流程图

$$RLM_\lambda = \frac{(\widetilde{d}_\lambda - T D^{-1} \widetilde{d}_\rho)^2}{T(1-TD)} \sim \chi^2(1) \qquad (3.164)$$

$$RLM_\rho = \frac{(\widetilde{d}_\lambda - \widetilde{d}_\rho)^2}{D-T} \sim \chi^2(1) \qquad (3.165)$$

其中 $\widetilde{d}_\lambda = \dfrac{e'We}{n^{-1}e'e}$,

$\widetilde{d}_\rho = \dfrac{e'Wy}{n^{-1}e'e}$,

$T = \mathrm{tr}((W+W')W)$,

$D = T + \dfrac{(WX\widetilde{\beta})'(I_n - X(X'X)^{-1}X')(WX\widetilde{\beta})}{n^{-1}e'e}$,

e 是最小二乘估计的残差, $\widetilde{\beta}$ 是最小二乘估计的系数估计值。

需要注意,稳健的拉格朗日乘子检验必须在两个非稳健的拉格朗日乘子检验都显著的情况下使用。如果两个稳健的拉格朗日乘子检验仍然都是显著的,一般常见于大样本的情况,那么则倾向于选择两个统计量中更大的那一个所对应的模型,也就是选择更为显著的那个统计量所对应的模型。

3.6.3 信息准则

1973年,日本著名统计学教授赤池弘次(H. Akaike)在研究信息论中的时间序列时,提出了综合权衡模型适用性和复杂性的AIC准则。对于所建模型,AIC准则为

$$\text{AIC} = -2\ln(L) + 2k \tag{3.166}$$

其中$\ln(L)$表示对数似然函数值,k代表模型中的参数个数。

AIC信息准则说明应优先考虑AIC值更小的那一个模型。AIC第一项表示模型与真实分布的偏差。通常模型参数越多,估计偏差越小,但待估参数增多,第二项同时增大,反之亦然。当引入不必要的变量时,模型的似然函数值也会降低,但我们不希望选择这种模型,所以AIC第二项是参数数量增加的惩罚项。因此如果通过AIC来选择模型,则可以说是同时注重了模型的拟合度和效率。AIC希望选择用最少的参数估计出与数据最吻合的模型,这显然比单单比较模型拟合度来选择模型更为合理。尽管AIC在实际应用中相对于使用似然函数值来说取得了更好的效果,但也有不足之处。在样本数据具有较高偏度或峰度时,惩罚项是无法弥补最大似然估计在估计参数时的损失的。同时,当备选模型具有相同的结构和参数时,AIC准则就退化成比较最大似然值。在AIC准则中,模型参数个数的惩罚项系数始终为2,与样本容量n无关,然而,随着样本容量的增大,模型的拟合误差随之放大,导致当样本容量趋于无穷大时,AIC准则选择的拟合模型不收敛于真实模型,因此大样本时AIC准则选择的模型通常更倾向于比真实模型参数更多的模型。为此,赤池弘次于1979年提出贝叶斯信息准则:

$$\text{BIC} = -2\ln(L) + k\ln(n) \tag{3.167}$$

同时吉迪恩·E.施瓦茨(Gideon E. Schwartz)在1978年基于无先验信息的贝叶斯理论的最大后验密度,也得出同样的判别准则。另外还有汉南-奎因准则:

$$\text{HQ} = -2\ln(L) + \ln(\ln(n))k \tag{3.168}$$

当然也可以通过基于贝叶斯估计的方法来处理模型选择的问题,这一部分

将在下一章介绍。

事实上,有的模型选择方法具有很大的局限性,有的会出现一定的误选,而有的需要特殊的处理技巧。这就需要我们对这些方法进行一定的理论探索和模拟分析,给出合理的有效性评判,从而为实证研究中如何选择恰当的模型建立理论基础。在当前空间计量模型的实证研究中,大部分文献是基于拉格朗日乘子检验在空间滞后和空间误差模型中进行选择和分析。

3.7 研究案例:制造业企业区位选择集聚经济指向的空间效应研究

3.7.1 研究综述

众所周知,集聚经济是影响企业区位选择的关键因素,按照作用机理不同,可将其分为地方化经济和城市化经济。企业受益于两者的根源不同,地方化经济源于行业规模,城市化经济源于城市规模。诸多研究都旨在探讨两者的作用机理及其对不同行业的影响,并得到了一系列有意义的结论。但空间效应作为影响企业决策的重要环节却较少被关注,与其相关的问题包括集聚经济的影响在空间上是否存在溢出效应、作用尺度有多大、是否存在空间差异等。

集聚经济的研究源于19世纪末,英国经济学家阿尔弗雷德·马歇尔(Alfred Marshall)在1890年发现城市中的同一产业集聚有助于企业间的知识溢出和技术传播,从而促进该产业及城市的增长,并指出集聚经济产生的原因主要有三个:共享劳动力池、投入产出联系和知识溢出。随后,简·雅各布斯(Jane Jacobs)在1969年将知识溢出、产业集聚与创新有机结合,提出异质性企业间的非确定性交流更能够产生关键知识的溢出,并引发企业新思路,进而构建多样化集聚与知识溢出的关系。在此基础上,Glaeser等(1992)结合经济学理论的演进,将上述两种机制总结为MAR外部性与Jacobs外部性,自此引发了地方化经济还是城市化经济的广泛讨论。前者认为外部性主要发生在同一产业内,后者认为外部性发生在不同产业间。相关研究中,Rosenthal和

Strange(2001)讨论了马歇尔集聚理论的三个方面,并通过实证发现共享劳动力池是集聚经济的主要原因。Duranton 和 Puga(2004)则将集聚经济分为共享机制、匹配机制、学习机制,并认为在马歇尔对于集聚来源的观点中劳动力池有两种解释:一为共享机制,当某个企业受到特殊的冲击时,工人可以通过劳动力池到其他企业就业,从而分担其风险;二为匹配机制,更大的劳动力池使得工人和企业得到更适合的匹配。Henderson(2003)经过实证研究发现尽管不同行业差异性很大,但综合来说,地方化经济比城市化经济对企业的影响更大。Jofre 等(2014)则认为知识密集型企业更重视城市化经济,技术密集型企业则更重视地方化经济。近年来集聚经济的空间效应也备受关注,Mori 和 Smith(2015)提出了一种基于空间聚类的产业集聚尺度和程度的定量测度方法,并以日本工业为例验证了考虑运输距离与产业集聚空间尺度的新经济地理学模型。Andersson 等(2016)通过研究经济密度的外部性发现在考虑了邻近关系后更容易捕捉到学习行为,但知识溢出随距离急速衰减。

国内研究中,制造业集聚经济指向同样是学界近年来的关注重点。有研究表明,中国制造业的产业外部性表现为产业内集聚与关联产业集聚,而且产业内集聚效应高于关联产业集聚效应。专业化和本地竞争一定程度上可以促进产业增长。而与城市化经济相比,地方化经济对企业区位选择有着更大的影响。集聚经济对企业区位选择的影响具有明显的产业特征,资本、技术密集型产业部门的区位选择更多地收敛于城市化集聚,而传统的劳动密集型产业则更偏好于地方化集聚。

通过文献综述可知,国内外学者对于集聚经济的归纳总结已较为完善,但整体上对集聚经济的空间效应和空间尺度关注不够,鲜有研究可以精细化识别区域间的溢出效应,进而无法得知地方化经济和城市化经济在空间上的作用尺度和作用差异。究其原因,以往对于集聚经济的研究主要使用集聚指标配合经典线性模型或经典泊松模型,这些方法虽然能够在一定程度上反映集聚经济,但却无法处理数据及模型中存在的空间依赖性,也就无法识别空间效应。因此,本案例将经典泊松模型改进为空间泊松模型,以度量地方化经济和城市化经济的空间效应,并进一步探讨空间效应所对应的空间尺度、溢出效应和阴影效应等问题。

3.7.2 模型设定

企业根据获得的利润来决定是否进入某个地区,而利润由收入和成本确定。收入和成本受到各种因素的影响,所以企业的利润可由构建企业线性期望随机利润函数确定:

$$\pi_i = x_i\beta + \varepsilon_i \tag{3.169}$$

其中,π_i 为企业位于 i 区域的利润,x_i 是影响企业区位选择的因素,ε_i 是误差项。

在可选择的有限空间中,企业之所以选址于某个地区,原因在于该地区的利润是最大的。因此,如果随机项 ε_i 满足极值 II 型分布,那么企业选址于 i 区域的概率可以表达为:

$$\text{Prob}(i) = \exp(x_i\beta) / \sum_i \exp(x_i\beta) \tag{3.170}$$

根据 Guimaraes 等(2004)证明的条件 Logit 模型和泊松模型的系数估计等价,上述模型等价于如下模型:

$$E(y_i) = \exp(x_i\beta) \tag{3.171}$$

其中 y_i 是 i 地新企业数量。此即经典的企业区位选择的泊松模型。

经典的泊松模型没有考虑空间依赖性,因而也就无法识别区域间的溢出效应。Tobler(1970)地理学第一定律指出任何事物都存在空间相关,距离越近的事物空间相关性越大,因此空间数据中通常都会存在或强或弱的空间依赖性。区位理论指出,企业在选择区位时存在明显的竞争效应和溢出效应,进而影响企业区位选择的空间分布。显然,忽略了这种空间影响不仅不能准确解释企业的区位选择决策,而且还会导致参数的有偏估计,所以在企业区位选择模型中加入空间效应是非常必要的。有以下两种方式可以将空间效应加入模型中。

第一种:将自变量 x 的空间滞后变量 $W \times x$ 加入模型中:

$$E(y_i) = \exp\left(x_i\beta + \sum_i w_{ij} x_i \theta\right) \tag{3.172}$$

其中 $W=(w_{ij})_{n\times n}$ 是空间权重矩阵。

第二种：将模型改进为空间滞后泊松模型：

$$E(y_i)=\exp(x_i\beta)\prod_{j\neq i}E(y_i^{\rho w_{ij}}) \tag{3.173}$$

其中 ρ 为空间滞后回归系数。

在国内外研究中，企业区位选择泊松模型的变量及指标的选取较为相似。本案例参照以往研究选取自变量指标，如表 3.2 所示。

表 3.2　变量的选取与描述

变量	描述
N	2007 年开业的规模以上工业企业数量（个）
ME	2007 年制造业行业从业人数（万人）
UE	城市就业人员人数（万人）
MP	通过市场潜能函数计算得到的市场潜能大小
S	职工平均工资（万元）

就中国而言，行业从业人数一般代表了行业规模，而地方化经济源于行业规模，所以行业从业人数可以作为反映地方化经济的变量指标。城市就业人员人数在很大程度上代表了城市规模，由于城市化经济源于城市规模，所以城市就业人员人数反映了城市化经济的大小。市场需求和企业成本是影响企业区位选择的重要因素，可以将市场需求用一个区域及其邻近区域的市场购买力的加权平均来衡量，也就是利用市场潜能反映市场需求。在企业成本中，用工成本是主要的一部分，可以使用职工平均工资反映用工成本，同时职工平均工资也可以部分地反映各地区的地价和通勤等因素。故选择市场潜能和职工工资作为反映市场需求和企业成本的控制变量。市场潜能借鉴 Harris(1954)提出的市场潜能函数来表示：

$$mp_i=\frac{Y_i}{d_{ii}}+\sum_{j\neq i}\frac{Y_j}{d_{ij}} \tag{3.174}$$

其中 Y_i 为 i 城市总收入，以地区 GDP 表示，d_{ij} 为两城市间欧式距离，d_{ii} 为城市内部距离。

模型参照 Lambert 等（2010）提出的两阶段有限信息最大似然估计方法对

模型进行估计与检验。

3.7.3 数据来源

使用来自国家统计局工业企业统计数据库的 2007—2008 年规模以上工业企业数据,并将数据按照二位数行业代码划分为 29 个行业。该数据涵盖采掘业、制造业和电力、煤气与水生产和供应业的全部国有企业和年销售收入 500 万元以上的非国有企业。其中,烟草制品业样本数量很小,为了避免模型自由度不足导致不可信的回归结果,选取其他 28 个制造业行业进行分析。区域层面数据,如土地面积、就业人员人数、地区生产总值、职工平均工资,来自 2008 年《中国区域经济统计年鉴》,共选取了 338 个地级区域的数据。

3.7.4 结果和分析

将制造业所有行业的新企业汇总到地级市区域,发现新企业主要分布在东部沿海地区,呈现由东向西逐渐递减的格局,且新企业格局在空间上存在明显的正相关,即新企业数量多的地级市,其周围地级市新企业也较多,反之亦然。进一步,可以使用 LISA 来反映各个地区的局部自相关。结果表明:制造业新企业格局在东部沿海地区呈现明显的"高—高"集聚,在西部则呈现明显的"低—低"集聚。这种正的自相关一方面是由东部经济发展水平较高而西部较低引起的,另一方面也可能是由地方化经济、城市化经济、市场潜力等多种因素的溢出效应所导致的。我们构建的空间泊松模型将证明这种溢出效应,即制造业企业区位选择的空间相关性不仅是由于影响因素存在空间自相关,而且还因为影响因素存在溢出效应。但是,东部部分地区呈现"低—高"的负相关现象,即周围地区新企业数量越多,则本地新企业数量越少。这可能是由于其他沿海地区的阴影效应:企业被吸引到这些沿海地区,导致其周围部分地区新企业减少。此外,通过 Moran 散点图及检验得到 p 值为 0.001,表明新企业数量确实存在空间正自相关。

制造业就业人数的空间分布同样存在正的自相关,且呈现东高西低逐渐递减的格局,与新企业数量的格局非常相近。其 LISA 图反映的局部自相关则主要是西部的"低—低"集聚,在东部没有呈现明显的局部自相关。Moran 散点图也说明了制造业就业人数存在空间正自相关,p 值为 0.001。

城市就业人口的空间分布与前两个变量存在较大的差异,以胡焕庸线为分割,东高西低,差异明显,而中部地区和东部沿海地区则相差无几。城市就业人口的 LISA 图表现的局部自相关同样是西部的"低—低"集聚,在东部没有明显的局部自相关。Moran 散点图也说明了城市就业人口存在空间正自相关,p 值为 0.002。

综上所述,制造业新企业数量、制造业就业人口、城市就业人口均存在显著的空间正自相关。其中,前两者的空间格局十分相似,均呈现由东向西梯度递减的格局。城市就业人口则以胡焕庸线为分割,呈现东高西低的格局。在西部地区,三者均出现"低—低"集聚的局部空间自相关。东部地区则只有新企业数量局部自相关明显。故而推测企业区位选择的影响因素存在空间溢出效应,并进一步通过回归模型验证。

将制造业 28 个行业分别使用泊松模型、自变量空间滞后泊松模型、空间滞后泊松模型进行回归,并统计 28 个行业各系数回归结果的均值、标准差、5% 显著水平下显著为正的行业数量和显著为负的行业数量。在三个模型中,地方化经济、城市化经济的回归系数均为显著的正值,这表明集聚经济对于企业区位选择存在正向影响。同时,自变量空间滞后泊松模型和空间滞后泊松模型均反映出变量存在空间效应,空间滞后泊松模型反映出所有变量均为正相关的空间效应,而自变量空间滞后模型反映除了城市化经济为负相关,其他变量为正相关空间效应,考虑到遗漏变量偏误,自变量空间滞后泊松模型更为可信。模型回归系数的本地效应表明,制造业就业人数每增加 1 万人,新企业增加 0.26%。由此可知,地方化经济正向影响企业利润,进而增加了企业选址于此的可能性。城市就业人口每增加 100 万人,新企业增加 0.13%。因此,城市化经济同样会增加企业选址于此的可能。市场潜能每增加 1,新企业增加 0.1%,所以说市场潜力也是企业在区位选择时的正向因素。员工平均工资每增加 1 万元,新企业减少 0.25%。作为企业的成本,员工工资负向影响了企业的区位选择,工资越高,企业选址于此的可能性越小。在这些变量中,除市场潜能外,其他变量对大多数行业均显著。本地效应的回归结果整体上与前人的研究保持一致。在模型回归系数的空间效应中,周围的制造业就业人数每增加1万人,新企业增加0.07%。周围的城市就业人口每增加100万人,新企业减少0.03%。周围的市场潜能每增加1,新企业增加0.05%。周围的员工平均工资每增加1万元,新企业减少0.07%。所有变量的空间效应对于大多数行业均显著,且空间效应的作用要弱于本地效应。具体可见表3.3。

表3.3 各模型回归系数与统计推断

变量	PM	PM-s	SLXPM	SLXPM-s	SLPM	SLPM-s
常数项	−0.46 (1.32)	15 (9)	0.12 (1.30)	13 (10)	−0.58 (1.21)	7 (16)
制造业就业人数	0.27 (0.25)	26 (0)	0.26 (0.23)	28 (0)	0.24 (0.21)	27 (0)
城市就业人口	0.10 (0.05)	21 (0)	0.13 (0.07)	25 (0)	0.11 (0.07)	24 (0)
市场潜能	0.33 (0.11)	28 (0)	0.10 (0.14)	10 (0)	0.19 (0.11)	26 (0)
员工平均工资	−0.35 (0.26)	0 (28)	−0.25 (0.23)	0 (28)	−0.24 (0.20)	0 (19)
$W \times$制造业就业人数			0.07 (0.08)	25 (0)		
$W \times$城市就业人口			−0.03 (0.03)	0 (18)		
$W \times$市场潜能			0.05 (0.03)	22 (0)		
$W \times$员工平均工资			−0.07 (0.06)	0 (19)		
空间回归系数					0.16 (0.21)	26 (0)

注:PM、SLXPM、SLPM 各行中的第一行为系数均值,第二行括号中为标准差。PM-s、SLXPM-s、SLPM-s 各行中的第一行为5%显著水平下显著为正的行业数量,第二行括号中为显著为负的行业数量。

由上述结果可知,地方化经济和城市化经济的空间作用不同。地方化经济反映出明显的正向溢出效应,本地地方化经济程度越高,则企业在其周围地区选址的概率也会越高。城市化经济则反映出明显的负向空间效应,即竞争效应,本地城市化经济程度越高,则企业在其周围选址的概率越低。因此,两者对于企业区位选择的正向影响的尺度是不同的。地方化经济的正向影响尺度更大，其溢出效应会正向影响企业是否在该地周围选址，而城市化经济的正向影响仅限于本地，影响尺度较小，其空间效应为负向相关的阴影效应。综上，可以认为这种尺度上的差异源于两者差异化的作用机制。Dumais等(2002)验证了共享劳动力池是企业地理集中的最重要原因之一。由于劳动力的迁移，共享劳动力池不仅局限于本城市，在城市间同样存在共享劳动力池，故而地方化经济存在溢出效应。除此之外，谢里(2016)发现中国制造业集聚存在正向的空间技术溢出效应。同行业的技术溢出也是造成地方化经济存在溢出效应的原因之一。城市化经济主要包括了共享基础设施以及多样化产生的知识溢出。基础设施的共享仅限于本城市，而知识溢出在空间上则衰减较快。Fischer等(2006)论证了知识溢出的存在，并发现这种溢出效应存在明显的距离衰减特征。究其原因，知识在传播过程中必然会经历诸如含义扭曲、架构变更等变化，由此出现或多或少的耗损。这种耗损会随着彼此间默契程度(包括认知、了解与协作程度等)的降低而增加，所以企业为了增加与其他企业的默契程度而偏好集聚分布。因此，由城市化经济产生的知识在地级市间的溢出衰减较快，这种知识溢出对于企业的正效应在地级市间也就不太显著。相比而言，企业为了追求多样化产生的知识溢出和更好的基础设施，会有更大的概率将企业选址在城市化经济程度更高的地区，这致使地区之间产生了竞争效应，进而导致了城市化经济的阴影效应。市场潜能同样存在正的溢出效应，因此市场潜能的影响尺度同样要比地级市区域更大。与此类似的是反映企业成本的员工工资，员工工资不仅在本地是负的影响，其空间效应同样是负效应。这说明企业选址时考虑的成本因素和市场因素的尺度要大于地级市尺度。

参照表3.4，我们进一步讨论集聚经济的本地效应和空间效应的行业差异。结果表明，地方化经济本地效应较强的行业，其溢出效应也较强，而城市化经济本地效应较强的行业，其阴影效应也较强。这表明集聚经济本地效应和空间效应的强度存在正相关，越重视本地集聚经济的制造业企业，对于其周围地区的集聚经济也越重视。

表 3.4 模型主要影响因素行业排名（按绝对值从大到小排序）

排名	地方化经济	城市化经济	地方化经济空间效应	城市化经济空间效应
1	石油加工、炼焦及核燃料加工业(0.842)	皮革、毛皮、羽毛（绒）及其制品业(0.252)	化学纤维制造业(0.328)	塑料制品业(−0.087)
2	化学纤维制造业(0.804)	工艺品及其他制造业(0.228)	饮料制造业(0.267)	交通运输设备制造业(−0.086)
3	饮料制造业(0.598)	印刷业和记录媒介的复制(0.226)	橡胶制品业(0.193)	通用设备制造业(−0.08)
4	食品制造业(0.514)	塑料制品业(0.218)	医药制造业(0.165)	纺织服装、鞋、帽制造业(−0.077)
5	橡胶制品业(0.484)	纺织业(0.19)	工艺品及其他制造业(0.147)	电气机械及器材制造业(−0.075)
6	木材加工及木、竹、藤、棕、草制品业(0.48)	仪器仪表及文化、办公用机械制造业(0.188)	有色金属冶炼及压延加工业(0.113)	橡胶制品业(−0.067)
7	造纸及纸制品业(0.445)	金属制品业(0.175)	家具制造业(0.108)	文教体育用品制造业(−0.059)
8	医药制造业(0.416)	通用设备制造业(0.163)	食品制造业(0.094)	纺织业(−0.053)
9	家具制造业(0.306)	化学纤维制造业(0.161)	木材加工及木、竹、藤、棕、草制品业(0.086)	仪器仪表及文化、办公用机械制造业(−0.044)
10	有色金属冶炼及压延加工业(0.294)	橡胶制品业(0.155)	造纸及纸制品业(0.063)	金属制品业(−0.043)
11	化学原料及化学制品制造业(0.252)	电气机械及器材制造业(0.143)	塑料制品业(0.06)	印刷业和记录媒介的复制(−0.04)
12	农副食品加工业(0.197)	专用设备制造业(0.142)	交通运输设备制造业(0.054)	医药制造业(−0.038)
13	文教体育用品制造业(0.196)	通信设备、计算机及其他电子设备制造业(0.132)	通用设备制造业(0.053)	专用设备制造业(−0.036)
14	工艺品及其他制造业(0.193)	食品制造业(0.128)	专用设备制造业(0.046)	食品制造业(−0.035)
15	印刷业和记录媒介的复制(0.156)	家具制造业(0.125)	金属制品业(0.044)	农副食品加工业(−0.031)
16	纺织服装、鞋、帽制造业(0.14)	非金属矿物制品业(0.124)	皮革、毛皮、羽毛（绒）及其制品业(0.043)	化学原料及化学制品制造业(−0.026)
17	黑色金属冶炼及压延加工业(0.126)	造纸及纸制品业(0.122)	仪器仪表及文化、办公用机械制造业(0.038)	通信设备、计算机及其他电子设备制造业(−0.025)
18	交通运输设备制造业(0.108)	农副食品加工业(0.12)	纺织业(0.029)	非金属矿物制品业(−0.023)
19	金属制品业(0.105)	医药制造业(0.114)	农副食品加工业(0.026)	

(续表)

排名	地方化经济	城市化经济	地方化经济空间效应	城市化经济空间效应
20	非金属矿物制品业(0.097)	饮料制造业(0.092)	化学原料及化学制品制造业(0.025)	
21	专用设备制造业(0.097)	黑色金属冶炼及压延加工业(0.085)	黑色金属冶炼及压延加工业(0.02)	
22	通用设备制造业(0.094)	交通运输设备制造业(0.084)	非金属矿物制品业(0.015)	
23	皮革、毛皮、羽毛(绒)及其制品业(0.087)	纺织服装、鞋、帽制造业(0.081)	电气机械及器材制造业(0.015)	
24	纺织业(0.066)	化学原料及化学制品制造业(0.044)	纺织服装、鞋、帽制造业(0.011)	
25	仪器仪表及文化、办公用机械制造业(0.057)		通信设备、计算机及其他电子设备制造业(0.007)	
26	塑料制品业(0.041)			
27	电气机械及器材制造业(0.041)			
28	通信设备、计算机及其他电子设备制造业(0.01)			

注：括号中数值为对应回归系数值，未列出行业表示对应系数值不显著。

化学纤维制造业、饮料制造业、橡胶制品业、医药制造业等几个行业的地方化经济及其空间效应均显著且高于其他行业，说明这些行业更依赖于本地和区域间的共享劳动力池和投入产出联系。总结这些行业发现，它们的企业平均员工人数较高，主要属于劳动密集型产业，进而发现劳动力密集型产业受到地方化经济及其空间效应的影响较大。

塑料制品业、通用设备制造业、电气机械及器材制造业、橡胶制品业等几个行业的城市化经济及其空间效应均显著且高于其他行业，与其他行业相比，受到更大的城市化经济及阴影效应的影响。探索数据发现，它们的平均资产要小于其他行业，而平均资产较大的行业受到较小的城市化经济及阴影效应影响，故而资本密集型产业受到城市化经济的影响较小。

木材加工及木、竹、藤、棕、草制品业，石油加工、炼焦及核燃料加工业，有色金属冶炼及压延加工业三个行业的城市化经济和城市化经济空间效应均不显著，说明这三个行业对于城市化经济指向不强。它们主要属于资源密集型产业,在区位选择时更多的是原料指向型,同时可以发现其他资源密集型产业受到集聚经济的影响也很小,因此资源密集型产业集聚经济指向不强。

3.7.5 结论

首先,企业区位选择的空间格局与地方化经济的空间格局较为相似,两者均存在由东向西梯度递减的趋势。城市化经济则以胡焕庸线为分割,呈现东高西低的格局。并且,企业区位选择、地方化经济和城市化经济三者在空间上均存在明显的空间自相关。

其次,与以往研究一致,本地的地方化经济和城市化经济均正向影响着企业的区位选择,但地方化经济和城市化经济均存在空间效应,而空间效应的作用要弱于本地效应。同时发现,地方化经济和城市化经济的空间效应是不同的,前者存在溢出效应,后者则存在阴影效应。

再次,地方化经济和城市化经济对于企业区位选择正向影响的尺度是不同的。前者的正向影响尺度较大,在地级市之间存在溢出效应,而后者的正向影响则仅限于本地,尺度较小,并在地级市之间存在阴影效应。可以认为造成上述现象的原因在于差异化的作用机理,企业的共享劳动力池和技术溢出等需求决定地方化经济的因素在空间上衰减较慢,而企业对于共享基础设施和获取更多的知识溢出等需求决定城市化经济的因素在空间上衰减较快。

最后,集聚经济的本地效应和空间效应存在行业差异:地方化经济本地效应较强的行业,其地方化经济溢出效应也较强,城市化经济本地效应较强的行业,其城市化经济阴影效应也较强,本地效应和空间效应的强度存在正相关。劳动力密集型产业受到地方化经济及其溢出效应的影响较大,资本密集型产业受到城市化经济及其阴影效应的影响较小,而资源密集型产业集聚经济指向不强。

第 4 章 贝叶斯方法

本章介绍空间回归模型的贝叶斯估计方法。4.1 节介绍贝叶斯方法的一般理论。4.2 节介绍马尔可夫链蒙特卡洛模拟方法。4.3 节介绍空间回归模型的基于马尔可夫链蒙特卡洛(MCMC)方法的贝叶斯估计以及基于贝叶斯方法的模型选择。

4.1 贝叶斯方法基本原理

在统计推断中会使用到三种信息:总体信息、样本信息和先验信息。对于空间回归模型来说,总体信息就是我们对于误差项的一系列设定,即对于样本总体的假设;样本信息就是使用到的空间数据;先验信息是在抽样之前有关统计推断的一些信息,例如参数服从某种确定的分布。最大似然估计和广义矩估计只使用到了前两种信息,而贝叶斯方法除了使用到这两种信息还会使用先验信息。之前介绍的方法都是将待估参数看成未知的确定的变量,而贝叶斯估计则是将参数看成未知的随机变量。先验信息通常是根据经验和历史数据做出的主观设定,它的合理性经常受到诟病,但随着贝叶斯理论的发展,先验信息的设定也逐渐得到了认可。

先验分布的种类很多,最常见的有三种:共轭先验分布、无信息先验分布和多层先验分布。共轭先验是一种较为常见的先验设定,共扼先验分布经常被采用,主要原因就是共轭先验满足先验分布与后验分布属于同一分布族的条件,使得后验分布的推导过程可以做巧妙的处理,使得计算变得相对简单。但是在选取先验分布时应该注意先验分布的合理性,而且共轭先验分布中的超参数①的确定也是需要解决的问题。

贝叶斯方法主要是建立在贝叶斯定理的基础之上,利用样本信息和先验信息得出参数的后验分布,然后通过后验分布进行各种统计推断。贝叶斯定理具体如下:

设 Ω 是一个样本空间,F 是 Ω 上的一个 σ 代数,$\mathbb{P}$ 是可测空间 (Ω,F) 的一个概率测度,$\forall A,B \in \Omega, \mathbb{P}(B) > 0$,则

$$\mathbb{P}(A \mid B) = \frac{\mathbb{P}(A)\,\mathbb{P}(B \mid A)}{\mathbb{P}(B)} \tag{4.1}$$

通常在进行贝叶斯估计时使用贝叶斯定理的密度函数形式:

设 $X_1,X_2,\cdots,X_n$ 是总体 X 的条件分布的随机抽样,参数 Θ 是一个随机变量,X 关于参数 $\Theta = \theta$ 的条件密度函数为 $f(x \mid \theta)$,参数 Θ 的密度函数为 $\pi(\theta)$,因此 Θ 与 $X_1,X_2,\cdots,X_n$ 联合密度函数为

$$g(x_1,x_2,\cdots,x_n,\theta) = f(x_1 \mid \theta)f(x_2 \mid \theta)\cdots f(x_n \mid \theta)\pi(\theta) \tag{4.2}$$

所以 $X_1,X_2,\cdots,X_n$ 的联合边际密度函数②为

$$g_1(x_1,x_2,\cdots,x_n) = \int_{-\infty}^{\infty} g(x_1,x_2,\cdots,x_n,\theta)\mathrm{d}\theta \tag{4.3}$$

从而 Θ 的条件密度函数为

$$k(\theta \mid x_1,x_2,\cdots,x_n) = \frac{g(x_1,x_2,\cdots,x_n,\theta)}{g_1(x_1,x_2,\cdots,x_n)} \tag{4.4}$$

式(4.4)就是贝叶斯定理的密度函数形式。通过这个公式可以计算出参数的后验分布 $k(\theta \mid x_1,x_2,\cdots,x_n)$。从该公式可以看出后验分布是样本信息和先验信息的折中:当样本信息很少时,先验信息就显得尤为重要,这也是贝叶斯估计在小样本下估计的一个优势;当样本信息很多时,先验信息的作用就变得微乎其微。由于贝叶斯估计最后得到的是参数的分布,当我们需要对参数有一个

---

① 先验分布中所包含的参数被称为超参数。
② 这是参数是连续性随机变量时的情况,当参数是离散性随机变量时,积分改为相应的求和。

确定的值的估计时,通常会使用后验分布的期望。最后需要注意的是,贝叶斯估计可以简化,从而并不需要计算右端分母的复杂的积分。这是由于$g_1(x_1,x_2,\cdots,x_n)$与参数θ是无关的,从而某种意义上可以将其看成一个"常数",其作用在于使得分子除以这个常数后是一个密度分布函数,即令后验分布积分为1。所以通常来说我们只需要关心右端的分子即可,最后配以适当的常数,即

$$k(\theta \mid x_1,x_2,\cdots,x_n) \propto f(x_1 \mid \theta)f(x_2 \mid \theta)\cdots f(x_n \mid \theta)\pi(\theta) \quad (4.5)$$

4.2 马尔可夫链蒙特卡洛模拟方法

蒙特卡洛方法是经典的统计模拟方法,由 Metropolis 和 Ulam(1949)首先提出。蒙特卡洛方法的想法是利用计算机程序产生的随机数(伪随机数)来解决以概率统计理论为基础的具有确定性算法的复杂数值计算问题。随着计算机性能的提高以及相应数值计算理论的改进和完善,这种方法的精度逐渐提高,因而也被越来越多地使用。蒙特卡洛方法必须从提前指定的分布中进行抽样,并且要求样本是相互独立的。

Metropolis 等 (1953)提出了 MCMC 方法,但在当时并没有被重视。Hastings (1970) 推广了 Metropolis 的算法,提出 Metropolis-Hastings(MH)抽样。Geman 和 Geman(1984) 在研究图像分析中的马尔可夫随机场方法时提出了 Gibbs 抽样。Gelfand 和 Smith (1990) 详细讨论了 Gibbs 抽样在贝叶斯分析中的应用,从而 MCMC 方法被广泛关注。自此之后,MCMC 理论迅速发展并且得到了一系列处理贝叶斯方法的 MCMC 方法。

MCMC 方法是将随机过程中的马尔可夫过程引入 MC 模拟中,以动态构造马尔可夫链为基础,通过遍历性约束来实现模拟目标分布的随机模拟方法。本质上是通过将目标分布作为一个极限分布嵌入一个马尔可夫链,然后模拟马尔可夫链直至其平稳,这样就可以模拟任意分布的样本。因此 MCMC 方法需要通过一些算法来找到最终收敛于目标分布的马尔可夫链,也就是通过某种迭

代来形成平稳的马尔可夫链样本,然后使用样本来进行近似估计和统计推断。从方法的可行性上来说,大数定律和中心极限定理保证了一个链上的大部分模拟值会对于目标分布提供有用的信息,并且精确程度可以通过模拟样本容量的增加来保证,所以 MCMC 方法被广泛应用,尤其是在贝叶斯估计中。对于空间回归模型来说,其后验分布非常复杂,参数的后验分布之间相互关联,难以求解,但 MCMC 方法可以提供一个给定精度下的近似的解。MCMC 方法的核心就是要获得合适的马尔可夫链,使其平稳分布就是待抽样的目标分布(在贝叶斯分析中目标分布一般为后验分布)。使用最为广泛的方法主要有 Gibbs 抽样方法和 MH 抽样方法。Gibbs 抽样是 MH 抽样的一个特例,当条件分布对于 Gibbs 算法过于复杂时,MH 算法可以通过拒绝链上的不必要的移动来确保近似的极限分布不变。下面分别介绍这两种抽样算法。

Gibbs 抽样算法:当有 k 个参数时,给定一组参数的初始值,初始值只需要 $k-1$ 个参数的 $\theta_2^{(0)}, \theta_3^{(0)}, \cdots, \theta_k^{(0)}$。对于每个迭代步骤 $t=1,2,\cdots,M$,

(1) 从条件分布 $p(\theta_1^{(t)} \mid \theta_2^{(t-1)}, \theta_3^{(t-1)}, \cdots, \theta_k^{(t-1)}, y)$ 中抽取 $\theta_1^{(t)}$;

(2) 从条件分布 $p(\theta_2^{(t)} \mid \theta_1^{(t)}, \theta_3^{(t-1)}, \cdots, \theta_k^{(t-1)}, y)$ 中抽取 $\theta_2^{(t)}$;

$\vdots$

(k) 从条件分布 $p(\theta_k^{(t)} \mid \theta_1^{(t)}, \theta_2^{(t)}, \cdots, \theta_{k-1}^{(t)}, y)$ 中抽取 $\theta_k^{(t)}$。

由这 k 步就完成了一次抽样,重复 M 次之后算法终止。当 M 足够大时,马尔可夫链收敛到了唯一的平稳的目标分布,也就是我们希望了解的后验分布 $p(\theta_i \mid y)$,并同时得到了该后验分布的近似分布的一组样本,可以进一步利用这组样本进行参数的统计推断,例如核密度估计。Gibbs 抽样利用满条件分布将多个相关参数的复杂问题转换为一个参数的多个简单问题。其局限在于必须知道满条件分布。当某些参数的条件分布计算复杂或者不知道,但其条件分布的核容易计算时,可以使用 MH 抽样。

MH 抽样算法:给定一组参数的初始值 $\theta^{(0)} = (\theta_1^{(0)}, \theta_2^{(0)}, \cdots, \theta_k^{(0)})$ 和建议分布 $\pi(\theta^{(t)} \mid \theta^{(t-1)})$。对于每个迭代步骤 $t=1,2,\cdots,M$,

(1) 从建议分布 $\pi(\theta^{(t)} \mid \theta^{(t-1)})$ 中抽取 $\theta^{(t)}$;

(2) 计算 $\alpha = \dfrac{p(\theta^{(t)} \mid y)/\pi(\theta^{(t)} \mid \theta^{(t-1)})}{p(\theta^{(t-1)} \mid y)/\pi(\theta^{(t-1)} \mid \theta^{(t)})}$;

(3) 以 $\min(\alpha,1)$ 的概率接受 $\theta^{(t)}$，即将参数取值由 $\theta^{(t-1)}$ 变为 $\theta^{(t)}$，否则保持之前的值 $\theta^{(t-1)}$。

由这三步就完成了一次抽样，重复 M 次之后算法终止。当 M 足够大时，马尔可夫链同样收敛到了唯一的平稳的目标分布 $p(\theta \mid y)$。其中，第（3）步可以通过计算机产生 $[0,1]$ 上的均分分布的随机数 r，当 $\min(\alpha,1) \geqslant r$ 时则接受 $\theta^{(t)}$，否则维持 $\theta^{(t-1)}$。

当马尔可夫链是遍历的（即不可约的、非周期的、正常返的）时，就确保了构造的序列是一个具有唯一平稳分布的马尔可夫链并且该分布是目标分布。一般来说，在一个先验分布上的随机游走是非周期的、正常返的，并且如果随机游走从任何状态最终到达其他状态的概率都是正的，那么也是不可约的。一个好的建议分布对于 MH 算法来说非常重要，不合适的建议分布将导致很高的拒绝概率，从而马尔可夫链的移动非常缓慢，极大地增大了计算量。当然建议分布越接近目标分布越好，此时接受概率接近 1，但通常都没有这些先验的知识，因此通常会选择随机游走的形式作为建议分布 $\pi(\theta^{(t)} \mid \theta^{(t-1)}) \sim N(\theta^{(t-1)}, c^2 \widehat{\Sigma})$，其中 $\widehat{\Sigma}$ 是对于参数协方差的后验近似估计，这确保了 MH 算法的效率和可行性。当 MH 抽样的建议分布选择为 $p(\theta^{(t)} \mid \theta^{(t-1)} \mid y)$ 时，此时 $\alpha = 1$，MH 抽样就是 Gibbs 抽样。而当建议分布满足对称性时，即 $\pi(\theta^{(t)} \mid \theta^{(t-1)}) = \pi(\theta^{(t-1)} \mid \theta^{(t)})$，此时 $\alpha = p(\theta^{(t)} \mid y)/p(\theta^{(t-1)} \mid y)$，MH 抽样就是最早的 Metropolis 抽样算法。MH 算法中由于只出现了 $p(\theta^{(t)} \mid y)/p(\theta^{(t-1)} \mid y)$ 和 $\pi(\theta^{(t)} \mid \theta^{(t-1)})/\pi(\theta^{(t-1)} \mid \theta^{(t)})$，因此只需要知道它们分布的核，这一点在计算上带来了很多方便。

最后需要注意两点。第一，由于早期的迭代还远没有达到近似收敛，所以得到的可能是扭曲的目标分布。因此我们必须模拟足够多次来确保已经近似收敛，并且舍弃掉近似收敛之前的那一部分早期的样本。第二，马尔可夫链通常是相关的，而相关的抽样所包含的信息要少于独立的抽样，因此在统计推断时通常需要一个比较大的样本容量,然而样本容量过大又会使得算法的效率降低,这一问题的处理方法是通过自相关函数来计算有效样本容量。

4.3 空间回归模型的贝叶斯估计

贝叶斯模型的设定基本上与之前的经典空间回归模型设定相类似,只不过增加了对于参数的先验分布。一般来说,具有异方差的广义空间贝叶斯模型设定如下:

$$y = \rho W_1 y + X\beta + \mu \tag{4.6}$$

$$\mu = \lambda W_2 \mu + \varepsilon \tag{4.7}$$

$$\varepsilon \sim N(0, \sigma^2 V) \tag{4.8}$$

$$V = \mathrm{diag}(v_1, v_2, \cdots, v_n) \tag{4.9}$$

$$\pi(\beta) \sim N(c, T) \tag{4.10}$$

$$\pi(\sigma^2) \sim IG(a, b) \tag{4.11}$$

$$\pi(r/v_i) \sim iid\ \chi^2(r), i = 1, 2, \cdots, n \tag{4.12}$$

$$\pi(\rho) \sim U\left(\frac{1}{\xi 1_{\min}}, \frac{1}{\xi 1_{\max}}\right) \tag{4.13}$$

$$\pi(\lambda) \sim U\left(\frac{1}{\xi 2_{\min}}, \frac{1}{\xi 2_{\max}}\right) \tag{4.14}$$

其中 a、b、c、T、r 是超参数,$\xi 1_{\min}$ 和 $\xi 1_{\max}$ 分别是矩阵 W_1 的最小特征值和最大特征值,$\xi 2_{\min}$ 和 $\xi 2_{\max}$ 是矩阵 W_2 的最小特征值和最大特征值。

模型设定中隐含了所有参数相互独立这一先验信息,然而需要注意参数先验分布的独立并不意味着参数的后验分布也是独立的。而对于 a、b、c、T 的确定,除非有足够的先验信息,一般来说对于参数是使用无信息的先验分布,这也被称为扩散先验,即设定 $a=0, b=0, c=0, T=I_k \times 10^{10}$,其中 k 是解释变量个数。这样对于 β 就给了一个方差很大并且协方差为 0 的先验分布。而对于 r 的讨论则更为复杂。与之前遇到的异方差问题一样,如果将异方差全部当作参数来估计会导致自由度的不足,所以在贝叶斯估计时引入了这个单参数先验分布来处理这个问题。当 r 很大时,先验方差会很小,异常值和非常数方差的影响很小,继而导致先验设定 $V=I_n$,即同方差的假定。而当 r 很小时,将导致先验分布的扭曲。对于不同问题,r 的取值也是不同的,可以进行一些分析和试验后进行设定。一般来说,将 r 设定为 4 是比较稳妥的,此时先验信息对于异方差和同方差是没有偏倚的,即当样本数据中不存在异方差时,后验方差标量参数 v_i 接近 1,并且可以通过 v_i 的均值来诊断异常值和异方差。

接下来,推导得到空间回归模型中的参数的条件后验分布,令 $A=(I_n-\rho W_1)$,$B=(I_n-\lambda W_2)$,则

$$p(\beta\mid\rho,\lambda,\sigma^2,V)\sim N(c^*,T^*) \tag{4.15}$$

其中 $c^*=((BX)'V^{-1}BX+\sigma^2 T^{-1})^{-1}((BX)'V^{-1}BAy+\sigma^2 T^{-1}c)$,$T^*=\sigma^2((BX)'V^{-1}BX+\sigma^2 T^{-1})^{-1}$。

$$p(\sigma^2\mid\beta,\rho,\lambda,V)\sim IG(a^*,b^*) \tag{4.16}$$

其中 $a^*=a+\dfrac{n}{2}$,$b^*=\dfrac{2b+e'V^{-1}e}{2}$,$e=BAy-BX\beta$。

$$p\left(\dfrac{e_i^2+r}{v_i}\bigg|\beta,\rho,\lambda,\sigma^2,v_{-i}\right)\sim\chi^2(r+1) \tag{4.17}$$

其中 $v_{-i}=(v_1,\cdots,v_{i-1},v_{i+1},\cdots,v_n)$,$e_i$ 表示向量 e 的第 i 个元素。

$$p(\rho\mid\beta,\lambda,\sigma^2,V)\propto|A||B|\exp\left(-\dfrac{1}{2\sigma^2}e'V^{-1}e\right) \tag{4.18}$$

$$p(\lambda\mid\beta,\rho,\sigma^2,V)\propto|A||B|\exp\left(-\dfrac{1}{2\sigma^2}e'V^{-1}e\right) \tag{4.19}$$

参数的条件分布中会包含其他参数,这些参数交错在一起很难解出来。但是可以利用参数的条件分布,再通过马尔可夫链蒙特卡洛方法来得到参数的近似分布。广义空间模型贝叶斯估计的 MH 算法如下:给定初始值 $\rho^{(0)}$,$\lambda^{(0)}$,$\sigma^{2(0)}$,$V^{(0)}$,对于每个迭代步骤 $t=1,2,\cdots,M$,

(1) 从条件分布 $p(\beta\mid\rho^{(t-1)},\lambda^{(t-1)},\sigma^{2(t-1)},V^{(t-1)})$ 中抽取 $\beta^{(t)}$;

（2）从条件分布 $p(\sigma^2 \mid \beta^{(t)}, \rho^{(t-1)}, \lambda^{(t-1)}, V^{(t-1)})$ 中抽取 $\sigma^{2(t)}$；

（3）对于所有的 $i=1,2,\cdots,n$，从条件分布

$$p\left(\frac{e_i^2+r}{v_i} \mid \beta^{(t)}, \rho^{(t-1)}, \lambda^{(t-1)}, \sigma^{2(t)}, v_{-i}^{(t)}\right)$$ 中抽取 $v_i^{(t)}$，其中 $v_{-i}^{(t)} = (v_1^{(t)}, \cdots, v_{i-1}^{(t)}, v_{i+1}^{(t-1)}, \cdots, v_n^{t-1})$，

从而 n 次之后构成 $V^{(t)}$；

（4）$\rho^{(t)} = \rho^{(t-1)} + c \times N(0,1)$，计算

$$\alpha_\rho^{(t)} = \min\left(\frac{p(\rho^{(t)} \mid \beta^{(t)}, \lambda^{(t-1)}, \sigma^{2(t)}, V^{(t)})}{p(\rho^{(t-1)} \mid \beta^{(t)}, \lambda^{(t-1)}, \sigma^{2(t)}, V^{(t)})}, 1\right),$$

以 $\alpha_\rho^{(t)}$ 的概率接受 $\rho^{(t)}$，若不接受则令 $\rho^{(t)} = \rho^{(t-1)}$；

（5）$\lambda^{(t)} = \lambda^{(t-1)} + c \times N(0,1)$，计算

$$\alpha_\lambda^{(t)} = \min\left(\frac{p(\lambda^{(t)} \mid \beta^{(t)}, \rho^{(t)}, \sigma^{2(t)}, V^{(t)})}{p(\lambda^{(t-1)} \mid \beta^{(t)}, \rho^{(t)}, \sigma^{2(t)}, V^{(t)})}, 1\right),$$

以 $\alpha_\lambda^{(t)}$ 的概率接受 $\lambda^{(t)}$，若不接受则令 $\lambda^{(t)} = \lambda^{(t-1)}$。

由这五步就完成了一次抽样，重复 M 次之后算法终止。前三步是采用 Gibbs 抽样，后两步对于空间回归系数采用 MH 抽样，这样做的主要目的是减少计算量。在排除掉马尔可夫链达到平稳之前的样本之后，就可以用剩下的样本进行相应的统计推断。

最后，贝叶斯方法给出了另一种不同于基于最大似然方法的模型选择的方式，其主要是基于贝叶斯公式计算后验模型概率：

$$p(M \mid y) = \int p(M, \theta \mid y) \mathrm{d}\theta = \int \frac{p(y \mid M, \theta) p(\theta \mid M) p(M)}{p(y)} \mathrm{d}\theta \quad (4.20)$$

其中 y 代表数据，M 代表模型族，θ 是参数。

继而在模型选择时，我们更倾向于选择模型族中的后验模型概率大的模型。对于空间回归模型来说，由于出现对于参数的积分，边际似然函数计算起来很复杂，所以通常会使用数值方法，并可以通过比值来避免计算 $p(y)$。如果有 m 个候选模型 $M_i(i=1,2,\cdots,m)$，在比较任意两个模型时，可以使用后验机会比 PO_{ij} 来消掉 $p(y)$：

$$PO_{ij} = \frac{p(M_i \mid y)}{p(M_j \mid y)} = \frac{p(y \mid M_i) p(M_i)}{p(y \mid M_j) p(M_j)} = BE_{ij} \times PR_{ij} \qquad (4.21)$$

其中 $BE_{ij} = \dfrac{p(y \mid M_i)}{p(y \mid M_j)}$ 称为贝叶斯因子，$PR_{ij} = \dfrac{p(M_i)}{p(M_j)}$ 称为先验机会概率。

如果说先验信息对于模型选择没有偏好，即 $PR_{ij} = 1$，那么模型选择则由贝叶斯因子决定。

尽管贝叶斯估计给出了空间回归模型的另一种估计方式，但在一般情况下，由于没有先验信息，贝叶斯估计与最大似然估计或广义矩估计差别不大。

第 5 章 面板数据

之前的章节主要讨论截面数据的空间回归模型，本章介绍面板数据的空间回归模型。5.1 节介绍面板数据模型的设定。5.2 节介绍面板数据模型中固定效应模型和随机效应模型的估计。5.3 节介绍固定效应和随机效应模型的选择方法。

5.1 模型设定

面板数据空间回归模型可以理解为结合了三种空间滞后变量的面板数据线性回归模型。经典的面板数据线性回归模型设定如下：

$$y_{it} = X_{it}\beta + c_i + \varepsilon_{it} \tag{5.1}$$

其中，$i=1,2,\cdots,N$ 是对应截面数据中不同个体的索引，对于空间面板数据就是指第 i 个空间单元；$t=1,2,\cdots,T$ 是时间点；y_{it} 和 $X_{it}=(x_{it1},x_{it2},\cdots,x_{itk})$ 分别是第 i 个空间单元在第 t 个时间点的因变量和自变量；β 是参数；c_i 是个体特定效应，对于空间面板数据也可称作空间特定效应；ε_{it} 是均值为 0、方差为 σ^2 的独立同分布的误差项。

对于面板数据通常要求是平衡面板数据，即每个个体在相同的时间点都有观测值。若观测值有缺失，则为非平衡面板数据。对于 c_i 的处理分为固定效应和随机效应两种。此外，根据模型设定的需要，也可以将个体特定效应 c_i 的设定替换成时间特定效应 α_t 或者将两种特定效应都加入模型，这三种模型设定的估计和检验是类似的，并且忽略 c_i 或 α_t 可能会导致有偏的估计，因此本章主要关注个体特定效应的面板模型。

具有空间和时间效应的面板数据广义嵌套模型如下：

$$y_{it} = \rho \sum_{j=1}^{N} w_{ij} y_{jt} + X_{it}\beta + \sum_{j=1}^{N} w_{ij} X_{jt}\theta + c_i + \alpha_t + u_{it} \tag{5.2}$$

$$u_{it} = \lambda \sum_{j=1}^{N} m_{ij} u_{jt} + v_{it} \tag{5.3}$$

由于自变量的空间滞后项可以通过将其直接加入自变量从而不会影响模型的估计和检验，因此通过参数的特殊的设定，该模型可以简化成面板数据的空间滞后模型：

$$y_{it} = \rho \sum_{j=1}^{N} w_{ij} y_{jt} + X_{it}\beta + c_i + v_{it} \tag{5.4}$$

以及空间误差模型

$$y_{it} = X_{it}\beta + c_i + u_{it} \tag{5.5}$$

$$u_{it} = \lambda \sum_{j=1}^{N} m_{ij} u_{jt} + v_{it} \tag{5.6}$$

通过特定的参数选择以及自变量的选取，广义空间模型包含了空间误差模型、空间滞后模型、空间杜宾模型等情况，接下来只讨论广义空间模型的面板数据模型，其他模型为该模型的特例，所以估计和分析是类似的。需要注意到模型设定中的一个假设是空间权重矩阵 W 和 M 是不随时间 t 变化的。而对于空间特定效应和时间特定效应有固定效应和随机效应两种处理方式。固定效应将特定效应看成待估的参数，而随机效应将特定效应看成均值为 0、方差为 σ_a^2 的随机变量。而区别这两种特定效应的最主要的因素就是看 c_i 是否与 X_{it} 相关：如果 c_i 与 X_{it} 相关，就需要使用固定效应；反之如果 c_i 与 X_{it} 不相关则使用随机效应。容易知道，随机效应的优点在于随着样本的增加有效性会增加，并且可以识别不随时间变化的因素。而这两点固定效应是做不到的，由于 c_i 被看成待估的参数，因此随着样本的增加，待估的参数也随着增加，并且由于 c_i 是不随时间变化的，因此不能区分开观测信息和个体效应。尽管如此，在实际应用中，更多地还是使用固定效应，这是由于通常来说 c_i 与 X_{it} 是相关的，而这种情况如果使用随机效应就会导致有偏的估计。检验 c_i 与 X_{it} 是否真的相关可以使用经典的 Hausman 检验，从而选择固定效应空间回归模型或随机效应空间回归模型。

5.2 固定效应模型和随机效应模型

对于固定效应空间回归模型,为了避免由于固定效应项所带来的附带参数问题,条件似然不存在而部分似然是存在的。固定效应空间回归模型主要有两种估计方法。一种是直接的方法——最大似然方法,将参数和固定效应一起估计。这种方法在时间 T 是有限时,对于个体效应和除了方差的其他参数都可以得到一致的估计,因此如果使用这种方法估计,就需要对方差的偏误进行修正。另一种是转换的方法——条件似然方法,将固定效应在参数估计之前消掉。这种方法需要找到固定效应的充分统计量,而线性模型中每个截面的空间单元的因变量的时间均值就是固定效应的充分统计量。这种方法利用与时间平均的方程差分消掉了固定效应,从而得到了转换方程,进而可以使用拟极大似然方法估计。当个体效应和时间效应同时存在时,类似地对于时间平均方程和空间平均方程差分,如果空间权重矩阵是行标准化的,那么这是一个良定义的方程系统。同样利用似然函数估计参数,这种方式是部分似然。

将变量写成矩阵的形式,个体固定效应的广义空间面板模型为

$$Y_{nt} = S_n^{-1} X_{nt} \beta_0 + S_n^{-1} c_{n0} + S_n^{-1} R_n^{-1} V_{nt} \tag{5.7}$$

其中 $Y_{nt}=(y_{1t},y_{2t},\cdots,y_{nt})'$,$V_{nt}=(v_{1t},v_{2t},\cdots,v_{nt})'$,$v_{it}$ 均值为 0、方差为 σ_0^2 且独立同分布,$X_{nt}=(X'_{1t},X'_{2t},\cdots,X'_{nt})'$,$S_n=I_n-\rho W$,$R_n=I_n-\lambda M$,$W$ 和 M 是空间权重矩阵,β_0 是参数,c_{n0} 是个体固定效应。

进一步定义 $\widetilde{Y}_{nt}=Y_{nt}-\bar{Y}_{nt}$,$\bar{Y}_{nt}=\frac{1}{T}\sum_{t=1}^{T}Y_{nt}$,$\widetilde{X}_{nt}=X_{nt}-\bar{X}_{nt}$,$\bar{X}_{nt}=\frac{1}{T}\sum_{t=1}^{T}X_{nt}$,$\widetilde{V}_{nt}=V_{nt}-\bar{V}_{nt}$,$\bar{V}_{nt}=\frac{1}{T}\sum_{t=1}^{T}V_{nt}$,$\theta=(\beta',\rho,\lambda,\sigma^2)'$ 是待估参数,$\theta_0=(\beta_0',\rho_0,\lambda_0,\sigma_0^2)'$ 是真实值。那么对数似然函数为

$$\ln L_{n,T}(\theta, c_{n0}) = -\frac{nT}{2}\ln(2\pi\sigma^2) + T\ln|S_n| + T\ln|R_n| - \frac{1}{2\sigma^2}\sum_{t=1}^{T} V_{nt}' V_{nt}$$

(5.8)

其中 $V_{nt} = R_n(S_n Y_{nt} - X_{nt}\beta - c_n)$。

然后将对数似然函数对 c_{n0} 求偏导数,并且令其等于 0,得到 c_{n0} 的估计,然后代入原来的对数似然函数中得到消去 c_{n0} 的集中对数似然函数:

$$\ln L_{n,T}(\theta) = -\frac{nT}{2}\ln(2\pi\sigma^2) + T\ln|S_n| + T\ln|R_n| - \frac{1}{2\sigma^2}\sum_{t=1}^{T} \widetilde{V}_{nt}' \widetilde{V}_{nt}$$

(5.9)

其中 $\widetilde{V}_{nt} = R_n(S_n \widetilde{Y}_{nt} - \widetilde{X}_{nt}\beta)$。

接着将集中后的对数似然函数 $\ln L_{n,T}(\theta)$ 对 β 和 σ^2 求偏导数,且令其等于 0,就可以得到 β 和 σ^2 的含有 ρ 及 λ 的估计:

$$\hat{\beta}_{nT}(\rho,\lambda) = \left(\sum_{t=1}^{T} \widetilde{X}'_{nt} R'_n R_n \widetilde{X}_{nt}\right)^{-1} \times \left(\sum_{t=1}^{T} \widetilde{X}'_{nt} R'_n R_n S_n \widetilde{Y}_{nt}\right) \quad (5.10)$$

$$\hat{\sigma}^2_{nT}(\rho,\lambda) = \frac{1}{nT}\sum_{t=1}^{T}(S_n \widetilde{Y}_{nt} - \widetilde{X}_{nt}\hat{\beta}_{nT})' \times R'_n R_n (S_n \widetilde{Y}_{nt} - \widetilde{X}_{nt}\hat{\beta}_{nT})$$

(5.11)

同样代入原来的对数似然函数中,得到消去 β 和 σ^2 从而进一步集中的对数似然函数:

$$\ln L_{nT}(\rho,\lambda) = -\frac{nT}{2}\left(\ln(2\pi) + \ln\frac{T-1}{T} + 1\right) - \frac{nT}{2}\ln\hat{\sigma}^2_{nT} + T\ln|S_n| + T\ln|R_n|$$

(5.12)

最后通过之前介绍的截面数据空间回归的类似方式找到使得该似然函数取最大值的 ρ 和 λ 的值,这样就得到了所有参数的估计值。Lee 和 Yu(2010) 证明了通过这种方法估计的 β、ρ、λ 是一致的,而 σ 的估计是不一致的,而

$$\hat{\sigma}^2_{nT} \xrightarrow{p} \frac{T-1}{T}\sigma_0^2$$

(5.13)

因此对于这种方式得到的 $\hat{\sigma}^2_{nT}$ 需要进行偏误的修正,即令

$$\frac{T}{T-1}\widehat{\sigma}_{nT}^2 \tag{5.14}$$

作为估计值。而如果不修正,由于通常研究中 T 并不会很大,所以很明显会产生偏误。而当 T 很大时看上去似乎不会产生影响,但实际上依然可能会产生偏误。Lee 和 Yu(2010) 证明了这种估计方式的收敛速率是 $\sqrt{nT}$。由于

$$\sqrt{nT}\left(\widehat{\sigma}_{nT}^2 - \frac{T-1}{T}\sigma_0^2\right) = \sqrt{nT}(\widehat{\sigma}_{nT}^2 - \sigma_0^2) + \sqrt{\frac{n}{T}}\sigma_0^2 \tag{5.15}$$

所以除非 $\sqrt{\frac{n}{T}}$ 趋向于 0,否则偏误依然是存在的。这种偏误的校正方法实际上来源于另一种估计方法——转换法。这种方式得到的估计结果和之前介绍的直接法基本相同,除了对方差的估计是直接法的 $\frac{T}{T-1}$,也就是修正后的估计 $\frac{T}{T-1}\widehat{\sigma}_{nT}^2$。

转换法的想法是利用时间均值消掉个体固定效应,也就是利用 $J_T = I_T - \iota'_T \iota_T$ 将回归方程变成

$$\widetilde{Y}_{nt} = \rho_0 W_n \widetilde{Y}_{nt} + \widetilde{X}_{nt}\beta_0 + \widetilde{U}_{nt} \tag{5.16}$$

$$\widetilde{U}_{nt} = \lambda_0 M_n \widetilde{U}_{nt} + \widetilde{V}_{nt} \tag{5.17}$$

然而实际上这样并不可行,这是由于这种变换方式会导致误差之间的线性依赖。所以为了避免这个问题,可以利用正交变换。令 $\left[F_{T,T-1}, \frac{1}{\sqrt{T}}\iota_T\right]$ 作为 J_T 的规范正交特征向量矩阵,其中 $F_{T,T-1}$ 是对应了特征值为 1 的 $T \times (T-1)$ 维矩阵。那么对于任意的矩阵 $(Z_{n1}, \cdots, Z_{nT})$,定义转换矩阵 $(Z_{n1}^*, \cdots, Z_{nT}^*) = (Z_{n1}, \cdots, Z_{nT})F_{T,T-1}$。从而式(5.16)和式(5.17)可以转换成

$$Y_{nT}^* = \rho_0 W_n Y_{nT}^* + X_{nT}^*\beta_0 + U_{nT}^* \tag{5.18}$$

$$U_{nT}^* = \lambda_0 M_n U_{nT}^* + V_{nT}^*, t = 1, \cdots, T-1 \tag{5.19}$$

由于

$$(V_{n1}^{*'}, \cdots, V_{nT}^{*'})' = (F'_{T,T-1} \otimes I_n)(V'_{n1}, \cdots, V'_{nT})' \tag{5.20}$$

并且 v_{it} 是独立同分布的,因此

$$E(V_{n1}^{*'},\cdots,V_{nT}^{*'})'(V_{n1}^{*'},\cdots,V_{nT}^{*'}) = \sigma_0^2 (F'_{T,T-1} \otimes I_n)(F_{T,T-1} \otimes I_n) = \sigma_0^2 I_{n(T-1)}$$
(5.21)

其对数似然函数是

$$\ln L_{n,T}(\theta) = -\frac{n(T-1)}{2}\ln(2\pi\sigma^2) + (T-1)\ln|S_n| +$$

$$(T-1)\ln|R_n| - \frac{1}{2\sigma^2}\sum_{t=1}^{T-1} V_{nT}^{*'} V_{nT}^{*} \quad (5.22)$$

其中 $V_{nT}^* = R_n(S_n Y_{nT}^* - X_{nT}^*\beta)$。

利用与直接法类似的方法对该对数似然函数进行估计,就得到了直接法修正后的结果。该方法的收敛速率为 $\sqrt{n(T-1)}$。我们也可以从空间滤波的角度来理解转换法,它事实上是首先对变量进行了时间滤波,从而滤掉了固定效应,然后再进行空间面板的回归。个体固定效应的空间面板模型可以很自然地推广到时间固定效应的空间面板模型。类似地,直接法估计结果的方差需要乘以 $\frac{n}{n-1}$ 来修正。对于个体和时间固定效应空间面板模型

$$Y_{nt} = \rho_0 W_n Y_{nt} + X_{nt}\beta_0 + c_{n0} + \alpha_{t0}\iota_n + U_{nt} \quad (5.23)$$

$$U_{nt} = \lambda_0 M_n U_{nt} + V_{nt} \quad (5.24)$$

想法也是类似的。直接法对于方差依然是有偏的,而转换法则需要对变量利用 J_T 转换后再利用 J_n 转换,从而消掉时间效应和个体效应。估计的收敛速度是 $\sqrt{(n-1)(T-1)}$,而对于直接法偏误修正的方式则需要两步。

$$\widehat{\theta}_{nT}^1 = \widehat{\theta}_{nT} - \frac{\widehat{B}_{nT}}{n} \quad (5.25)$$

$$\widehat{\theta}_{nT}^2 = A_T \widehat{\theta}_{nT}^1 \quad (5.26)$$

其中,令 $G_n = W_n S_n^{-1}$, $H_n = M_n R_n^{-1}$, $\ddot{G}_n = R_n G_n R_n^{-1}$, $\ddot{X}_{nt} = R_n X_{nt}$, $\ddot{G}_n^s = \ddot{G}'_n + \ddot{G}_n$, $H_n^s = H'_n + H_n$,那么 $A_T = \begin{pmatrix} I_{k+2} & 0_{(k+2)\times 1} \\ 0_{1\times(k+2)} & \frac{T}{T-1} \end{pmatrix}$, $\widehat{B}_{nT} = -(\Sigma_{\theta,nT})^{-1} a_{\theta,n}|_{\theta=\widehat{\theta}_{nT}}$, $a_{\theta,n}$

$$= \left(0_{1\times k}, \frac{1}{n}\iota'_n \ddot{G}_n \iota_n, \frac{1}{n}\iota'_n H_n \iota_n, \frac{1}{2\sigma_T^2}\right)', H_{nT} = \frac{1}{nT}\sum_{t=1}^{T}(\ddot{X}_{nt}, G_n \ddot{X}_{nt}\beta_0)'J_n(\ddot{X}_{nt},$$
$$G_n \ddot{X}_{nt} \beta_0),$$

$$\Sigma_{\theta,nT} = \frac{1}{\sigma_T^2}\begin{pmatrix} H_{nT} & * & * \\ 0_{1\times k} & 0 & * \\ 0_{1\times k} & 0 & 0 \end{pmatrix} + \begin{pmatrix} 0_{1\times k} & * & * & * \\ 0_{1\times k} & \frac{1}{n}\mathrm{tr}(\ddot{G}_n^s J_n \ddot{G}_n) & * & * \\ 0_{1\times k} & \frac{1}{n}\mathrm{tr}(H_n^s J_n \ddot{G}_n) & \frac{1}{n}\mathrm{tr}(H_n^s H_n) & * \\ 0_{1\times k} & \frac{1}{\sigma_T^2 n}\mathrm{tr}(\ddot{G}_n) & \frac{1}{\sigma_T^2 n}\mathrm{tr}(H_n) & \frac{1}{2\sigma_T^4} \end{pmatrix}。$$

对于随机效应空间面板模型,可以将随机效应和误差项两者的和统一看成随机扰动。这个随机扰动的均值依然是 0,然而会具有序列相关,也就是扰动项的协方差阵并不是对角矩阵。更进一步,误差项可以考虑更为复杂的情况,即同时包含空间自相关和空间移动平均。此时的模型的扰动项具有空间相关、序列相关以及异质性。

$$Y_{nt} = \lambda_{01} W_{n1} Y_{nt} + X_{nt}\beta_0 + \mu_n + U_{nt}, t=1,\cdots,T \tag{5.27}$$

$$U_{nt} = \lambda_{02} W_{n2} U_{nt} + (I_n + \delta_{02} M_{n2}) V_{nt} \tag{5.28}$$

$$\mu_n = \lambda_{03} W_{n3} \mu_n + (I_n + \delta_{03} M_{n3}) c_{n0} \tag{5.29}$$

$$V_{nt} = \rho_0 V_{n,t-1} + e_{nt}, t=2,\cdots,T \tag{5.30}$$

由于 μ_n 的均值为 0,所以可以将不随时间变化的变量提取出来表示为 z_n,进一步方程可以写成

$$Y_{nt} = \iota_T \otimes z_n b_0 + \lambda_{01}(I_T \otimes W_{n1})Y_{nt} + X_{nt}\beta_0 + \iota_T \otimes S_{n3}^{-1} B_{n3} c_{n0}$$
$$+ (I_T \otimes S_{n2}^{-1} B_{n2}) V_{nt} \tag{5.31}$$

其中 $S_{nj} = I_n - \lambda_{0j} W_{nj}, B_{nj} = I_n + \delta_{0j} M_{nj}, j=2,3$。

其对数似然函数为

$$\ln L_{n,T}(\theta) = -\frac{nT}{2}\ln(2\pi) - \frac{1}{2}\ln|\Omega_{nT}| + T\ln|S_n| - \frac{1}{2}\xi'_{nT}\Omega_{nT}^{-1}\xi_{nT}$$
$$\tag{5.32}$$

其中$\xi_{nT}=(I_T\otimes S_{n1})Y_{nt}-X_{nt}\beta_0-\iota_T\otimes z_n b$,

$\Omega_{nT}=\sigma_{0c}^2(\iota_T\iota'_T\otimes S_{n3}^{-1}B_{n3}B'_{n3}S'^{-1}_{n3})+\sigma_{0e}^2(\Sigma_{T,\rho_0}\otimes S_{n2}^{-1}B_{n2}B'_{n2}S'^{-1}_{n2})$,

$$\Sigma_{T,\rho_0}=\frac{1}{1-\rho_0^2}\begin{bmatrix} 1 & \rho_0 & \rho_0^2 & \cdots & \rho_0^{T-1} \\ \rho_0 & 1 & \rho_0 & \cdots & \rho_0^{T-2} \\ \vdots & \vdots & \vdots & \ddots & \vdots \\ \rho_0^{T-1} & \rho_0^{T-2} & \rho_0^{T-3} & \cdots & 1 \end{bmatrix},$$

σ_{0c}^2 是 c_{n0} 的方差,σ_{0e}^2 是 e_{nt} 的方差。

由于协方差阵非常复杂,因此分析较为困难。但这种情况可以使用拟最大似然估计,可以证明式(5.32)的拟最大似然估计的结果依然是一致的。

5.3 面板数据模型的选择

对于选择随机效应模型还是固定效应模型,应当使用 Hausman 检验。原假设是个体效应与外生变量无关,从而在正态分布的假设下,通过最大似然估计 $\hat{\theta}_r$ 得到的随机效应空间面板模型的估计值是一致的并且是渐进有效的。但如果个体效应与外生变量相关,那么估计就是不一致的也就是有偏的,而此时固定效应模型估计 $\hat{\theta}_f$ 是一致的。从而 Hausman 检验统计量为

$$n(\hat{\theta}_r-\hat{\theta}_f)'\Omega_n^+(\hat{\theta}_r-\hat{\theta}_f) \tag{5.33}$$

其中 Ω_n 是 $\sqrt{n}(\hat{\theta}_r-\hat{\theta}_f)$ 在原假设限制下的方差矩阵。Ω_n^+ 是其广义逆矩阵。而这个统计量服从自由度为 $\text{rank}(\Omega_n)$ 的 χ^2 分布。

另外,对于空间滞后和空间误差面板模型也有类似于截面数据模型的拉格朗日乘子检验,检验统计量为

$$LM_\lambda=\frac{(e'(I_T\otimes W)y\hat{\sigma}^{-2})^2}{J}\sim\chi^2(1) \tag{5.34}$$

$$LM_\rho=\frac{(e'(I_T\otimes W)e\hat{\sigma}^{-2})^2}{TT_w}\sim\chi^2(1) \tag{5.35}$$

其中 e 是残差，T 是时间，$T_w = \text{tr}(WW + W'W)$，

$$J = \hat{\sigma}^{-2}(((I_T \otimes W)X\hat{\beta})'(I_{nT} - X(X'X)^{-1}X')(I_T \otimes W)X\hat{\beta} + T T_w \hat{\sigma}^2)。$$

对应的稳健统计量为

$$RLM_\lambda = \frac{(e'(I_T \otimes W)y\hat{\sigma}^{-2} - e'(I_T \otimes W)e\hat{\sigma}^{-2})^2}{J - T T_w} \sim \chi^2(1) \quad (5.36)$$

$$RLM_\rho = \frac{(e'(I_T \otimes W)e\hat{\sigma}^{-2} - (T T_w/J)e'(I_T \otimes W)y\hat{\sigma}^{-2})^2}{T T_w (1 - T T_w/J)^{-1}} \sim \chi^2(1) \quad (5.37)$$

这两种面板数据的拉格朗日乘子可以用于检验模型残差中可能存在的空间自相关，这类似于在截面数据中使用拉格朗日乘子或 Moran's I 检验模型残差中可能存在的空间自相关。

在模型解释时依然要使用之前在截面数据模型中介绍的直接效应和间接效应的解释方法，其分析方式和结果与截面数据基本相同，主要的不同之处在于面板数据模型中的个体效应同样在含有因变量空间滞后的模型中存在溢出。

第 6 章 空间滤波

本章主要介绍空间滤波。6.1 节介绍空间滤波方法。6.2 节给出了一个空间滤波方法的案例分析。

6.1 空间滤波方法

空间滤波,是基于一个假定的地理参照数据观测样本联系结构,然后通过算子的构建将地理参照数据中的地理结构噪声从趋势噪声和随机噪声中分解出来,从而使得数据分析更加稳健的过程。具体来说,一般是提取一组空间代理变量加入模型中,而这些代理变量或者说控制变量可以识别和分离空间依赖,从而保持观测样本的独立性。代理变量通常是表达了样本间空间联系或空间邻近的空间关系矩阵(一般是空间权重矩阵)的一组特征向量。在空间滤波出现之前,滤波方法就已经被引入计量经济学中用于讨论时间序列,之后又被引入了空间计量经济学。Getis(1995)阐述了滤波方法处理空间依赖变量的合理性和滤波方法的基本步骤,以此提出空间滤波方法并将之用于实证研究,空间滤波开始受到重视。空间滤波的目的是在空间数据分析中得到更为稳健的结果。其主要想法是将空间变量分解为三个部分:趋势、空间结构随机分量和随机噪声。主要工作是将空间结构随机分量分离出来,从而使得统计推断更加合理。空间滤波方法主要包括三种:自回归线性算子、基于 Getis's G 的方法和特征向量空间滤波方法。其中特征向量空间滤波方法又分为基于距离矩阵特征向量的线性组合和基于拓扑矩阵特征向量的线性组合。

自回归线性算子的矩阵形式是 $(I_n - \rho W)$,其中 ρ 是参数。自回归线性算子可以预白噪声化依赖变量。参数 ρ 的估计仅依赖于 y，从而预白噪声化依赖变量为 $(I_n-\rho W)y$。自回归线性算子实际上对应了空间误差模型，而滤波器就是 $(I_n-\rho W)$，即

$$y = X\beta + (I_n - \lambda W)^{-1}\varepsilon \tag{6.1}$$

将 y 和 X 转化为 $(I_n-\rho W)y$ 和 $(I_n-\rho W)X$。参数的估计与空间误差模型没有区别，不再赘述。

基于 Getis's G 的方法将具有空间相关的变量转换成两部分，一部分用于捕获空间自相关，也就是空间影响，另一部分是非空间影响。这种方法要求随机变量是非负的，所以在应用中有很多限制，需要注意。非空间影响部分是

$$y_i^* = \frac{E(G_i)}{G_i} y_i \tag{6.2}$$

其中

$$G_i = \frac{\sum_{j \neq i} w_{ij} x_j}{\sum_{j \neq i} x_j} \tag{6.3}$$

$$E(G_i) = E\left[\frac{\sum_{j \neq i} w_{ij} x_j}{\sum_{j \neq i} x_j}\right] = \frac{\sum_{j \neq i} w_{ij}}{n-1} \tag{6.4}$$

从而 $L_y = Y - Y^*$ 是空间影响部分。通过空间滤波之后，可以认为非空间的部分不存在空间自相关，然后进行相应的统计推断。Getis 方法的优点在于简单并且用于最小二乘回归易于理解。

Getis 和 Griffith (2002) 又提出了特征向量空间滤波方法。令 $M = I_n - \iota_n \iota'_n / n$，其中 ι_n 是元素都为 1 的列向量。Moran's I 可以表示为

$$I_{\text{Moran}} = \frac{n}{\iota'_n W \iota_n} \frac{x'MWMx}{x'Mx} \tag{6.5}$$

那么考虑矩阵 MWM 的特征值和特征向量，E_1 是最大特征值对应的特征向量，以此类推到 E_n。从而每个特征向量对应了一个 Moran's I 值。特征值越大，对应的 Moran's I 值越大。由此可以将 Y 关于部分选取的特征向量进行回

归,从而描述空间格局。

$$Y = \mu_Y \iota_n + E_m \beta_m + \varepsilon_Y \tag{6.6}$$

在选取特征向量时,可以采用逐步回归的方式,根据 Moran's I 值将不显著反映空间自相关的特征向量移除,通过这种方式就可以提取出空间的影响。特征向量法不需要变量必须为正的限制,而且适用于存在内生性的情况。其缺点在于计算量较大。

6.2 研究案例:基于空间滤波方法的中国省际人口迁移驱动因素研究

6.2.1 研究综述

人口流动和迁移是影响中国未来数十年人口发展的关键议题。随着中国城市化进程的加快,人口迁移成为各地区人口规模和结构变动的重要因素,深刻影响着中国人口和城镇化的发展。在学界,人口迁移问题长期以来都受到人口学、地理学学者的关注。现有的人口迁移模型按照研究尺度可分为宏观模型与微观模型两类。宏观迁移模型基于普查或相关统计数据,着眼于区域总体人口或特定群体的迁移模式,分析迁移过程的"推力"和"拉力"等驱动因素,模拟迁移过程的变化,甚至预测迁移流的大小。微观迁移模型主要关注个体或家庭的迁移行为,试图解释潜在移民留在目前居住地或迁往其他地区的决策过程,数据来源主要为普查或社会调查中的个体资料。由于微观数据较难获取等原因,宏观迁移模型是学界研究的主流。

重力模型是当前运用较多的宏观迁移模型。最初的重力模型只含有迁入地人口规模、迁出地人口规模、迁移距离三个变量。而基于"推拉理论"改进的拓展重力模型将一系列人口和经济社会指标作为人口迁移的驱动因素,提高了模型对人口迁移过程的解释能力。近年来,对重力迁移模型的研究主要集中在以下两方面。第一,模型形式拓展:将重力模型与前沿计量模型(如泊松模型)结合,通过一系列计量手段,分解模型中被解释变量的效应,分析模型的误差来源。Shen(2015)运用多层泊松迁移模型分析了中国1985—2000年人口迁移的影响因素,并对人口迁移数量的增加进行分解,发现62.28%的增加是因为解释变量的变化,而37.72%的增加是因为模型参数的变化。第二,研究对象拓展:基于重力模型研究具体化、细分后的各类人口迁移现象,如技术迁移、性别迁移。Liu(2017)探讨了中国省际技术迁移和低技术迁移的影响因素,发现技术性迁移受到距离、失业率、外商直接投资的影响相对较小,而受到实际工资水平的影响相对较大。

重力模型隐含着一个基本假设,即模型各变量是相互独立的,而通过迁移距离变量便可消除区域起始地和目的地之间的空间依赖效应。然而该假设受到了一些学者的质疑。Griffith和Jones(1980)发现,加拿大人口流动中起始地的出行人口数量会受到周围人口的出行倾向的影响,而指向同一目的地的出行流量同样受目的地周围地区吸引力偏好的影响,即人口的O—D(Origin-Destination)流动网络中存在空间溢出效应。在迁移流层面,空间自相关性表征为基于拓扑格局的网络自相关效应,若其在模型中未能得到很好的处理,那么估计结果将是有偏的,解决的手段是通过引入空间权重矩阵,将空间溢出效应纳入模型进行估计,从而得到空间OD模型。空间OD模型常采用空间滞后模型的形式,通过引入空间滞后项对空间溢出效应进行估计,而对数据中由其他原因导致的空间溢出的估计并不充分。另一种处理方法试图通过某种算子"过滤"样本数据中的网络自相关效应,这种处理方法被称为空间滤波。空间滤波方法不受模型前提假设的限制,通过调整滤波器算子,往往能更彻底地降低误差项中的网络自相关效应。比较而言,ESF不仅数据限制小,而且更适用于处理模型内生性问题。近几年,ESF被逐渐运用在国外人口迁移的研究中。Chun和Griffith(2011)使用美国州际公路年度移民数据,基于ESF构建的网络自相关线性和广义线性混合模型研究了美国州际人口迁移驱动因素,结果表明对网络自相关性的处理提升了模型的拟合能力。

中国在省际人口迁移方面已积累了大量的研究成果,研究热点主要集中在人口迁移的空间格局及其演变、人口迁移的集聚测度、人口迁移的影响因素以及人口迁移与地区经济发展的关系等方面。近五年,国内学者开始关注人口迁移中空间溢出效应的影响。例如,张红历等(2016)基于新经济地理学的相关成果,将市场潜能、预期收入等因子加入传统的重力模型中,运用空间滞后模型和空间误差模型对中国省际人口迁移因素进行分析,发现市场潜能和预期收入对人口迁入有显著的促进作用,但对人口迁移的作用路径各异。蒲英霞等(2016)基于中国2010年第六次人口普查数据,运用空间计量交互模型对中国省际人口迁移因素进行分析,通过空间滞后项技术捕捉了省际人口迁移中多种变量的多边效应机制,发现空间距离、区域工资水平等变量在空间上均表现出一定的溢出效应。

通过综述文献发现,国内相关研究主要采用空间OD模型的研究方法,而基于空间滤波的研究案例比较欠缺;此外,基于最小二乘法估计的传统重力模型仍是主流,而基于最大似然估计且与人口迁移数据拟合度更高的泊松模型、负二项模型等模型的运用较少。本案例基于2015年全国1%人口抽样调查数据,尝试将空间滤波方法运用在拓展重力模型中,并结合空间句法等分析手段,对中国2010—2015年省际人口迁移的驱动因素进行研究。

6.2.2 数据来源

本案例使用的人口迁移数据来源于《2015年全国1%人口抽样调查主要数据公报》截面长表数据中的"全国按现住地和五年前常住地分的人口"。研究对象包括全国31个省(自治区、直辖市),剔除缺失值后共926条迁移流(不包含港澳台地区和省内迁移流)。考虑到迁移人数的实际比例与数据的整数性质,因变量按照人口抽样比(1.55%)还原,并进行四舍五入取整处理。

参考国内外相关理论及研究成果,人口迁移驱动因素主要包括人口特征因素、经济发展因素、居住环境因素、教育水平因素、迁移距离因素等类别。考虑到中国近年来交通基础设施的大规模建设,以及既有文献中较为缺乏对以公路为主的交通基础设施的分析,本案例在上述因素的基础上加入公路网络因素,共研究6类驱动因素。对所有模型中变量之间是否存在多重共线性进行检验,

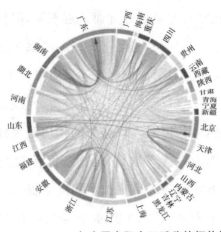

图 6.1　2010—2015 年中国省际人口迁移的拓扑格局图

若自变量的方差膨胀因子(Variance Inflation Factor,VIF)大于10,则存在明显的多重共线性,模型中未通过共线性检验的变量将被剔除。最终,一共选择了迁入地及迁出地人口规模、迁出地性别比、迁移存量、流动链指数、迁出地外商直接投资(FDI)占地区生产总值(GDP)比、迁入地及迁出地近五年GDP平均增速、迁入地及迁出地人口密度、迁入地及迁出地人均住房面积、迁入地及迁出地平均受教育年限、迁入地局部接近度、迁入地全局接近度、迁入地全局穿行度、空间距离等18个变量。考虑到经济发展对人口迁移的影响具有滞后效应,两个经济发展变量均使用前一期的变量。同一区域作为迁出地和迁入地时选用相同解释变量,通过角标加以区分(如 POP_i,POP_j)。其中,各省份平均受教育年限根据文献中的算法计算。公路网络数据来源于 2016 年出版的《中国交通地图册》中高速公路、国道和省道图,在 GIS 平台中进行地理配准及矢量化处理后进行空间句法计算,并将线要素结果汇总至各省域面的结果作为解释变量。变量描述、预期效应与数据来源如表 6.1 所示。

表 6.1　变量描述、预期效应与数据来源

变量	描述	预期效应 迁出地 i	迁入地 j
人口特征因素:			
POP	2015 年各省份总人口(人)[a]	+	+
SEX	2015 年各省份性别比[b]	+	

(续表)

变量	描述	预期效应 迁出地 i	预期效应 迁入地 j
社会网络因素：			
FLOW	2005—2010 年各省份人口迁移存量（人）[c]	＋	＋
MSTOCK	2010—2015 年各省份迁出人口在各迁入地的构成比（i 省流向 j 省的迁移人数/i 省的总迁出人数）[b]		
经济发展因素：			
FDI	2010 年各省份外商直接投资占 GDP 比重[a]	－	
GDPI	2011—2015 年各省份平均 GDP 增长率[a]	－	＋
居住环境因素：			
DEN	2015 年各省份城镇人口密度（人/km²）[a]	－	＋
AREA	2015 年各省份城镇居民人均住房建筑面积（m²）[a]	－	＋
教育水平因素：			
ASCHO	2015 年各省份平均受教育年限（年）[b]	－	＋
公路网络因素：			
C100	2015 年各省份公路网络平均局部接近度		＋
C2000	2015 年各省份公路网络平均全局接近度		＋
B2000	2015 年各省份公路网络平均全局穿行度		未知
迁移距离因素：			
DIST	迁入地和迁入地省会城市之间空间距离（km）	－	

数据来源：（1）《中国统计年鉴（2016）》；（2）《2015 年全国 1‰ 人口抽样调查主要数据公报》；（3）《中国 2010 年人口普查资料》。

6.2.3 模型设定

在研究大规模迁移流时，传统基于最小二乘的估计方法与样本的拟合程度不高。此外，由于各个离散空间单元的迁移人数具有非负整数性质，因而泊松模型逐渐被运用，并被证实更加符合人口迁移的实际情况。假设迁移人数 M_{ij} 满足泊松分布：

$$\Pr(M_{ij}) = \frac{\exp(-\mu_{ij})\mu_{ij}^{M_{ij}}}{M_{ij}!}, \quad M_{ij}=0,1,\cdots \quad (6.7)$$

其中，条件均值 μ_{ij} 与一个具有多变量的外生函数相关：

$$\mu_{ij} = \exp\left(\alpha_0 + \sum_{q=1}^{Q}\alpha_{1q}\ln X_{iq} + \sum_{l=1}^{L}\alpha_{2l}\ln X_{jl} + \alpha_3\ln D_{ij}\right) \quad (6.8)$$

X_{iq} 为迁出地 i 的第 q 个变量,α_{1q} 为迁出地中第 q 个变量的系数,X_{jl} 为迁入地 j 的第 l 个变量,α_{2l} 为迁入地中第 l 个变量的系数。

泊松回归模型的基本假设为离散平衡,即因变量的方差与平均值相等。然而,根据迁移数据的实际情况,不仅每条迁移流间差异巨大,而且同一迁移流在不同年份的数据也有较大不同,离散平衡的假设往往不成立,从而导致过度离散问题。若沿用泊松回归模型,则将导致有偏估计。负二项回归模型通过引入参数 α 来测度过度离散水平。

$$\text{Var}(M_{ij}) = \mu_{ij} + \alpha \mu_{ij}^2 \tag{6.9}$$

其中,迁移人数 M_{ij} 应满足泊松 — 伽马分布:

$$\text{Pr}(M_{ij}) = \frac{\Gamma(M_{ij} + \alpha^{-1})}{M_{ij}! \ \Gamma(\alpha^{-1})} \left(\frac{\alpha^{-1}}{\alpha^{-1} + \mu_{ij}}\right)^{\alpha^{-1}} \left(\frac{\mu_{ij}}{\alpha^{-1} + \mu_{ij}}\right)^{M_{ij}} \tag{6.10}$$

其中,Γ 表示标准的伽马分布函数,α 为过度离散系数。α 的数值越大,离散水平越高。特别地,当 $\alpha=0$,即不存在过度离散时,负二项模型退化为泊松回归模型。

特征向量空间滤波的思想本质上是从特定的空间结构(如中国省际人口迁移网络)中提取表达空间结构信息的特征向量,并将筛选后的特征向量作为因变量中网络自相关性的控制变量加入模型进行回归。由于各特征向量一定程度上代表了潜在的网络自相关信息,将特征向量作为解释变量即相当于"过滤"了来源于空间结构的网络自相关性对模型估计的影响。

步骤具体如下。首先构建一个转化后的空间权重矩阵 $(I - AA^T/n)S(I - AA^T/n)$,其中,$I$ 是 $n \times n$ 维单位矩阵,A 表征数值 1 的 $n \times 1$ 维矩阵,S 为 $n \times n$ 维空间权重矩阵。当空间权重矩阵用于表征网络关系时,考虑到省际人口迁移的实际数为 $n^2 - n$ 条,转化矩阵可被表达为 $(I_{n^2-n} - A_{n^2-n}A_{n^2-n}^T/n^2-n)S^N(I_{n^2-n} - A_{n^2-n}A_{n^2-n}^T/n^2-n)$。该矩阵中,$I_{n^2-n}$ 是 $(n^2-n) \times (n^2-n)$ 维单位矩阵,A 是数值 1 的 $(n^2-n) \times 1$ 维矩阵,S^N 是经过转换后的 $(n^2-n) \times (n^2-n)$ 维的网络权重矩阵,其原始表达如下:

$$S^N_{ij,kl} = \begin{cases} 1, i=k \text{ 且 } S_{jl}=1, \text{或 } j=l \text{ 且 } S_{ik}=1 \\ 0, \text{其他} \end{cases} \tag{6.11}$$

其中$S_{ij,kl}^N$表达迁出地i至迁入地j间迁移流与迁出地k至迁入地l间迁移流的关系;$S_{ik}(S_{jl})$为$n\times n$维空间权重矩阵S中的对应数值,表示各省份的相邻关系。S^N的构建可参照克罗内克算法公式:$S_{ij,kl}^N = S \oplus S = I_n \oplus S + S \oplus I_n$。根据省际人口迁移的实际情况,原始的网络权重矩阵需剔除与省内迁移相关的元素。

特征向量中的各元素可代表对应地理单元上的空间结构信息,基于各元素可计算各特征向量对应的莫兰指数(MC)。可以证明,对应最大特征值的特征向量E_1同时对应最大的MC;对应排名第二特征值的特征向量E_2同时对应排名第二的MC,以此类推到E_n,这反映出各特征向量具有排序性的性质。此外,各特征向量具备正交性的性质,即它们之间是互不相关的。总的来说,各特征向量分别反映在特定的空间结构下网络自相关性的一种潜在的可能形式。而因变量中网络自相关性的影响,在一定程度上可以看作是各特征向量反映的网络自相关信息的线性组合。在这个意义上,在给定网络权重矩阵S^N时,特征向量能表达因变量中潜在的网络自相关性的强弱。

本案例使用空间句法计算各省份的公路网络特征,并将其作为解释变量引入重力模型中,以探究公路网络特征对省际人口迁移的影响。空间句法从非欧氏距离的建模角度分析空间和功能的关系,其线段模型考虑到路网偏转角度和人口迁移的相关性,通过对道路的建模分析,揭示人们受公路网络影响下的迁移规律。sDNA模型是前沿的空间句法模型,模型主要围绕接近度和穿行度两个变量展开分析,定义如下。

(1)搜索半径(R):表征计算某路段路网形态变量时考虑的空间范围,搜索半径越大,说明该路段路网形态变量是由较大范围内的路网特征计算而来。本案例根据中国省际人口迁移距离特征,设定100km与2 000km两个搜索半径,以表征中微观尺度和宏观尺度下公路网络对省际人口迁移的影响。

(2)接近度(C):接近度代表某路网迁移到搜索半径内其余路网的难易程度,接近度高的路网通常具有较高的可达性,对区域迁移流具有更大的吸引力。计算公式如下:

$$\text{Closeness}(x) = \sum_{y \in Rx} \frac{p(y)}{d(x,y)} \tag{6.12}$$

其中 $p(y)$ 为搜索半径 R 内节点 y 的权重，$p(y) \in [0,1]$；$d(x,y)$ 为节点 x 到节点 y 的最短拓扑距离；$\text{Closeness}(x)$ 为接近度。

(3) 穿行度(B)：穿行度用于衡量路网被搜索半径内迁移流通过的概率，穿行度越高代表路网的通过性越强，相应地便承载着更多的通过性迁移流。计算公式如下：

$$\text{Betweenness}(x) = \sum_{y \in N} \sum_{z \in Ry} OD(y,z,x) \frac{P(z)}{\text{Links}(y)} \tag{6.13}$$

其中 $OD(y,z,x)$ 为搜索半径 R 内通过节点 x 的节点 y 与 z 之间的最短拓扑路径；$\text{Betweenness}(x)$ 为节点 x 的穿行度；$\text{Links}(y)$ 为对于元素 y 半径 R 内的节点总数。

最终，可以构建基于特征向量空间滤波的负二项重力模型框架：

$$M_{ij} = \exp\left(\alpha_0 + \sum_{q=1}^{Q} \alpha_{1q} \ln X_{iq} + \sum_{l=1}^{L} \alpha_{2l} \ln X_{jl} + \alpha_3 \ln D_{ij} + \sum_{k=1}^{k} \alpha_{4k} E_k\right) e_{ij} \tag{6.14}$$

新加入的 E_k 为经过挑选后的特征向量的第 k 个组合，α_{4k} 为特征向量变量中的第 k 个系数。

回归模型中，特征向量的加入主要经过以下两个步骤：第一，模型将提取与 MCmax 比值大于或等于 0.25 的 MC 所对应的特征向量；第二，采用逐步回归法（向前），选取显著表达网络自相关性的代理变量进入模型进行回归分析（$p \leqslant 0.01$）。

6.2.4 结果和分析

本案例共构造 4 个模型以探究中国省际人口迁移驱动因素，分别为泊松重力模型、ESF 泊松重力模型、负二项重力模型以及 ESF 负二项重力模型。通过对 4 个模型的计量结果进行对比分析，主要发现以下几点特征。

(1) 中国省际人口迁移流间存在显著的空间溢出效应，特征向量空间滤波能很好地识别和提取网络权重矩阵中的网络自相关性,降低因数据中网络自相关性而导致的估计偏差。少数特征值较高的特征向量即可提取数据中网络自相关性较强的空间格局。通过合理设定阈值,模型可以达到不同的过滤效果。

首先,计算2010—2015年中国省际人口迁移的MC值。结果显示,中国省际人口迁移网络的MC值为$0.378(p \leqslant 0.001)$,数据中存在显著的空间溢出效应。对比负二项重力模型与ESF负二项重力模型的结果,赤池信息准则与贝叶斯信息准则可作为模型网络自相关提取能力的判别指标。泊松重力模型中加入的148个特征向量及负二项重力模型中加入的10个特征向量分别导致模型各自的AIC值下降1 162 719与70,BIC值则下降1 162 633与15,与此同时,离散系数α下降至0.137。因此,空间滤波能较好抓取数据中的网络自相关性,从而减少因自相关带来的估计误差。

利用ESF过滤数据中的网络自相关性,将提取出来的930个特征向量按照特征值的大小关系进行排序。选取MC与MCmax比值约为1、0.75、0.5和0.25的特征向量(记为E1、E13、E55、E190),并根据特征向量中各代表空间结构信息的元素,以分位数法进行分级地图表达。各特征向量中不同区位上的空间结构信息可构成该特征向量对应的网络自相关格局。其中,E1对应的格局具有较高的网络自相关性,MC值达到1.108。随着MC与MCmax比值的下降,特征向量对网络自相关性的表达也减弱,对于E190的空间格局,其MC值降至0.282。为更清晰地观察特征向量对应的空间格局中网络自相关信息的强弱,从E1、E13、E55、E190四个特征向量中筛选出指向陕西省和河南省的空间结构信息OD流,并对此进行图示表达。排序较高的特征向量E1对应的空间格局中,目的地相同且出发地相邻的OD流数值更为接近,网络相关性较高,如广东省和湖南省指向陕西省的空间结构信息数值都较低;排序较低的特征向量E190对应的空间格局中,目的地相同且出发地相邻的OD流差异性较大,网络自相关性较低,如广东省指向陕西省的空间结构信息数值较低,而湖南省较高。从图示分析可直观看出,在空间结构(网络权重矩阵)确定的情况下,通过不同的特征向量,能达到揭示网络自相关信息的目的。

为了检验各特征向量对网络权重矩阵中网络自相关格局的表达差异,将 MC/MCmax 的值与其对应的特征值排序进行"位序-规模"分析,排名约在前20%的特征向量具有一定的提取网络自相关信息的能力,排名约在前1.4%的特征向量能揭示出较高的网络自相关格局,具体可参见表6.2和图6.2。以上结果说明,少数排序较前的特征向量即可提取数据中较强的网络自相关信息,而将这部分特征向量作为解释变量进入模型进行回归,往往不会给模型增加过多的计算量。只要合理调整阈值,控制进入模型的特征向量个数,就能达到不同的过滤效果,这从一个侧面说明了 ESF 空间滤波的灵活性。

表6.2 特征向量对网络权重矩阵中网络自相关性的提取能力

网络自相关信息提取能力	MC/MCmax 取值范围	特征向量个数	比例(%)
较高	MC/MCmax∈(0.75,0.1]	13	1.398
中等	MC/MCmax∈(0.5,0.75]	44	4.732
较低	MC/MCmax∈(0.25,0.5]	134	14.408
极低	{E=MC/MCmax|E≤0.25}	739	79.462

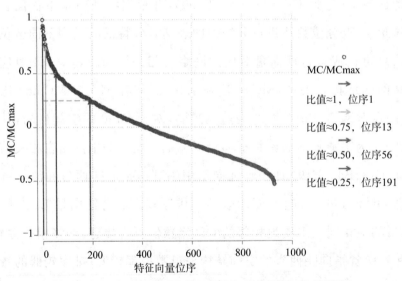

图6.2 特征向量及其对应的网络自相关性的"位序-规模"图

(2)省际人口迁移流之间存在明显的过度离散现象,违背了泊松重力模型中对解释变量方差与均值相等的基本假设,因此考虑了数据离散程度的负二项重力模型更适用于省际人口迁移的计量分析。

各模型回归结果如表 6.3 所示。对比泊松重力模型、负二项重力模型及其相应的空间滤波模型的计算结果。直观上,被解释变量的方差达到其均值的 40 万倍,与泊松回归要求方差与均值相等的假设不一致。负二项模型的离散系数 α 为 0.158,其 LR 检验在千分之一水平上显著,强烈拒绝系数为 0 的原假设,同样证明数据中存在过度离散。借鉴相关文献中的方法,可以构建一个离散统计量 D(Pearson chi^2/自由度)以测度泊松模型与负二项模型中数据的离散程度。大样本情况下,若 D 值超过 1.05 则代表数据的离散程度过大。结果显示,继续沿用泊松模型会导致系数估计的过度显著现象,而负二项模型能够很好地解决过度离散的问题。最后,对比各模型的对数似然值,发现负二项模型拟合程度较泊松模型而言更高。通过上述对比,案例的分析应基于 ESF 负二项重力模型展开。

表 6.3 中国省际人口迁移泊松重力模型、ESF 泊松重力模型、负二项重力模型、ESF 负二项重力模型结果

变量名称	(1)泊松重力模型 系数	p 值	(2)ESF 泊松重力模型 系数	p 值	(3)负二项重力模型 系数	p 值	(4)ESF 负二项重力模型 系数	p 值
POP$_i$	0.248***	0.000	0.335	0.000	0.377***	0.000	0.382***	0.000
POP$_j$	0.12***	0.000	0.139	0.000	0.189***	0.000	0.174***	0.000
SEX$_i$	1.973***	0.000	2.725	0.000	0.723	0.089	1.152**	0.006
FLOW$_{ij}$	0.689***	0.000	0.687	0.000	0.617***	0.000	0.627***	0.000
MSTOCK$_{ij}$	0.565***	0.000	0.729	0.000	1.156***	0.000	1.201***	0.000
FDI$_i$	−0.033***	0.000	−0.042	0.000	−0.054***	0.001	−0.072***	0.000
GDPI$_i$	−0.063***	0.000	−0.104	0.000	0.106	0.323	0.143	0.174
GDPI$_j$	1.057***	0.000	0.681	0.000	0.933***	0.000	0.995***	0.000
DEN$_i$	0.073***	0.000	0.190	0.000	0.066	0.075	0.037	0.318
DEN$_j$	0.016***	0.000	0.049	0.000	0.148***	0.000	0.151***	0.000
AREA$_i$	−0.051***	0.000	−0.673	0.000	−0.289	0.051	−0.204	0.154
AREA$_j$	0.847***	0.000	1.384	0.000	0.645***	0.000	0.577***	0.000
ASCHO$_i$	0.155***	0.000	−0.029	0.000	0.642***	0.000	0.781***	0.000
ASCHO$_j$	0.744***	0.000	0.100	0.000	1.013***	0.000	0.986***	0.000
C100$_j$	0.352***	0.000	0.472	0.000	0.328***	0.000	0.252***	0.001
C2000$_j$	−0.021***	0.000	−0.016	0.000	−0.027***	0.000	−0.021***	0.001
B2000$_j$	0.002***	0.000	0.000	0.000	0.002	0.005	0.002**	0.008
DIST$_{ij}$	−0.051***	0.000	−0.063	0.000	−0.114***	0.000	−0.090***	0.000
Constant	−10.722***	0.000	−14.759***	0.000	−5.197*	0.026	−7.282***	0.001

(续表)

变量名称	(1)泊松重力模型		(2)ESF泊松重力模型		(3)负二项重力模型		(4)ESF负二项重力模型	
	系数	p值	系数	p值	系数	p值	系数	p值
特征向量数	—		148		—		10	
对数似然值	−1255010		−673502		−9576		−9544	
AIC	2510057		1347338		18994		18924	
BIC	2515000		1352367		19288		19273	
α	—		—		0.158		0.137	
D统计量	2907.653		1809.796		0.164		0.146	
方差/均值			401503					
MC			0.378***					

注：*、**和***分别表示在5%、1%与0.1%的显著性水平上显著。

(3)网络自相关性会导致距离相关变量估计的上偏与大部分非距离变量估计的下偏。通过空间滤波校正后的模型显示，区域人口特征、社会网络、经济发展、教育水平等因素对省际人口迁移产生重要影响，其中，迁出地性别比较高、流动链指数较大、迁移存量较多、迁入地GDP平均增速较快、迁入地平均受教育年限较长的省份对人口迁移数量的促进作用较大。

对比负二项重力模型与ESF负二项重力模型的结果发现，通过空间滤波处理后模型中4个距离相关变量(C100、C2000、B2000、DIST)的回归系数均下降，如局部接近度与迁移距离的下降幅度均超过0.05；而大部分非距离变量的回归系数均上升。由于网络自相关性体现了"相邻"的概念，若不对其进行处理，会夸大距离相关变量的影响并弱化非距离变量的效应。通过空间滤波方法对数据中的网络自相关性进行过滤后，人口特征、社会网络、经济发展、教育水平仍是影响省际人口迁移的重要驱动因素。下面进行具体分析。

人口特征因素。人口规模(POP)对省际人口迁移具有较大的正向影响，符合理论预期。平均地，省际人口迁移区域人口规模每增加1%，会导致迁出流数量上升约0.38%，迁入流数量上升约0.17%。区域人口基数与迁出人口数量有直观上的较强正相关关系，其对人口迁移的"推力"作用相比"拉力"作用而言更加明显。迁出地性别比(SEX)对省际人口迁移产生极大的正向影响，回归系数为人口规模的3—7倍，迁出地性别比每增加1%，会导致迁出流数量上升约

1.15%,这与中国省际人口流动中仍以男性迁移为主有关,此外,根据以往研究的结论,务工经商是中国人口流动迁移的主要目的之一,而男性人口比例较大的省份往往拥有更多的外出务工人员。

社会网络因素。流动链指数(MSTOCK)对省际人口迁移具有显著的正向影响,回归系数为解释变量中最高,符合预期。流动链指数可以反映迁入地和迁出地之间的社会网络联系,一般地,省际流动链指数每增加1%,人口迁移数量上升约1.2%,显示出迁入某省份的人群通过社会网络(地缘、血缘、同事朋友关系等)为后迁的人群提供便利,吸引更多的人口的迁入。迁移存量同样对省际人口迁移施加较大的正向作用,与预期相符。迁移存量(FLOW)每增加1%,人口迁移数量上升约0.63%,说明上一期人口迁移行为会对现期人口迁移产生一定的跨期促进效应,先迁的人群可以为后迁的人群提供信息等方面的帮助,从而规避迁移风险,例如亲友等社会网络联系是迁移人群获得就业信息的重要方式。在中国注重"人情纽带"的文化背景下,社会网络因素对省际人口迁移的影响作用不可忽视。

经济发展因素。首先,迁入地的地区人均 GDP 平均增速(GDPI)作为衡量区域经济发展及吸引力的重要指标,对塑造省际人口迁移格局产生重大的作用。地区人均 GDP 平均增速每增加1%,会导致迁入流数量上升约0.99%,说明人们往往选择人均 GDP 增速较快的省份作为迁移目的地。但是迁出地的 GDP 平均增速对省际人口迁移不产生显著影响,与预期不符合,说明 GDP 增速对省际人口迁移的"拉力"作用不足。此外,计量结果显示出与以往研究不同的结论,即各省 FDI 占比(FDI)对人口迁出产生的"推力"作用较小,市场化力量对迁出流的影响相对较弱。

教育水平因素。教育水平是影响人口迁移的重要变量,我们使用反映各等级综合教育水平的平均受教育年限(ASCHO)作为解释变量来研究教育对省际人口迁移的影响。研究发现,平均受教育年限对迁入人口数量产生较大的正向影响,平均受教育年限每增加1%,迁入流上升约0.99%,说明教育水平越高的区域对外来人口具有越大的吸引力。平均受教育年限对迁出流的作用则不符合理论预期,平均受教育年限每增加1%,迁出流上升约0.78%,说明区域教育水平的提高一方面会吸引更多的外来人口,另一方面也会加速区域内部和区域间高素质人才的流动。

(4)居住环境因素与公路网络因素对中国省际人口迁移产生了不可忽视的影响,这种影响主要体现在对迁入流的"拉力"作用上。人均居住面积较大、人口密度较高的省份往往能吸引更多的外省迁移人口。局部尺度公路网络可达性的提升对迁入流产生较大的影响,全局尺度公路可达性及穿行度对迁入流产生的影响较小,公路网络对中短距离人口迁移的影响大于远距离人口迁移。

居住环境因素。中国转型阶段的城镇化日益重视以人为本的导向,人口迁移也更加关注居住环境因素的影响,其中,人口密度(DEN)和人均居住面积(AREA)是衡量居住舒适程度的重要指标。研究发现,迁入省份的城市人口密度及人均住房面积对省际人口迁移产生显著的"拉力"作用,与预期相符。其中,人均住房面积对人口迁移的影响较大,人均住房面积每增加1%,迁入流增加约0.58%;人口密度对迁入人口数量产生一定的影响,人口密度每增加1%,迁入流上升约0.15%。这可能是因为人口密度高的区域在带来较便利的就业条件及公共服务的同时,会带来诸如道路拥堵问题等负效应。而迁出省份的人口密度及人均居住面积对人口迁移均不产生显著影响,未符合预期。以上结果说明,尽管人们很关注目的地省份居住环境的改善,但跨省迁移行为对现居住地居住环境变化的弹性较小。

公路网络因素。以往文献主要关注轨道交通对省际人口迁移的影响,随着中国高速公路网络的加速建设,公路网络(包括高速公路、国道、省道)对人口迁移的影响日益增大。通过空间句法计算得到的两个尺度下的公路网络接近度和穿行度均对省际人口迁移产生显著的影响。如回归结果显示,局部尺度公路网络接近度对省际人口迁移的影响作用较大,平均而言,公路网络局部接近度(C100)每增加1%,迁入流上升约0.25%。全局尺度公路网络接近度(C2000)与穿行度(B2000)对省际人口迁移的影响作用极小。对于中近距离的迁移行为,公路可达性较高的省份会带来迁移成本的降低,因此对人口迁移产生较大的吸引力;而目的地省份公路网络可达性及穿行性的变化几乎不影响迁移距离在2 000 km左右的远距离迁移行为。一个可能的原因是,对于远距离迁移的人口而言,航空、铁路是主要交通方式,而中近距离迁移的人口则较依赖公路交通网络。

(5)与既有研究结论相比,社会网络因素(迁移存量、流动链指数)对省际人口迁移的影响日益增强,而空间距离对省际人口迁移的影响进一步呈现弱化趋势。

既有研究中已涉及社会网络因素对省际人口迁移的影响,蒲英霞等(2016)和Fan(2005)等发现迁移存量对人口迁移产生一定的影响(系数约为0.4—0.8),劳昕和沈体雁(2016)发现流动链系数对人口迁移的影响系数约为0.6—0.8。研究发现社会网络因素对省际人口迁移的影响系数相对于其他因子而言较高,是塑造未来人口迁移格局的重要力量。此外,迁移距离作为重力模型的基础变量,在以往研究中表达为省会间空间距离、省会间最短铁路距离、省会间最短公路距离等方式,已有文献发现迁移距离对省际人口迁移的影响呈现弱化趋势。与以往研究相比,本案例在使用ESF方法处理网络自相关的影响后,发现空间距离(DIST)对人口迁移仅产生极其微弱的负向影响,回归系数为−0.09,这说明随着地区的交通基础设施日益完善,以及互联网等通信技术的发展,物理距离对人口迁移产生的影响力逐渐减弱。

6.2.5 结论

(1)2010—2015年中国省际人口迁移流间存在显著的空间溢出效应,MC值达到0.378;图示分析和"位序—规模"分析均显示ESF空间滤波方法能有效地提取数据中的网络自相关性,降低因数据中网络自相关性而导致的估计偏差,且少数排序较高(前1.4%)的特征向量即可提取数据中较高的网络自相关信息;空间滤波方法在进行OD迁移流建模时具有受数据限制小、计算灵活、对网络自相关性提取力强等优势,筛选后的特征向量可作为迁出地、迁入地遗漏变量的代理变量进入模型,通过合理设定阈值,模型可达到不同的过滤效果。

(2)2010—2015年中国省际人口迁移流之间存在明显的过度离散现象,被解释变量的方差达到其均值的40万倍,违背了泊松重力模型中离散平衡(被解释变量的方差与均值相等)的基本假设。两个泊松模型的 D 统计量均远超阈值,证明了过度离散的存在。通过对负二项重力模型离散系数的 LR 检验及相应对数似然值的比较,说明考虑到数据离散的负二项重力模型更适用于省际人口迁移的计量分析。

(3)数据中的网络自相关性会导致模型对距离相关变量(C100、C2000、B2000、DIST)估计的上偏与大部分非距离变量估计的下偏,通过空间滤波校正后的模型揭示出中国省际人口迁移的以下影响因素:区域人口特征、社会网络、经济发展、教育水平等因素对中国的省际人口迁移产生了重要影响,其中,迁入地性别比、GDP 平均增速、平均受教育年限是重要的"拉力"因子,代表省份间社会网络联系的流动链指数、迁移存量同样对人口迁移产生极大的正向影响。居住环境因素与公路网络因素日益成为影响中国省际人口迁移的"拉力"因子:人均居住面积较大、人口密度较高的省份能吸引更多的外省迁移人口;局部尺度公路网络可达性对迁入流产生较大正向影响,全局尺度公路网络对迁入流影响较小,公路网络对中短距离人口迁移的影响更大。

(4)与既有研究结论相比,本案例发现社会网络因素(迁移存量、流动链指数)对省际人口迁移的影响日益增大,是塑造未来人口迁移格局的重要力量,省际流动链指数和迁移存量每增加 1%,人口迁移数量分别上升约 1.2% 与 0.63%。使用 ESF 方法处理网络自相关的影响后,空间距离对人口迁移仅产生极其微弱的负向影响。

总体上看,中国 2010—2015 年间省际人口迁移的驱动因素与以往相比并未发生根本性的变化,在市场条件下,社会经济条件仍是影响人口迁移的首要原因。特别需要注意的是,随着中国新型城镇化的建设与道路基础设施的完善,城市环境以及城市公路网络交通可达性的提升对人口迁移产生了重要影响,而迁移距离等变量对人口迁移的影响力逐渐减弱,以上因素可能导致中国省际迁移的明显局部性变化。因此,各地区要制定合理的区域发展战略,重视地区环境生态、交通出行便利性以及地区间社会文化联系对人口迁移的影响,适度控制省际人口迁移的流向和强度,促进区域经济的均衡发展。

第 7 章 地理加权回归模型

本章主要介绍地理加权回归模型。7.1 节介绍经典的地理加权回归模型。7.2 节介绍经典地理加权回归的拓展方法：半参数地理加权回归。7.3 节介绍半参数地理加权回归的进一步拓展：多尺度地理加权回归。7.4 节讨论了多尺度地理加权回归的统计推断问题。7.5 节给出了经典地理加权回归的一个案例分析。7.6 节介绍了多尺度地理加权回归的一个案例分析。

7.1 地理加权回归

地理加权回归是处理空间异质性的主要手段之一，由 Fotheringham(1997)等提出。该方法基于局域回归分析和变参数的想法，以曲线拟合、平滑等局部加权回归的非参数方法为理论基础，将数据的空间位置嵌入回归参数中，利用局部加权最小二乘方法进行逐点参数估计，从而研究随空间变化的回归关系。

地理加权回归模型是经典线性模型的一个推广。经典线性模型形如：

$$y = \sum_r x_r \beta_r + \varepsilon \tag{7.1}$$

而地理加权回归模型为：

$$y_i = \sum_r x_{ir} \beta_r(u_i, v_i) + \varepsilon_i \tag{7.2}$$

其中(u_i, v_i)是第 i 个点的坐标。地理加权回归模型的估计可由加权最小二乘法给出

$$\hat{\beta}(u_i, v_i) = (X'W(u_i, v_i)X)^{-1} X'W(u_i, v_i)y \tag{7.3}$$

令 $C = (X'W(u_i,v_i)X)^{-1} X'W(u_i,v_i)$ 则

$$\hat{\beta}(u_i,v_i) = Cy \tag{7.4}$$

$$\mathrm{Var}(\hat{\beta}(u_i,v_i)) = CC'\sigma^2 \tag{7.5}$$

其中 $\sigma^2 = \sum_{i=1}^{n}(\hat{y}_i - y_i)^2/(n - 2v_1 + v_2)$, $v_1 = \mathrm{tr}(S)$, $v_2 = \mathrm{tr}(S'S)$, $S = \begin{bmatrix} r_1 \\ \vdots \\ r_n \end{bmatrix}$, $r_i = X_i C$。

$\mathrm{SE}(\hat{\beta}_{ij}) = \sqrt{CC'\sigma^2}$ 是估计值的标准误,而地理加权回归的检验可以由伪 T 检验得到。即在原假设 $H0: \beta(u_i,v_i)=0$ 成立的条件下,地理加权回归的伪 T 检验为

$$\frac{\hat{\beta}_{ij}}{\mathrm{SE}(\hat{\beta}_{ij})} \sim t_{n-2v_1+v_2} \tag{7.6}$$

另一方面

$$\hat{y} = Sy \tag{7.7}$$

其中 $n - 2v_1 + v_2$ 被称为残差的有效自由度,S 为帽子矩阵。在经典线性模型中,也就是全局的线性模型中,$2v_1 - v_2$ 就是参数的数量。

地理加权回归模型与经典的全局线性模型主要有以下不同。传统回归模型的参数在全局空间恒定,而地理加权回归是局部模型,系数是通过观测点周围样本进行回归得到的,允许参数在空间上变化。同时,地理加权回归可以作为一种对空间变化关系进行统计推断的方法,从而将其重点转移到验证分析上。当参数是关于空间位置的函数时会导致模型的自由度的不足,也就是参数的数量多于样本的数量。所以地理加权回归在空间非平稳过程中任意位置 i 的统计推断的数据并不仅仅来自 i,而且通常还来自 i 周围位置的数据,而这样模型方法一般来说不可能是无偏的。所以实际上,需要对偏误进行一种权衡。一般而言认为偏误越小越好,但是在尽可能减少偏误的同时需要考虑到估计量的标准误差。根据地理学第一定律,样本离得越近,样本的总体越相似,从而地

理加权回归的估计越接近真实值,而离得远的点则可能来自完全不同的总体,其与真实值在量级甚至符号上相差很大,所以使用越近的数据来进行估计就越接近无偏。例如,如果只使用位置 i 自身的这一组数据来估计参数,那么将得到一个无偏的估计,但同时带来的问题是,这个估计的标准差很大,使得我们依然不能相信。为了减小标准差,就需要使用更多的观测值来估计,因此不得不选择距离 i 比较近的点来估计。而极端的情况是使用空间上的所有点来估计 i 的参数,这样就使得估计具有较大的偏误。图 7.1 反映了两种估计量,估计量 A 是无偏的但是标准误很大,估计量 B 有很小的偏误,但标准误很小。所以在样本量有限的情况下,估计量 A 的估计值可能距离真实值很远,而估计量 B 要好于估计量 A。

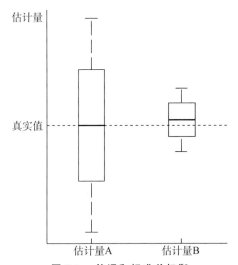

图 7.1　偏误和标准差权衡

使用地理加权回归进行估计会导致一定程度的参数漂移,也就是临近位置的参数值是相同的或接近的。而如果使用所有空间单元来估计参数,那么所有参数值都是相同的。因此,对于每个空间单元 i,选择哪些邻近空间单元来估计其参数是地理加权回归模型的重要问题。

为了确定使用哪些点来估计模型,我们需要首先定义空间权重矩阵。在地理加权回归中使用空间权重矩阵是为了确定我们所关心或回归的那一点周围的哪些点是这一点的邻居,从而周围的这些点可以很好地近似我们回归的那一点。

地理加权回归对于每一个空间单元 i 都定义一个空间权重矩阵：

$$W_i = W(u_i, v_i) = \begin{bmatrix} w_{i1} & 0 & \cdots & 0 \\ 0 & w_{i2} & \cdots & \vdots \\ \vdots & \vdots & \ddots & 0 \\ 0 & \cdots & 0 & w_{in} \end{bmatrix} \quad (7.8)$$

用空间权重矩阵可以非常自然地定义出地理加权回归所使用的"邻近"的点。一般而言，矩阵中所有元素都是非负的且其对角线元素都为 1。而具体的权重矩阵中的每一个值的定义则需要设定一个核函数来确定。常用的地理加权回归核函数主要分为以下几种：

距离阈值核函数：

$$w_{ij} = \begin{cases} 1, d_{ij} \leqslant d \\ 0, d_{ij} > d \end{cases} \quad (7.9)$$

这种设置方式的缺点在于该函数在空间上不连续，因此当回归点稍微移动一点，就会有数据点离开或者进入回归的区域，这种改变对估计造成了比较明显的影响，因此这种设置方式只在特定的情况下使用。

k 邻近核函数：

$$w_{ij} = \begin{cases} 1, j \in N_k(i) \\ 0, j \notin N_k(i) \end{cases} \quad (7.10)$$

$N_k(i)$ 表示距离空间单元 i 最近的 k 个空间单元所构成的集合。

高斯核函数：

$$w_{ij} = e^{-\frac{1}{2}(\frac{d_{ij}}{h_i})^2} \quad (7.11)$$

其中 h_i 是带宽。

二次核函数：

$$w_{ij} = \begin{cases} (1-(d_{ij}/h_i)^2)^2, d_{ij} \leqslant h_i \\ 0, d_{ij} > h_i \end{cases} \quad (7.12)$$

其中 h_i 是带宽。二次核函数是最常用的核函数，它与高斯核函数都是连续的，但需要进一步设定带宽h_i。带宽h_i有两类方法来选择，一类是固定带宽，一类是自适应带宽。固定带宽是指利用样本点的距离来确定带宽，而自适应带宽是指利用最邻近样本点的个数来确定带宽。例如自适应带宽的二次核函数为

$$w_{ij} = \begin{cases} (1-(d_{ij}/b_i)^2)^2, j \in N_k(i) \\ 0, j \notin N_k(i) \end{cases} \tag{7.13}$$

其中b_i表示空间单元i与第k近的空间单元之间的距离。图7.2为权重矩阵高斯核函数的函数图像。

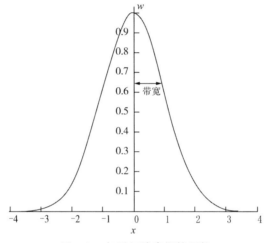

图 7.2　权重矩阵高斯核函数

固定带宽的核函数权重矩阵会导致在数据点密集处选取的数据点过多，使得偏误增大，而在数据点稀疏处选取的数据点则过少，使得标准误增大。自适应带宽则不存在这种问题，即在数据点密集的地方选择样本的范围小，在数据点稀疏的地方选择样本的范围大，不论点的疏密，带宽内的点的数量都相同，因此这类带宽每个点的偏误或标准误都相差不多，进而能够更好地权衡整体的偏误和标准误，从而更为合理，所以通常使用自适应的带宽。Wheeler(2009)指出，根据非参数统计方法的经验，地理加权回归中带宽大小的影响比核函数形式的影响更重要。因此近20年来对于地理加权回归核函数的研究中较为知名的只有Paez(2004)提出了具有各向异性的地理加权回归方法，其将经典的核函数形状从圆形改进成椭圆形，从而可以利用椭圆形的核函数来捕捉参数变化存

在的方向性。而在确定带宽大小方面,当前主要有两类方法,即交叉确认准则(Brunsdon 等,1996;Farber 和 Paez,2007)和修正的赤池信息准则(Fotheringham 等,2002)。

交叉确认:

$$\mathrm{CV} = \sum_{i=1}^{n} (y_i - \hat{y}_{\neq i}(b))^2 \tag{7.14}$$

其中 $\hat{y}_{\neq i}$ 是用除 y_i 之外的数据对于 y_i 的估计值。可以对CV准则进一步考虑参数数量的改进。

广义交叉确认准则:

$$\mathrm{GCV} = n \sum_{i=1}^{n} (y_i - \hat{y}_{\neq i}(b))^2 / (n - K)^2 \tag{7.15}$$

其中 k 是参数数量。

赤池信息量准则:

$$\mathrm{AIC} = -2\ln(L) + 2k \tag{7.16}$$

修正的赤池信息准则:

$$\mathrm{AIC}_c = 2n\log(\hat{\sigma}) + n\log(2\pi) + n(n+v_1)/(n-2-v_1) \tag{7.17}$$

其中 $\hat{\sigma}$ 是估计的标准差。

另外,Paez 等(2002a)提出了核函数带宽的一种参数估计的方法。但整体上用途最广泛的是修正的赤池信息准则。

虽然地理加权回归提供了研究回归模型中变量之间随空间而变化的关系的可能,但是对其也同时存在若干批评。一种观点是地理加权回归没有为变化的来源提出基本模型,所以更适合于将其视为探索性方法。另一种观点是地理加权回归存在明显的多重检验问题,即由于每个样本点都有一组统计推断,从而整体上存在多重检验。Da Silva(2016)在一定程度上归纳并解决了该问题,提出了利用一个相对保守的惩罚因子来修正显著水平。另外,也有学者质疑地理加权回归存在局部多重共线性问题。由于地理加权回归使用局部样本点,所以可能导致局部的多重共线性,从而使得统计推断不稳健。Wheeler 和 Tiefelsdorf(2005)在仿真研究中发现,当地理加权回归系数在不存在解释变量相关性的情况下也可以相关,系数的相关性随着变量共线性程度的增加而增加。Fotheringham 和 Oshan(2016)讨论了地理加权回归的局部共线性问题,发现除非接近完全共线性,否则地理加权回归的局部共线性影响不大,地理加权回归在多重共线性问题上非常稳健。还有一种担忧认为,估计系数的变化可能是由于该技术人工引入的,并且可能不代表真正的回归效果。Fotheringham 等(2002)提出了关于参数平稳性的检验,从而能够作为参数在空间上非平稳的证据。考虑 n 个数据点第 k 个变量的估计值与它们均值之间的差异,即

$$V_k = \frac{1}{n}\sum_{i=1}^{n}\left(\widehat{\beta}_{ik} - \frac{1}{n}\sum_{i=1}^{n}\widehat{\beta}_{ik}\right)^2 \tag{7.18}$$

如果说参数是平稳的,那么 V_k 应该不会很大;反之如果参数是非平稳的,那么 V_k 就会很大。这样我们可以基于原假设(参数是平稳的)来计算 V_k,并检验其是否显著。事实上 V_k 可以写成

$$V_k = \frac{1}{n}\widehat{\beta}'_k\left(I_n - \frac{1}{n}J\right)\widehat{\beta}_k \tag{7.19}$$

其中 $\widehat{\beta}_k = (\widehat{\beta}_{1k}, \cdots, \widehat{\beta}_{nk})'$,$I_n$ 是单位矩阵,J 是所有元素都是 1 的矩阵。

进一步可以写成

$$V_k = \frac{1}{n}y'B'\left(I_n - \frac{1}{n}J\right)By \tag{7.20}$$

其中 $B = \begin{pmatrix} \alpha'_k(X'W_1X)^{-1}X'W_1 \\ \vdots \\ \alpha'_k(X'W_nX)^{-1}X'W_n \end{pmatrix}$,$\alpha_k$ 是第 k 个元素为 1、其他元素均为 0 的 k 维列向量,W_i 是第 i 个空间单元的空间权重矩阵。一般使用蒙特卡洛模型对该统计量进行检验。

7.2 半参数地理加权回归

在某些情况下,并不是模型中的每一个回归系数都在地理上变化,某些变

量系数的变化程度可能是可以忽略不计的。如果将不存在显著变化的变量同样使用经典的地理加权回归进行处理就会导致地理加权回归过多地捕捉噪声，并且不利于模型解释。例如，在预测房价时，卧室数量的影响可能在地理上不同，但社会经济属性，如失业，其影响无处不在且在空间上是相同的。这并不意味着社会经济变量没有影响，只是它们在整个研究领域有相同的效果。这可以理解为购买者在众多地区选择购买一套住房，一旦选择了其中的一个地区购买房屋，那么某些结构属性的价值将取决于邻里住宅组合的范围。例如，如果本地很少有住宅车库，车库的价值会很高。因此，结构系数很可能在地理上有所不同。另外，并没有明显的证据证明社会经济属性存在地理上的变化，但从时间尺度上可以看到，社会经济属性确实在影响房价。

Fotheringham 等(2002)提出的半参数地理加权回归在地理加权回归方法的基础上考虑到这一点，并将所有变量分为两类：局部变量和全局变量。局部变量指其对因变量的影响是随空间变化的，全局变量指其对因变量的影响是不随空间变化的。半参数地理加权回归模型设定如下：

$$y_i = \sum_{j=1,k_a} a_j x_{ij}(a) + \sum_{l=1,k_b} b_{il} x_{il}(b) + \varepsilon_i \tag{7.21}$$

其中，y_i 是第 i 个因变量，k_a 为全局变量的数量，a_j 为第 j 个全局变量的回归系数，$x_{ij}(a)$ 为第 j 个全局变量的第 i 个观测，k_b 为局部变量的数量，b_{il} 为第 l 个局部变量的第 i 个回归系数，$x_{il}(b)$ 为第 l 个局部变量的第 i 个观测，ε_i 是第 i 个误差项。

可以很自然地看到，如果该模型没有局部项 $\sum_{l=1,k_b} b_{il} x_{il}(b)$，那么它就是经典的线性回归模型；而如果该模型没有全局项 $\sum_{j=1,k_a} a_j x_{ij}(a)$，则是经典的地理加权回归模型。半参数地理加权回归模型可以写成矩阵的形式：

$$y = X_a a + m + \varepsilon \tag{7.22}$$

其中 $y = \{y_i\}_{n \times 1}$，$X_a = \{x_{ij}(a)\}_{n \times k_a}$，$a = \{a_j\}_{k_a \times 1}$，$m = \left\{\sum_{l=1,k_b} b_{il} x_{il}(b)\right\}_{n \times 1}$，$\varepsilon = \{\varepsilon_i\}_{n \times 1}$。

从而

$$y - X_a a = m + \varepsilon \tag{7.23}$$

假设 a 已知,我们就可以使用地理加权回归的估计方式估计 m。因此

$$\hat{m} = S(y - X_a a) \tag{7.24}$$

将估计量替代真实值代入模型中可得到

$$y - X_a a = S(y - X_a a) + \varepsilon \tag{7.25}$$

式(7.25)等价于

$$(I - S)y = (I - S) X_a a + \varepsilon \tag{7.26}$$

令 $z = (I - S)y$,$Q = (I - S) X_a$,式(7.26)等价于

$$z = Qa + \varepsilon \tag{7.27}$$

这是经典的线性回归模型,可以使用最小二乘估计对其进行估计。

$$\hat{a} = (Q'Q)^{-1} Q'z = (X'_a (I-S)'(I-S) X_a)^{-1} X'_a (I-S)'(I-S)y \tag{7.28}$$

因此,z 是使用局部变量对 y 进行地理加权回归得到的残差,而 Q 的每一列则是使用局部变量对全局变量回归得到的残差。故而半参数地理加权回归模型可以通过如下方式进行估计:

(1)局部变量对每一列全局变量进行地理加权回归并得到残差 X_a-residuals。

(2)局部变量对 y 进行地理加权回归并得到残差 y-residuals。

(3)X_a-residuals 对 y-residuals 使用最小二乘估计得到全局变量估计系数 $\hat{a}$。

(4)局部变量对 $y - X_a \hat{a}$ 进行地理加权回归得到局部变量估计系数。

半参数地理加权回归的帽子矩阵为

$$\hat{y} = X_a \hat{a} + Sy = (X_a (X'_a (I-S)'(I-S) X_a)^{-1} X'_a (I-S)'(I-S) + S)y$$
$$= S^* y \tag{7.29}$$

局部变量估计量为

$$\hat{b} = (C - C X_a A)y \tag{7.30}$$

其中,C 如式(7.4),半参数地理加权回归的检验与地理加权回归类似,令

$$A = (X'_a (I-S)'(I-S) X_a)^{-1} X'_a (I-S)'(I-S) \tag{7.31}$$

全局变量标准误为

$$\text{SE}(\hat{a}) = AA'\sigma^2 \tag{7.32}$$

局部变量标准误为

$$\text{SE}(\hat{b}) = (C - CX_aA)(C - CX_aA)'\sigma^2 \tag{7.33}$$

相应的伪 T 检验仍然为估计量除以标准误,其服从自由度为 $n - 2v_1 + v_2$ 的 T 分布,其中 v_1 和 v_2 来自半参数地理加权回归帽子矩阵 S^*。

由于经典的地理加权回归模型是基于截面数据的高斯模型,因此其存在大量的模型拓展,其中包括 Fotheringham 等(2002)拓展的地理加权泊松回归;Atkinson 等(2003)拓展的地理加权逻辑斯蒂回归;Paez 等(2002a,2002b)拓展的地理加权空间自回归;Paez(2006)拓展的地理加权 Probit 回归;Wheeler 和 Calder(2007)拓展的地理加权岭回归;Wheeler(2009)拓展的地理加权套索回归;Kordi 和 Fotheringham(2016)拓展的空间加权相互作用模型;Fotheringham 和 Oshan(2016)拓展的时空地理加权回归等。

7.3 多尺度地理加权回归的估计

空间尺度是地理学和空间综合人文学与社会科学研究的基本范畴。著名地理信息科学家 Goodchild 在 2000 年提出尺度是地理信息科学最重要的话题。McMaster 和 Sheppard(2004)认为尺度是所有地理检索的本质。在日益全球化的世界体系中,当我们试图去解释某种人文经济社会现象时,我们尤其需要关注空间尺度效应。一方面,不同类型的人文经济社会过程往往对应于不同的空间尺度,比如,国家宏观经济政策的实施对应于全国尺度,是全局空间过程,而某地招商引资政策的实施对应于本地尺度,是局部空间过程,全局空间过程与局部空间过程存在着显著的尺度差异。另一方面,某种人文经济社会现象往往可能是由多个不同尺度的空间过程共同决定的。比如,天气和潮汐就是由大量不同空间尺度的过程决定的;一国的工资水平以及商品和服务的价格往往受到国际的、本国的和地方的各种经济社会因素的影响;海洋鱼类密度的下降可能是全球气候变化和当地过度捕捞的函数;而传染病对社会的影响不仅取决于传染病扩散模式,在很大程度上也取决于当地的药物供应情况。可见,尺度不仅是描述和检索人文经济社会现象的重要参考,也是解释人文经济社会发展规律和打开社会复杂性黑箱的一把"钥匙"。然而,迄今为止,科学家们在建立具有跨尺度描述能力和解释能力的数学模型方面仍然缺乏强有力的理论与方法。虽然半参数地理加权回归在一定程度上能处理全局和局部的尺度问题,但是该方法仍然存在局限性:其假设所有局部系数空间过程的尺度是相同的。这显然是不切实际的,例如影响经济社会活动的某些变量的尺度是县域的,某些是市域的,某些是省域的,而且还有一些是全国都存在的,也就是全局的变量。

Fotheringham 等(2017)基于广义加性模型(Hastie 和 Tibshirani,1987;Everitt,2005)提出了多尺度地理加权回归。该方法对于每个自变量使用各自最优的带宽进行回归,从而基本解决了不同变量尺度和带宽不同的问题。地理加权回归规定各个变量的最优带宽相同,这通常反映了所有自变量最佳带宽的平均值,而多尺度地理加权回归则改进了这一点,其允许每个自变量的带宽是不同的。通过放宽所有局部系数的空间过程尺度是相同的这一假设,多尺度地理加权回归可以得到更为强大、更具解释力的模型。多尺度地理加权回归模型是试图揭示各种人文经济社会现象背后的多尺度动因与过程的前沿方法之一。与经典地理加权回归相比,多尺度地理加权回归主要有以下三点重要改善。第一,允许每个协变量各自不同的空间平滑水平解决了地理加权回归模型的缺陷。第二,这些协变量特定带宽可以用作每个空间过程作用的空间尺度的指标。第三,多带宽方法产生了更接近真实且有用的空间过程模型。相比于空间变系数模型,多尺度地理加权回归更为直观也更容易解释。

多尺度地理加权回归模型如下:

$$y_i = \sum_{j=1}^{k} \beta_{bwj}(u_i, v_i) x_{ij} + \varepsilon_i \qquad (7.34)$$

其中 bwj 代表了第 j 个变量回归系数使用的带宽。

多尺度地理加权回归的带宽选择准则依然延续使用地理加权回归的几种

经典的带宽选择准则:交叉确认准则或赤池信息量准则。

对于多尺度地理加权回归的估计,可以将该模型看成一个广义加性模型:

$$y = \sum_{j=1}^{k} f_j + \varepsilon \tag{7.35}$$

其中 $f_j = \beta_{bwj} x_j$。对于广义加性模型可以使用后退拟合算法来进行各个平滑项的拟合。后退拟合算法首先需要对所有的平滑项进行初始化设置,这意味着需要对多尺度地理加权回归模型中的各个系数首先进行一个初步的估计。初始化一般有 4 种选择:使用地理加权回归估计,使用半参数地理加权回归估计,使用最小二乘估计以及均设置为 0。在确定初始化设置之后,就可以计算真实值与后退拟合算法初始化的预测值之间的差距,也就是初始化残差 $\hat{\varepsilon}$:

$$\hat{\varepsilon} = y - \sum_{j=1}^{k} \hat{f}_j \tag{7.36}$$

然后该残差加上第一个加性项 $\hat{f}_1$ 在第一个自变量 X_1 上进行地理加权回归,找到最优的带宽 bw_1、一列新的参数估计 $\hat{f}_1$ 和 $\hat{\varepsilon}$ 来替换之前的估计。然后该过程在第二个变量 X_2 上重复并更新第二个变量的参数估计 $\hat{f}_2$ 和 $\hat{\varepsilon}$。然后重复进行直到最后一个自变量(第 k 个自变量)X_k。以上整体为第一步。之后每一步则是重复第一步,直到估计收敛到收敛准则为止就得到了多尺度地理加权回归模型估计量。其中收敛准则一般有两种设置方式。

(1) 残差平方和变化比例:

$$\mathrm{SOC}_{\mathrm{RSS}} = \left| \frac{\mathrm{RSS}_{\mathrm{new}} - \mathrm{RSS}_{\mathrm{old}}}{\mathrm{RSS}_{\mathrm{new}}} \right| \tag{7.37}$$

其中 $\mathrm{RSS}_{\mathrm{old}}$ 代表上一步残差平方和,$\mathrm{RSS}_{\mathrm{new}}$ 代表这一步残差平方和。

(2) 平滑项变化比例:

$$\mathrm{SOC}_f = \sqrt{\frac{\sum_{j=1}^{m} \sum_{i=1}^{n} (\hat{f}_{ij}^{\mathrm{new}} - \hat{f}_{ij}^{\mathrm{old}})^2}{n \sum_{j=1}^{m} \sum_{i=1}^{n} (\hat{f}_{ij}^{\mathrm{new}})^2}} \tag{7.38}$$

其中 $\hat{f}_{ij}^{\mathrm{old}}$ 代表上一步 f_{ij} 估计值,$\hat{f}_{ij}^{\mathrm{new}}$ 代表这一步 f_{ij} 估计值。

7.4 多尺度地理加权回归的统计推断

Fotheringham 等(2017)通过允许每个自变量单独获取各自带宽而将地理加权回归框架扩展为了多尺度地理加权框架。然而,目前多尺度地理加权回归框架中仍存在一定的局限性——没有局部参数估计的统计推断,在形式上即表现为缺少多尺度地理加权回归帽子矩阵的获取方式。这一统计量对于比较全局模型、地理加权回归和多尺度地理加权回归之间的差异和优劣是必不可少的。推导帽子矩阵,也称为投影矩阵或影响矩阵,对于地理加权回归中的推断统计量是至关重要的。帽子矩阵将真实值直接映射到拟合值,是 AIC_c、ENP 以及局部标准误等模型诊断指数所必需的。为了处理该问题,Yu 等(2019)合作解决了多尺度地理加权回归的统计推断问题。

地理加权回归模型中帽子矩阵 S 的每一行为

$$s_i = X_i (X^T W_i X)^{-1} X^T W_i \tag{7.39}$$

其中 X_i 是 X 的第 i 行,因此,帽子矩阵可以表示为

$$S = \begin{pmatrix} X_1 (X^T W_1 X)^{-1} X^T W_1 \\ \vdots \\ X_n (X^T W_n X)^{-1} X^T W_n \end{pmatrix}_{n \times n} \tag{7.40}$$

帽子矩阵 S 可以被分解为 k 个将 y 投影到加性项拟合值 $\hat{f}_{1,\cdots,k}$ 的加性投影矩阵 $R_{1,\cdots,k}$。$R_{1,\cdots,k}$ 具有以下两个性质:

$$\hat{f}_j = R_j y \tag{7.41}$$

这代表了 R_j 将 y 投影到 $\hat{f}_j$;

$$\hat{y} = Sy = \sum_{j=1}^{k} R_j y \tag{7.42}$$

从而可以得到 $\sum_{j=1}^{k} R_j = S$。

为了计算出 R_j，我们首先将 $\hat{f}_j$ 表达为列向量的形式：

$$\hat{f}_j = \begin{pmatrix} x_{1j}\hat{\beta}_{1j} \\ \vdots \\ x_{nj}\hat{\beta}_{nj} \end{pmatrix} \tag{7.43}$$

其中 x_{ij} 和 $\hat{\beta}_{ij}$ 分别是第 i 个空间单元的第 j 个自变量及其系数估计。

令 e_j 是 k 维单位矩阵的第 j 行，则

$$e_j = (\underbrace{0\cdots 0}_{j-1} \quad 1 \quad \underbrace{0\cdots 0}_{k-j}) \tag{7.44}$$

因此

$$\hat{\beta}_{ij} = e_j \hat{\beta}_i \tag{7.45}$$

其中 $\hat{\beta}_i$ 是第 i 个空间单元的 k 个参数估计的列向量。故而地理加权回归模型的估计公式等价于

$$\hat{\beta}_{ij} = e_j (X^T W_i X)^{-1} X^T W_i y \tag{7.46}$$

因此，可以定义出地理加权回归模型的广义加性模型形式的部分平滑估计项 $\hat{f}_j$ 为

$$\hat{f}_j = \begin{pmatrix} x_{1j} e_j (X^T W_1 X)^{-1} X^T W_1 \\ \vdots \\ x_{nj} e_j (X^T W_n X)^{-1} X^T W_n \end{pmatrix} y \tag{7.47}$$

有上述公式可以得到 R_j：

$$R_j = \begin{pmatrix} x_{1j} e_j (X^T W_1 X)^{-1} X^T W_1 \\ \vdots \\ x_{nj} e_j (X^T W_n X)^{-1} X^T W_n \end{pmatrix}_{n\times n} \tag{7.48}$$

综上即可以通过将地理加权回归模型视为广义加性模型而得到其帽子矩阵。进而地理加权回归加性系数投影矩阵为

$$M_j = \begin{bmatrix} e_j \ (X^T W_1 X)^{-1} \ X^T W_1 \\ \vdots \\ e_j \ (X^T W_n X)^{-1} \ X^T W_n \end{bmatrix}_{n \times n} \quad (7.49)$$

可以进一步得到：

$$\begin{bmatrix} \hat{\beta}_{1j} \\ \vdots \\ \hat{\beta}_{nj} \end{bmatrix} = M_j y \quad (7.50)$$

下一步将多尺度地理加权回归模型同样推导出类似的广义加性模型的形式并以此获得其帽子矩阵。

以地理加权回归为初始值的多尺度地理加权回归，在初始化过程中可以得到每一个加性投影矩阵R_j。以 0 值或者最小二乘估计为初始值的多尺度地理加权回归同理可以得到每一个加性投影矩阵 R_j，差异仅在于加性投影矩阵R_j的元素不同。0 值的加性投影矩阵R_j为零矩阵，最小二乘估计的加性投影矩阵如下：

$$R_j = \begin{bmatrix} x_{1j} e_j \ (X^T X)^{-1} \ X^T \\ \vdots \\ x_{nj} e_j \ (X^T X)^{-1} \ X^T \end{bmatrix}_{n \times n} \quad (7.51)$$

加性系数投影矩阵为

$$M_j = \begin{bmatrix} e_j \ (X^T X)^{-1} \ X^T \\ \vdots \\ e_j \ (X^T X)^{-1} \ X^T \end{bmatrix}_{n \times n} \quad (7.52)$$

给定初始的加性系数矩阵（可以是以最小二乘为初始值，也可以是以地理加权回归为初始值），多尺度地理加权回归以$\hat{f_j} + \hat{\varepsilon}$为因变量、$X_j$为自变量进行地理加权回归，并找到部分优化模型的最优带宽bw_j。令A_j是这个部分优化模型的帽子矩阵，C_j是这个部分优化模型的系数投影矩阵，可以得到

$$\hat{\beta}_j^* = C_j (\hat{f_j} + \hat{\varepsilon}) \quad (7.53)$$

因此
$$\widehat{f}_j^* = A_j(\widehat{f}_j + \widehat{\varepsilon}) \tag{7.54}$$

其中 $\widehat{f}_j$ 是上一步的第 j 个加性项，$\widehat{f}_j^*$ 是这一步新的第 j 个加性项，用于替换 $\widehat{f}$。

由于
$$\widehat{f}_j + \widehat{\varepsilon} = \widehat{f}_j + y - \sum_{j=1}^{k} \widehat{f}_j = R_j y + y - Sy \tag{7.55}$$

因此
$$\widehat{f}_j^* = A_j(\widehat{f}_j + \widehat{\varepsilon}) = A_j(\widehat{f}_j + y - \sum_{j=1}^{k} \widehat{f}_j) = A_j(R_j y + y - Sy)$$
$$= (A_j R_j + A_j - A_j S) y \tag{7.56}$$

所以多尺度地理加权回归的加性投影算子在这一步更新为
$$R_j^* = A_j R_j + A_j - A_j S \tag{7.57}$$

系数投影算子在这一步更新为
$$M_j^* = C_j R_j + C_j - C_j S \tag{7.58}$$

故而多尺度地理加权回归的帽子矩阵更新为
$$S^* = S - R_j + R_j^* \tag{7.59}$$

多尺度地理加权回归帽子矩阵获取伪代码如表 7.1 所示：

表 7.1 多尺度地理加权回归帽子矩阵获取伪代码

1: 使用地理加权回归 GWR$\{y \sim X\}$ 初始化 $\widehat{f}_{1 \cdots k}, \widehat{\varepsilon}, R_{1 \cdots k}, S$。
2: 持续循环直到 $\widehat{f}_{1 \cdots k}$ 收敛：
3:     for j 从 1 到 k：
4:         $\widehat{f}_j, \widehat{\varepsilon}, A_j \leftarrow$ GWR$\{\widehat{f}_j + \widehat{\varepsilon} \sim X_j\}$ 使用优化的 bw_j
5:         $R_j \leftarrow A_j R_j + A_j - A_j S$
6:         $M_j \leftarrow C_j R_j + C_j - C_j S$
7:         $S \leftarrow \sum_{1}^{k} R_j$
8:     结束 for 循环
9: 结束

现在，我们已经得到了多尺度地理加权回归的帽子矩阵和加性系数矩阵，

从而可以用它来推导标准误差的局部参数的估计和其他统计诊断。估计量可以写成

$$\widehat{\beta}_j = M_j y \tag{7.60}$$

因此参数估计$\widehat{\beta}_j$的方差为

$$\text{var}(\widehat{\beta}_j) = \text{diag}(M_j M_j^T \widehat{\sigma^2}) \tag{7.61}$$

其中，$\widehat{\sigma^2}$是多尺度地理加权回归的正态化残差平方和：

$$\widehat{\sigma^2} = \frac{\sum (y_i - \hat{y}_i)^2}{n - 2v_1 + v_2} \tag{7.62}$$

其中v_1和v_2分别为修正后的模型和残差的自由度：

$$v_1 = \text{trace}(S) \tag{7.63}$$

$$v_2 = \text{trace}(S^T S) \tag{7.64}$$

当所有位置的参数估计的方差得到后，便可以顺理成章地得到参数的标准误：

$$\text{SE}(\widehat{\beta}_j) = \sqrt{\text{var}(\widehat{\beta}_j)} \tag{7.65}$$

$$\text{SE}(\widehat{\beta}) = [\text{SE}(\widehat{\beta}_1), \text{SE}(\widehat{\beta}_2) \cdots \text{SE}(\widehat{\beta}_k)]_{n \times k} \tag{7.66}$$

从而可以类比经典地理加权回归进行伪T检验。其检验统计量如下：

$$\frac{\widehat{\beta}_{ij}}{\text{SE}(\widehat{\beta}_{ij})} \sim t_{n-2v1+v2} \tag{7.67}$$

除了通过分析方法来得到多尺度地理加权回归的帽子矩阵，还可以进一步探索多尺度地理加权回归帽子矩阵获取的数值方法。

帽子矩阵S将真实值y投影到了预测值$\hat{y}$。事实上，该方程的左右两边都是已知的，y是由数据而来，$\hat{y}$是由多尺度地理加权回归估计而来。而多尺度地理加权回归的估计步骤仅依赖于每个部分回归的最优带宽。因此，该回归过程通过保存每一步的最优带宽而确定。

当y为n阶单位阵的第m行时，$S \times y$是S的第m列。所以当我们将原来的y替换成n阶单位阵的第m列，然后重复多尺度地理加权回归的估计时（之

前通过保存每一步的最优带宽而确定下来,因此该过程不需要进行带宽选择),得到结果中的预测值 $\hat{y}$ 就是多尺度地理加权回归的第 m 列。将 y 分别替换成单位阵的 1 到 n 列,就能得到帽子矩阵的 1 到 n 列,将这 n 列合并即为多尺度地理加权回归的帽子矩阵。这与 Hastie 和 Tibshirani(1987)提出的广义加性模型帽子矩阵一般的计算方式相同。

7.5 研究案例:基于地理加权回归的中国 ICT 设备制造业动态空间分异

7.5.1 研究综述

随着中国经济的不断发展与结构升级,ICT 设备制造业现在已经成为世界各国关注的热点产业,也成为中国产业中的重要一环,其对于激发创新驱动力、推动经济增长具有至关重要的战略意义。ICT 设备制造业包括电子设备、通信设备、计算机、信息服务等产业,该产业越来越成为中国未来经济发展的重要推动力量。尤其自 20 世纪 90 年代以来,ICT 设备制造业行业规模年平均增长在 20% 以上,有研究表明其对中国经济增长的贡献率达到 18%,已经成为制造业中最重要的门类之一。有相关数据表明,中国 ICT 设备制造业在 2015 年 10 月的企业数量为 13 942 家,资产总计 6.4 万亿元,因此对 ICT 设备制造业的集聚和发展开展深入研究具有十分重要的政策指导意义。当前中国已进入经济发展新常态阶段,供给侧改革成为一大发展热点。要实行供给侧改革,就必须提高现有技术水平、向更高层次转移。首先,加快 ICT 设备制造业发展,能够为整体社会运行提供更为优化的平台。其次,随着经济不断发展,结构不断升级,中国经济的增长动力已经越来越依赖于创新驱动。ICT 设备制造业能够为产能供给提供动力,从而助力整体产业格局升级。再次,中国的制造业目前存在自主创新能力不强、产业结构失衡、资源利用效率和信息化水平都较低等问题,亟须突破现有格局,发展 ICT 设备制造业有利于提高整体创新水平、促进产业结构合理化、推动信息化建设,从而将技术资源转化为创新资产,激发新经济环境下的增长动力。从国家战略角度来说,中国需要以信息技术为支持来推行"一带一路"倡议,即"信息一带一路"带动"经济一带一路",其中信息技术将扮演重要角色。

从全球视角来看,制造业已经成为世界经济发展与竞争的制高点,美、德、英等国均提出"工业4.0"战略,以求获得进一步发展,而ICT设备制造业无疑是其中至关重要的一个环节。Porter(1990)在他的国家竞争力理论中认为人力资源、知识、技术和资本是高科技产业集聚的形成条件。其中,高品质人力资源是最重要的资源,知识资源是高科技企业重要的战略资源,技术基础设施是使高科技公司达到规模经济的必要条件,资本资源是厂商竞争力的主要来源。Grabher(1993)认为知识溢出的知识积累机制的存在使集聚的产业能够创造出独特的生产性知识、制度性知识,并通过知识溢出机制转化为集群的共享知识。Saxenian和Hsu(2001)提出高技术产业集聚是由企业和机构通过紧密的产业关联构成,集聚体内部易于形成各种专业性很强的生产、技术、信息、研究、人才、资金等投入要素。很多学者基于具体产业和地区对产业集聚的影响因素进行了实证研究。Sabourin和Pinsonneault(1997)在对生物科技产业集聚进行研究的基础上,进一步说明了波特所说的四个集聚要素间的关系,认为高品质人力资源具有关键地位,知识资源主要扮演着保护公司知识产权的角色,技术基础设施是产业集聚研发创新的基础,资本资源则具有推动企业技术发展和新产品研发的重要作用。Athreye(2004)详细解释了剑桥高技术产业集群产生的原因和相关企业进行区位选择时的考虑因素,这些企业认为剑桥园区良好的知识条件、充沛的人力资本,以及便利的港口条件是其中的关键性要素。此外,由于有相互联系的产业链存在于产业集聚体内,这就为企业获得投入品提供了方便的专业供应者,从而企业能够快速获得所需要的资源并对这些资源进行整合和配置,比如高科技企业在空间上的集中可以使高科技产业更加便利地获得相关配套产业的支持。随着全球进入信息化时代,知识、技术等影响因素对现代产业的发展发挥重要作用,相关研究也开始强调产业创新及知识外溢的影响。Saxenian(1994)对造成美国硅谷和128公路地区两大主要高科技基地的发展差异因素做了较为系统的比较分析,研究指出政策制度、社会环境和文化氛围对地区高技术产业发展具有决定性作用。部分学者通过对亚洲和非洲高科技产业集群的实证研究发现,知识溢出和技术共享是ICT等高技术产业发展的动力所在,基础结构、制度框架与法律制度是产业集群成功的必备条件。

自20世纪80年代以来,中国经济进入持续的高速发展阶段,GDP总值一跃成为世界第二。然而,在整体经济高速发展的同时,中国各地当前的经济差距却在不断扩大,在地区上出现了较为严重的贫富不均现象,一些落后地区的经济总量甚至只有发达地区的1/20。ICT产业的发展能够为其他产业的发展奠定技术基础,从而能够带动整体经济的提升与发展。而随着ICT设备制造业的不断发展,其对经济的贡献程度也越来越高,所以ICT产业发展的不平衡也会反过来作用于地方经济,使得各地区之间发展不平衡的问题更加突出。由于各地区在地理位置、区位条件、产业结构、历史积累、经济政策等各方面都有所不同,所以各产业发展条件也不同,影响ICT设备制造业发展的因素也并不相同。ICT设备制造业的发展不仅受到各种投入要素、产业集聚等的影响,也受到经济发展、自身环境等基础条件的综合影响。因此,各地ICT产业的具体发展情况与作用机制并不相同。

国内对于ICT设备制造业的研究首先主要使用如地理集中指数、区位基尼指数、行业集中度等方式来测定行业在全国范围内的集聚程度,然后分析和讨论随时间和空间上的产业聚集程度,而且多数研究将区域局限于产业集聚重点地区,如京津冀、长三角、重庆等地区。在国内ICT设备制造业集聚影响因素的实证研究中,大多是以地级市统计数据及规模以上企业数据等为研究样本,对该行业在全国范围或区域范围(如珠三角、某省份)内的某类重点要素,如FDI、经济水平、资本资源、政府政策、企业制度、市场规模、人力资本、技术知识、知识溢出、基础设施、集聚程度等进行全域计量回归,分析ICT设备制造业发展是否受这些因素的影响。综上所述,在目前的研究中,从全国各个不同城市出发,以局部尺度来研究ICT设备制造业的动态发展、影响因素、作用机制、区位差异仍处于空白。这方面的研究能够为该地区的具体政策制定提供参考,从而促进产业增长并进一步促进经济协调发展,这将对该地区的发展具有现实和战略双重意义。

7.5.2 数据来源

本案例数据来自 2003 年、2008 年和 2013 年地级市规模以上工业企业数据库,该数据统计了各地级市所辖 ICT 设备制造产业的总产值。选取这三年进行分析的原因有如下三点。首先,中国行业分类代码从 2003 年开始调整,2003 年前的数据参考意义较弱。其次,随着 2003 年后西部大开发深入进行以及 WTO 所带来的外商投资增加,国内外市场更加开放,加速了中国 ICT 设备制造业的发展。但 2008 年金融危机对全国 ICT 设备制造业产生了深远的影响,因此 2008 年也是一个非常重要的时间节点。最后,目前国内学者在研究制造业分布时使用的统计数据均停留在 2008 年金融危机之前,因而使用 2013 年规模以上工业企业数据对于阐释金融危机后中国 ICT 设备制造业地理格局变化具有很大意义。本案例基于中国的 628 个四位数行业对于 ICT 设备制造产业进行划分,参照 Porter(1998)的集群划分,选取如下四位数行业作为 ICT 设备制造产业:4011 通信传输设备制造、4012 通信交换设备制造、4013 通信终端设备制造、4014 移动通信及终端设备制造、4019 其他通信设备制造、4041 电子计算机整机制造、4042 计算机网络设备制造、4043 电子计算机外部设备制造、4051 电子真空器件制造、4052 半导体分立器件制造、4053 集成电路制造、4059 光电子器件及其他电子器件制造、4061 电子元件及组件制造、4062 印制电路板制造、4111 工业自动控制系统装置制造、4112 电工仪器仪表制造绘图、4113 计算及测量仪器制造、4114 实验分析仪器制造、4115 试验机制造、4119 供应用仪表及其他通用仪器制造、4121 环境监测专用仪器仪表制造、4122 汽车及其他用计数仪表制造、4123 导航、气象及海洋专用仪器制造、4124 农林牧渔专用仪器仪表制造、4125 地质勘探和地震专用仪器制造、4126 教学专用仪器制造、4127 核子及核辐射测量仪器制造、4128 电子测量仪器制造、4139 其他专用仪器制造、4140 钟表与计时仪器制造、6011 固定电信服务、6012 移动电信服务、6019 其他电信服务、

6020 卫星传输服务、6031 有线广播电视传输服务、6032 无线广播电视传输服务以及 6040 卫星传输服务。

7.5.3 模型设定

基于柯布-道格拉斯生产函数，ICT 设备制造业生产函数为

$$Y_i = C A_i^{\mu} L_i^{\alpha} K_i^{\beta} \tag{7.68}$$

其中，Y_i 代表 ICT 设备制造业产出，L_i 代表 i 劳动力要素投入水平，K_i 代表资本要素投入，A_i 代表技术投入量，C 为常数。两边同时取对数，得到经典线性模型：

$$\ln Y = \ln C + \mu \ln A + \alpha \ln L + \beta \ln K \tag{7.69}$$

根据柯布-道格拉斯生产函数，产出受到资本、人力和技术的影响。使用 FDI、资产总计作为资本的投入，使用年末从业人数作为人力的投入，以当地科研技术投入作为技术的投入，将该模型拓展到地理加权回归模型分年份进行回归，从而分析不同因素的影响如何随时间和空间而变化。

7.5.4 结果和分析

研究结果显示，2003 年、2008 年和 2013 年各地级市 ICT 设备制造业产值总和发生了巨大的变化。2003 年，ICT 设备制造业主要集中在东部地区的省会城市，尤其是京津冀、长三角和珠三角地区，北京、天津、东莞、深圳、上海和苏州可以达到 5 000 亿元以上规模，该产业在成渝经济区的发展较为初级，东北老工业基地中沈阳、大连发展较为突出，其他发展较好的地区包括山东半岛、武汉、长沙、福州等，产值均可以达到 500 亿元规模以上，西北地区只有兰州、西宁和乌鲁木齐在 5 亿元规模以上。2008 年，该产业在东部地区的产值增加十分明显，东部地区大部分城市都跳出了 5 亿元规模，进入 50 亿元规模以上，其中京津冀、长三角和珠三角产业集聚范围向外围扩大，带动效应明显，杭州、珠海、厦门、无锡、南京、惠州等城市进入 5 000 亿元规模"俱乐部"，随着西部大开发的深入，成渝经济区脱颖而出，达到 500 亿元规模以上，但东北老工业基地中的哈尔滨在 5 年内产值变化不大。2013 年，ICT 设备制造业向内地产业转移更加明

显,全面进入中部地区,中部地区大部分城市都可以达到 50 亿元以上规模,表现较为抢眼的是成渝经济区、东盟自贸区和兰西经济区,分别进入 5 000 亿元、500 亿元和 50 亿元产值规模以上,产业集聚明显,5 000 亿元产值规模俱乐部成员新增烟台、福州和徐州,表现不佳的是东北老工业基地,十年来该产业的增长速度大幅落后于全国。整体来说,十年来中国 ICT 设备制造业产业发展迅速,同时向内陆转移趋势明显,但西部地区和东北地区表现欠佳。

中国地级行政单位 2003 年、2008 年、2013 年的 ICT 设备制造业产值的 Moran's I 统计值全都通过 1% 的显著性水平检验且显著程度高,说明中国地级市 ICT 设备制造业产值分布存在显著正向空间自相关。因此,ICT 设备制造业在全国地级市中的空间分布并不是随机的,而是具有较高(低)产值的地区通常与附近较高(低)产值的地区相邻近,存在产业集聚现象。如表 7.2 所示,十年内 ICT 设备制造业产值的 Moran's I 统计值从 2003 年的 0.2151 下降到 2008 年的 0.1871,然后又攀升到 2013 年的 0.2368,表明这十年该产业的集聚程度在全国范围呈现 U 形变化。

表 7.2 全局 Moran's I 指数计算结果

年份	Moran's I	均值	标准差	p 值
2003	0.2151	−0.0024	0.0300	0
2008	0.1871	−0.0021	0.0311	0
2013	0.2368	−0.0042	0.0269	0

LISA 描述了十年间各地级市 ICT 设备制造业产值的局部空间自相关聚类现象。中东部地区大部分城市都不显著。2003 年只有长三角和珠三角少部分城市存在高—高集聚,且京津冀地区并不显著。2008 年最明显的是重庆地区在中部异军突起,存在明显高—低的自相关。这主要是由于 2008 年国家批准重庆市为信息产业高技术产业基地,华硕、富士康等著名企业陆续到重庆进行 ICT 设备的生产。其次,京津两市、长三角和珠三角地区存在高—高集聚的城市数量开始增多。最后,京津冀地区开始出现高—高集聚。2013 年,重庆市仍然存在高—低自相关,此时重庆市 ICT 设备制造业占规模以上工业企业总产

值的12%,已经成为重庆市的支柱产业,该产业对重庆工业增长的拉动达5%,已成为重庆工业第一增长动力。作为山东半岛制造业基地的青岛、烟台和威海等存在高—高集聚,表现抢眼。东盟自贸区中的南宁存在高—低的自相关,表明南宁产业突围较为明显,主要原因是南宁市ICT设备制造业在2007年后得益于富士康项目投产的带动,规模以上ICT设备制造业产值由2007年的9.16亿元提高到2012年的160.5亿元,2012年ICT设备制造业产值占南宁市规模以上工业比重达到7.64%。总体来说,中国ICT设备制造业产值空间自相关性较为明显,从2003年到2013年,在京津冀、长三角、珠三角、山东半岛制造业基地相关产业集聚逐渐加大,而重庆、东盟自贸区等重点区域和周围地区之间的差距逐渐加大,整个西部和东北地区属于ICT产业的低—低集聚区域,ICT产业较为薄弱。

为了讨论ICT设备制造业影响因素的时空变异,首先使用最小二乘法对2003年、2008年和2013年的ICT设备制造业产值进行全局回归分析。

如表7.3所示,回归结果表明,FDI、劳动力投入、资本投入和科研技术投入回归系数估计值为正。其中,FDI的系数估计值从2003年到2013年十年间逐渐变小,从全局的角度说明中国地级市ICT设备制造业对外资的依赖程度逐渐减弱。资本和劳动力的影响同样在十年间逐年变小,其中劳动力的影响下降最快。而科研技术投入的系数估计值逐渐变大,说明在技术驱动的ICT设备制造产业中,技术投入的作用越来越大。

表7.3 全局模型回归结果

变量	2003年回归系数	2008年回归系数	2013年回归系数
常数项	−1.892121	0.193243	0.791324
FDI	0.489762***	0.428937***	0.291743**
年末从业人数	0.584732**	0.412374**	0.067635*
资产总计	1.123976**	0.432814*	0.274616*
科研经费支出	0.320908**	0.328419**	0.483761**
R^2	0.578764	0.543828	0.538274
调整后R^2	0.567383	0.537462	0.502837

注:*** 为1%显著水平下显著,** 为5%显著水平下显著,* 为10%显著水平下显著。

为了更加全面和透彻地解释中国地级市 ICT 设备制造业产值的影响因素，尤其是对地级市尺度的空间异质性研究，进一步使用地理加权回归进行分析。

(一) FDI 影响的时空差异分析

FDI 对于 ICT 设备制造业的发展起到了促进作用，其具体表现包括以下几点。第一，弥补了中国工业化过程中资金不足的制约，提高了 ICT 产业投资水平。第二，跟随型和配套型外资加快了国外企业在中国的布局，促进国内 ICT 相关配套产业的发展。第三，促进国外技术向中国转移，加速中国相关企业技术发展。第四，加速中国相关产业人力资源水平的提升。

2003 年 FDI 的影响具有较强的空间分布差异，影响水平最高的地区主要集中在东南沿海地区、华北地区和东北地区。影响水平居中的地区是华中地区、重庆和四川等。出现这种空间分布的原因是很多外资企业进入中国时会选择东部沿海地区，因为这里经济发展条件较好、基础设施较为完善、政策较为有利等。

2008 年 FDI 的影响跟 2003 年相比已经发生较大的空间分布变化。FDI 影响水平最高的地区主要集中在东南沿海地区、长三角、珠三角和京津地区。影响水平居中的地区是东北地区、山东半岛等。从时间的尺度上来说，2008 年 FDI 的影响效应较 2003 年相比变弱很多。在 2003 年 FDI 影响较小的中原地区，2008 年甚至出现了影响不显著的状况。

2013 年，FDI 影响水平最高的地区和 2008 年类似，主要集中在东南沿海地区、长三角、珠三角和京津地区。影响水平居中的地区是黑龙江、重庆等。在 2003 年和 2008 年影响显著的山东半岛和辽宁半岛，2013 年 FDI 影响力变弱。总的来说，2013 年 FDI 的影响整体上弱于 2008 年，十年间 FDI 的影响呈现逐年变弱的趋势。

(二) 劳动力影响的时空差异分析

2003 年劳动力对 ICT 设备制造业的影响具有较强的空间异质性，影响水平最高的地区主要集中在长三角、珠三角、东北地区和山东半岛等。2003年，由于ICT设备制造业结构发展较为初级，中国这座"世界工厂"对于跨国企业的意义仅仅是可以提供廉价的劳动力。

劳动力的影响在2008年相较于2003年变动较大。影响水平最高的地区主要集中在东北地区，而产业较为发达的长三角地区已经不显著，珠三角地区劳动力的回归估计值也有明显下降。随着ICT设备制造业结构逐步升级，单纯的劳动力投入的影响已经开始逐渐变弱。只有在产业发展较为缓慢的东北地区，劳动力依旧是影响该产业发展的主导因素，这也从侧面反映出东北地区的ICT设备制造业产业发展程度较低。

劳动力的影响在2013年相较于2003年和2008年保持了逐渐减弱的趋势。影响水平最高的地区还是主要集中在东北地区，而产业较为发达的长三角、珠三角地区已经不显著，华中地区劳动力的回归估计值也有明显下降。随着ICT设备制造业结构逐步升级，产品迭代不断升级，单纯的劳动力投入的影响从2003年到2013年已经开始逐渐变弱。

(三)科研经费支出影响的时空差异分析

2003年科研经费支出的影响也具有较强的空间分布差异，影响水平最高的地区主要集中在珠三角地区、京津地区等。回归系数中位值出现在东北、山东、长三角等地区，而在湖北、湖南、重庆地区则出现了大面积的回归结果不显著，对比发现，对于这些地区的发展，技术投入的确不是主要的限制性因素。在全国范围内，科研经费投入影响最强的地区是北京。

2008年，科研经费支出影响水平最高的地区依旧集中在珠三角地区和京津地区等。重庆地区的回归系数变大，表明科研经费支出对于该地区的ICT设备制造产业发展的影响有所提升。

2013年科研投入的影响继续提升，且仍旧保持着空间差异。全国范围内大部分城市的技术投入的影响有所提升，影响水平最高的地区主要集中在珠三角地区、京津地区和长三角等地区。科研投入回归系数最强的地区是深圳，研发投入对于以华为为代表的信息产业跨国公司的发展具有非常重要的影响。

2003年、2008年和2013年科研经费支出的回归估计平均值为0.37、0.38和0.53。由此可见,各个地级市的科研经费支出十分显著地正向影响了ICT设备制造业的产值,并且回归估计值在这十年间逐渐攀升,表明科研经费的支出对于因变量的影响逐步变大。

(四)资本投入影响的时空差异分析

2003年资本对于ICT设备制造业的影响非常显著,且处于较高水平。2008年,资本的影响迅速减弱,其中东部沿海地区减弱的最多,而中部地区减弱的较少,从而导致中部地区成为受资本影响最大的地区。2013年大部分地区的资本影响都处于不显著的状态。十年间资本的系数变化表明ICT设备制造业对资本依赖逐渐降低,且东部地区对于资本的依赖下降最快。

7.5.5 结论

第一,中国ICT设备制造业空间集聚十分明显,该产业主要集中在东部沿海经济发达地区,重点集聚在珠三角、长三角、京津冀、重庆和山东半岛等地。2003年至2013年中国ICT设备制造业集聚程度先降后升,呈U形变化。中国ICT设备制造业产值空间自相关性较为明显,从2003年到2013年,在京津冀、长三角、珠三角、山东半岛制造业基地相关产业集聚逐渐加大,而重庆、东盟自贸区等重点区域和周围地区之间的差距逐渐加大,整个西部和东北地区的ICT设备制造业产业发展较为落后。

第二,通过地理加权回归模型分析发现影响中国ICT设备制造业的因素存在明显空间异质性,具体表现为:FDI对ICT设备制造业的发展有促进影响,作用的强度显示出了"东高西低"的区域不平衡;而产业越发达、技术越先进的地区,劳动力对产业发展的影响越小;科研经费支出对于ICT设备制造业发展有促进作用,空间分布上整体呈现"东高西低"的格局。

第三,FDI、劳动力、科研经费支出和资本的影响整体上随时间变化明显,且对于不同地级市空间单元的影响作用强度存在明显的时间上的变化,具体表现为:FDI 对 ICT 设备制造业的影响从 2003 年到 2013 年出现了非常明显的减弱趋势;从 2003 年到 2013 年,劳动力对于 ICT 设备制造业的发展一直有促进作用,但作用强度一直在下降;资本投入对中国 ICT 设备制造业发展影响呈逐年下降趋势,甚至出现了 2013 年大部分地区的固定资产投资对 ICT 设备制造业发展影响不显著的情况;从 2003 年到 2013 年,科研经费支出的作用逐年增大,逐渐成为影响 ICT 设备制造业发展的重要因素之一。

7.6 研究案例:基于多尺度地理加权回归的北京市住宅价格影响机制研究

7.6.1 研究综述

住宅价格是目前社会最为关心的问题之一,尤其在北京、上海等大城市,过高的房价正在驱逐着具有创新能力的年轻人。从居民需求来看,第六次普查数据显示,北京市城市居民人均居住面积 8 平方米以下户数占比达到 14.97%,远远高于全国户数比例 9.72%,其中,城市中心更是达到了 20%,住宅资源极其紧张。然而根据网易数据中心统计,目前北京市主城区商品房开发成本(含低价)只有每平方米 1 万元左右,而销售均价达到每平方米 6 万元左右,高出 5 倍以上。高房价已经成为目前社会亟待解决的问题之一,因此仍需要对目前住宅价格的影响机制进一步剖析。

传统的住宅价格研究往往将住宅视为一种同质性的标准商品,其区位特征、建筑属性和其他差异性特性多被忽略。住宅商品异质性的本质源于空间固定性,这一特性决定了其不能像食品、电器等同质商品一样被相互替换。Lancaster(1966)的异质性商品消费理论和 Rosen(1974)的隐性市场研究,奠定了异质性商品实证研究模型——特征价格模型的理论基础。从已有的研究来看,将住宅作为异质性商品的探讨多关注城市内部,且以价格分异及其机理研究为主。学者将目光聚焦于住宅自身属性对价格的影响,对宏观因素则考虑较少。

究其原因,学者们往往认为在同一城市可以假定宏观因素具有同质性,或者说宏观因素对房价的冲击是同方向的,效力差别不大,故这种忽略具有一定的合理性。传统基于最小二乘回归的实证研究假设所有特征因素都存在同质性。然而,诸多学者已经发现,一个地区的住宅市场并非同质统一,位于不同地理位置的住宅很可能具有不同的特征价格组合。例如,以 Schnare 和 Struyk(1976)为代表的市场细分理论认为一个地区的住宅市场可以分割为若干个子市场,每个子市场对应不同的特征价格函数,他们还通过实证研究证实,相对于统一市场,对每个细分子市场进行单独回归的结果拟合度更好。Goodman(1978)和 Fletcher 等(2000)则发现住宅年龄、房间数等特征因素在基于最小二乘回归模型的特征价格分析中存在异方差问题。这些研究都表明,不仅住宅商品具有异质性,住宅特征与价格之间的关系也具有异质性,又称空间非平稳性。当存在空间非平衡性时,变量间的结构或关系会随地理位置的变化而改变。从消费者理论出发,这种空间异质性是存在的,异质性商品给消费者带来的效用源自商品的属性特征。单位特征量给不同消费者带来的效用满足是不同的,取决于消费者对某一特征的偏好程度,这种偏好是会随商品其他特征属性的改变而改变的。以住宅为例,房价一定程度上反映了买房者对不同特征的偏好,由于不同消费者对房屋属性的需求和偏好程度不同,住宅的特征属性对房价的边际影响也不同。例如,城市中较老的房屋很少配有车库,所以这样房屋的配套车库的附加价值比其他房屋更高。

  国内外住宅价格空间异质性研究普遍验证了部分特征属性的空间异质性,且大量理论与实证研究发现,相比于经典的最小二乘回归,经典地理加权回归更适合揭示住宅价格特征。然而在既有研究中,学者对不同影响因素空间异质性的尺度差异研究甚少,而这恰恰是地理学研究的基本范畴。在北京市住宅价格影响机制中,异质性尺度的影响同样至关重要。北京不同行政区的功能定位和经济发展特点存在明显不同,人群收入、生活方式等方面也存在较大差异,因此不同地区的购房人群存在显著区别,也就造成了不同地区对不同住宅的偏好存在差异。这种偏好的空间异质性和空间尺度导致了住宅价格影响因素的空间异质性和空间尺度，因此不同影响因素存在不同的异质性和空间尺度，即在某个范围内作用大小相似，而超过这个范围后作用大小差异明显。北京的消费者对于区位非常敏感，区位一方面反映了交通的通达性，另一方面决定了公共服务和基础设施的优劣，所以区位对于房价的影响尺度非常小。相比而言，朝向、面积等因素对于房价的影响较为平稳，空间异质性不明显，因此其影响尺度较大。

7.6.2 数据来源

北京市住宅与城乡建设委员会将城市住宅分为城镇新建住宅和二手住宅两类。前者主要指在房地产市场第一次进行产权交易及网上签约的住宅，分为保障性住宅和新建商品住宅两类。后者则特指进入房屋市场进行交易、第二次及以上进行产权登记的住宅，包括二手商品住宅、允许上市交易的已售公房等。自2008年起，二手住宅已经成为北京市住宅交易的主角，且成交占比连年上升，在2015—2016年甚至达到95%以上。因此，二手住宅不仅为北京市住宅市场的研究提供了更加充足的样本，而且更具代表性。此外，在空间布局方面，随着城市的持续大规模扩张，新建住宅格局的重心不断向外漂移，相比之下，二手住宅的空间布局更为均质，这更加有利于进行空间数据分析。

本案例选取2015—2016年的北京市六环内二手住宅为研究对象。剔除信息严重不完整、信息明显有误的数据之后，共有81 439个样本，它们主要来自1 946个不同的小区，即平均每个小区约有40套住宅交易记录。由于多尺度地理加权回归计算量大，为了降低样本数量，基于在每个小区分层抽样得到1 946个样本［多尺度地理加权回归属于大模型，计算量巨大，借鉴Li等（2019）提出的Fast GWR算法，使用主频为2.71GHZ的Intel Core i5-7200U处理器，对1 946个样本进行计算，计算时间为12小时］。

研究数据来自链家地产网。链家地产在北京市二手住宅市场的份额占50%以上，在中介机构中排名第一，其二手住宅成交记录的代表性较强。

住宅样本坐标信息来自2016年北京市遥感影像图。由于百度地图、

Google 地图等网络地图资源的坐标信息进行过内部加密转换,因此与实际坐标位置存在偏差,为避免由地理坐标不准确而导致的实证偏误,我们应用北京市最新遥感影像地图获取住宅样本的坐标信息。

7.6.3 模型设定

特征价格模型的一般形式为:$P = f(Z_1, Z_2, \cdots, Z_n)$,其中,$Z_i (i = 1, \cdots, n)$ 表示商品的第 i 项特征属性值。特征价格理论从商品异质性出发,认为人们消费商品的效用并非来自商品本身,而是来自商品所具有的属性或特征,并从中获得效用和满足。每种特征对价格的影响称为这一特征的特征价格。特征价格模型往往通过回归方程进行特征价格的求解,因此模型函数具体形式的选择将直接影响分析的结果。目前文献中最常用的函数形式包括线性、对数、半对数等,但学者们对于哪种函数形式最优一直存在争论。本案例使用最常用的线性形式的特征价格模型。参考国内外相关理论及研究成果,并考虑到数据可得性、局部共线性等问题,案例以住宅单价为因变量,自变量选择如表 7.4 所示。其中,由于经典地理加权回归和多尺度地理加权回归的常数项表示了在其他自变量确定的情况下,不同位置对于因变量的影响大小,即区位对于房价的影响,因此常数项可以捕获包括了该位置的交通、教育、环境等由位置唯一确定的因素对于房地产价格的影响。此外,通过专家法将北京房屋朝向的优劣进行评分如下:北朝向 0 分,西北朝向 1 分,东北朝向 2 分,西朝向 3 分,东西朝向 4 分,

表 7.4 变量描述

变量名称	英文简写	单位	变量描述
常数项	Constant	万元	模型的截距项,反映了区位的影响
成交月	Month	月	成交时间距 2015 年 1 月的月份数
面积	Area	平方米	住宅面积
卧室数量	Bed	间	住宅卧室数量
朝向	Direction	分	北朝向为 0,西北朝向为 1,东北朝向为 2,西朝向为 3,东西朝向为 4,东朝向为 5,西南朝向为 6,东南朝向为 7,南朝向为 8,南北通透为 9
楼龄	Age	年	房屋建成年龄,即 2016 年与建成年差值

东朝向 5 分,西南朝向 6 分,东南朝向 7 分,南朝向 8 分,南北通透 9 分。

多尺度地理加权回归模型如下:

$$y_i = \sum_{j=1}^{k} \beta_{bwj}(u_i,v_i)x_{ij} + \varepsilon_i \tag{7.70}$$

其中 bwj 代表了第 j 个变量回归系数使用的带宽。

多尺度地理加权回归的每个回归系数 β_{bwj} 都是基于局部回归得到的,且带宽具备特异性,而这也是其与经典地理加权回归的最大差异,在经典地理加权回归模型中,β_{bwj} 的所有变量带宽相同。多尺度地理加权回归的核函数和带宽选择准则依然沿用经典地理加权回归的几种经典的核函数和带宽选择准则,本案例使用最为常用的二次核函数和 AICc 准则。

7.6.4 结果和分析

北京市的二手住宅单价格局存在明显的圈层结构,具体表现为:中心高,外围低,西北高,东南低,高值住宅普遍位于西二环、北二环、中关村和国贸 CBD 地区。整体上房屋单价由三环路、四环路分割,三环路以内属于单价最高的区域,单价在 6 万元以上;三环到四环之间属于单价居中的区域,单价在 4 万到 6 万之间;超过四环后价格迅速降低,单价在 1.7 万到 4 万之间。

进一步使用 LISA 探索成交单价的空间自相关模式。由成交单价的 LISA 图可以看出,二手住宅单价呈现明显的空间正自相关。在四环以内出现显著的"高—高"集聚区,以外则以"低—低"集聚区为主。

如表 7.5 所示,多尺度地理加权回归拟合优度 R^2 高于经典地理加权回归,且 AICc 值低于经典地理加权回归,由此可以判定,多尺度地理加权回归的结果优于经典地理加权回归。在有效参数数量方面,多尺度地理加权回归更小,残差平方和也更小,说明其使用更少的参数便得到了更接近真实值的回归结果。因此,不论以哪种模型指标和准则来看,多尺度地理加权回归均要优于经典地理加权回归。此外,从整体的回归系数来看,多尺度地理加权回归的各个系数在整体上均显著,而经典地理加权回归除常数项以外其他系数整体上均不显著。二手住宅交易中这些变量均不显著是非常不合理的,而这也表明经典地理加权回归由于忽略了各个变量作用尺度的多样化,造成了回归系数中存在大量噪声和偏误,进而导致回归系数的不稳健。所以在房价分析中,多尺度地理加权回归更为适合。

表 7.5 经典地理加权回归与多尺度地理加权回归模型指标

模型指标	多尺度地理加权回归	经典地理加权回归
拟合优度 R^2	0.8762	0.8636
AICc	4538.9	4850.3
有效参数数量 v_1	361.13	400.75
残差平方和	742.86	818.48

多尺度地理加权回归能够直接反映不同变量的差异化作用尺度,而经典地理加权回归则只能反映出各个变量作用尺度的平均值。经典地理加权回归模型的带宽为 71,占总样本数量(1 946)的 3.6%,而通过计算多尺度地理加权回归,作者发现不同变量的作用尺度差异很大,具体可见表 7.6。常数项代表交通便利程度、是否是学区房、建成环境等各类区位因素对于房价的影响,其作用尺度为 16,占总样本数量的 0.8%,远低于其他变量的作用尺度。北京六环内的面积约为 2 267 平方千米,0.8% 的面积就是 18.1 平方千米,平均意义上来看,该尺度接近于北京市街道尺度,而对于城市中心的样本点来说,该尺度接近于社区尺度。这一方面说明区位的价值在街道行政区大小的范围内基本相同,一旦超过,则会出现剧烈变化;另一方面也说明住宅价格对于区位非常敏感。成交月的作用尺度是所有变量中最大的,为 466,占总样本的 1/4,接近区尺度,这说明价格随时间的涨幅在空间上的变化较为平稳。房屋面积的作用尺度很小,为 228,占总样本的 1/10,说明面积存在的空间异质性较大。卧室数量的作用尺度为 415,占总样本的 1/5,属于偏大尺度,存在中等空间异质性。房屋朝向的作用尺度为 339,占总样本的 1/6,同样属于中等空间异质性。楼龄的作用尺度为 258,占总样本的 1/8,存在较大的空间异质性。

表 7.6 经典地理加权回归与多尺度地理加权回归模型带宽

变量	多尺度地理加权回归带宽	经典地理加权回归带宽
常数项	16	71
成交月	466	71
面积	228	71
卧室数量	415	71
朝向	339	71
楼龄	258	71

常数项所反映的区位对于房价有正向影响，且表现出明显的圈层结构。东二环到东三环之间的 CBD 地区、西二环到西三环之间、中关村以及北二环沿线区域出现明显的高值，其他地区的区位价格则随距离城市中心的距离而递减。常数项取值在 0.97 到 8.34 之间，均值为 3.02，标准差为 1.3，这说明北京市六环内区位价格在每平方米 0.97 万元到 8.34 万元之间，平均的区位价格在 3 万元左右，且不同区位对于住宅单价的影响差异很大。由上下四分位数可以得到，区位价格主要分布在每平方米 2 万元到 4 万元的区间中。从系数绝对值来看，其影响强度在所有变量中最大。

成交月具备显著的正向影响，与 2015—2016 年北京各地区房价上涨的事实相符合。房价随时间推移而升高的趋势延东南向西北方向逐级升高，海淀区与西城区的影响程度最高，东部地区，特别是通州地区的影响程度相对较弱，说明 2015 年通州房屋限购政策对于通州房价的增长具有一定的抑制作用。成交月系数取值在 0.116 到 0.172 之间，均值为 0.142，标准差为 0.015，这说明 2015—2016 年北京市六环内住宅价格的涨幅在每月 0.116 万元到 0.172 万元之间，平均涨幅为每月 0.142 万元，各地区涨幅差异较小。从系数绝对值来看，其影响强度在所有变量中居中。

面积因素显著负向影响房价，反映出大户型房屋由于面积大从而总价高，导致需求减少，进而单价降低。东二环、东三环之间的 CBD 地区面积影响最大，同时该地区的单价也是最高的，因而对于面积因素非常敏感。其次是石景山地区，该地区房价相对较低，购房者的购买能力也较低，因此对于面积也很敏感。面积因素对于通州、东四环、西三环地区的影响居中,在西二环、天通苑地区,面积的影响较弱。面积系数取值在 -0.01517 到 -0.00429 之间,均值为 -0.00992,标准差为 0.002316,这说明面积每增加1平方米,住宅单价降低429元到1517元,平均降低992元,该影响因素各地区差异较大。从系数绝对值来看,其影响强度较弱。

卧室数量反映出购房者对于房屋结构的偏好,总体上卧室数量正向影响房屋价格。在面积相同的情况下,购房者更倾向于购买卧室数量多的房屋,从而导致这一类房屋的单价更高。卧室数量的影响强度从西北向东南递减。卧室数量系数取值在 0.23 到 0.53 之间,均值为 0.42,标准差为 0.08,这说明在面积相同的情况下,每增加1个卧室会使住宅单价平均提高0.42万元。整体上各地区卧室数量的影响差异不大。从系数绝对值来看,其影响强度居中。

房屋朝向同样正向影响房屋单价,房屋朝向越好,单价越高,且该因素影响大小由北向南递减。房屋朝向系数取值在 0.0850 到 0.2377 之间,均值为 0.161,标准差为 0.042,这说明房屋朝向每提升一个等级,房屋单价提高850元到2377元,平均提高1612元,且各地区差异较大。本案例将房屋朝向分为10个等级,因此最差的朝向与最好的朝向之间的单价差异巨大,在0.765万元到2.142万元之间,平均值为1.449万元,这意味着朝向是住宅价格影响因素中仅次于区位的重要因素。考虑到10个等级的差异,其影响强度仅次于区位因素。

楼龄对于房屋单价的影响体现出中心城区影响较弱而外围地区影响较强的特征。这是由于中心城区楼龄普遍较高,购房者对此不敏感,而近郊区、远郊区的"年轻"楼盘占比相对较高,平均来说楼龄越小其房屋品质越高,因而单价越高。楼龄系数取值在 -0.08664 到 -0.03357 之间,均值为 -0.05842,标准差为0.0122,这说明楼龄每增加1年,住宅价格降低336元至866元之间,平均降低584元,反映了楼龄对于房价的负向影响在各地差异不大,且其影响强度较弱。更多信息可参见表7.7。

表 7.7 多尺度地理加权回归系数统计描述

	最小值	下四分位数	中位数	上四分位数	最大值	均值	标准差
常数项	0.971404	2.037807	2.70672	3.926451	8.342331	3.020665	1.30449
成交月	0.116498	0.136743	0.15012	0.161594	0.172149	0.148309	0.015336
卧室数量	0.23077	0.387436	0.430072	0.485059	0.539026	0.419435	0.077319
面积	−0.01517	−0.01085	−0.00997	−0.00862	−0.00429	−0.00992	0.002316
朝向	0.08497	0.124592	0.153696	0.198675	0.237663	0.161206	0.042006
楼龄	−0.08664	−0.06745	−0.06001	−0.04823	−0.03357	−0.05842	0.012203

7.6.5 结论

基于多尺度地理加权回归和特征价格模型,结合北京市二手住宅交易数据,本案例对 2015—2016 年北京市二手住宅价格的空间分异和空间尺度差异进行了研究,结论如下:

第一,与经典地理加权回归相比,多尺度地理加权回归的结果更为可靠。以往基于经典地理加权回归模型的研究可能存在一定的不稳健,这主要是由于多尺度地理加权回归能够捕捉到不同变量的不同影响尺度,从而避免了捕获太多的噪声和偏误,因此是否考虑影响因素的空间尺度将对模型的结果和分析产生非常巨大的影响。

第二,房价对区位非常敏感,且存在很强的空间异质性,区位的影响尺度是所有变量中最小的,接近于街道尺度。其他影响因素同样存在空间异质性,其空间尺度由小到大分别为面积、楼龄、朝向、卧室数量和成交时间。这些变量对于房价的影响在空间上变化相对平稳,尺度接近于行政区尺度。

第三,区位、朝向、卧室数量、成交时间均正向影响房价,而面积和楼龄负向影响房价。在这些影响因素中,区位是影响房价的最主要因素,其次是朝向,成交时间和卧室数量对于房价的影响居中,而面积和楼龄的影响最弱。

参考文献

Akaike, H. (1979). A Bayesian Extension Of The Minimum AIC Procedure Of Autoregressive Model Fitting. *Biometrika*, 66(2), 237-242.

Amaral, P. V., & Anselin, L. (2014). Finite Sample Properties Of Moran's I Test For Spatial Autocorrelation In Tobit Models. *Papers In Regional Science*, 93(4), 773-781.

Andersson, M., Klaesson, J., & Larsson, J. P. (2016). How Local Are Spatial Density Externalities? Neighbourhood Effects In Agglomeration Economies. *Regional Studies*, 50(6), 1082-1095.

Anselin, L. (1980). Estimation Methods For Spatial Autoregressive Structures. Cornell University, Ithaca.

Anselin, L. (1982). A Note On Small Sample Properties Of Estimators In A First-Order Spatial Autoregressive Model. *Environment And Planning A*, 14(8), 1023-1030.

Anselin, L. (1984). Specification Tests On The Structure Of Interaction In Spatial Econometric Models. *Papers In Regional Science*, 54(1): 165-182.

Anselin, L. (1986). Non-Nested Tests On The Weight Structure In Spatial Autoregressive Models: Some Monte Carlo Results. *Journal Of Regional Science*, 26(2), 267-284.

Anselin, L. (1988a). Spatial Econometrics: *Methods And Models*. Kluwer Academic Publishers, Dordrecht.

Anselin, L. (1988b). A Test For Spatial Autocorrelation In Seemingly Unrelated Regressions. *Economics Letters*, 28(4), 335-341.

Anselin, L. (1988c). Lagrange Multiplier Test Diagnostics For Spatial Dependence And Spatial Heterogeneity. *Geographical Analysis*, 20(1), 1-17.

Anselin, L. (1988d). Model Validation In Spatial Econometrics: A Review And Evaluation Of Alternative Approaches. *International Regional Science Review*, 11(3), 279-316.

Anselin, L. (1990a). Some Robust Approaches To Testing And Estimation In Spatial Econometrics. *Regional Science And Urban Economics*, 20(2), 141-163.

Anselin, L. (1990b). Spatial Dependence And Spatial Structural Instability In Applied Regression Analysis. *Journal Of Regional Science*, 30(2), 185-207.

Anselin, L. (1992). Space And Applied Econometrics: Introduction. *Regional Science And Urban Economics*, 22(3), 307-316.

Anselin, L. (1995). Local Indicators Of Spatial Association—LISA. *Geographical Analysis*, 27(2), 93-115.

Anselin, L. (1998). GIS Research Infrastructure For Spatial Analysis Of Real Estate Markets. *Journal Of Housing Research*, 9(1), 113-133.

Anselin, L. (2000). Computing Environments For Spatial Data Analysis. *Journal Of Geographical Systems*, 2(3), 201-220.

Anselin, L. (2001). Rao's Score Test In Spatial Econometrics. *Journal Of Statistical Planning And Inference*, 97(1), 113-139.

Anselin, L. (2003). Spatial Externalities, Spatial Multipliers, And Spatial Econometrics. *International Regional Science Review*, 26(2), 153-166.

Anselin, L. (2006). Spatial Econometrics. In: Mills, T., Patterson, K. (Eds) Palgrave Handbook Of Econometrics: Volume 1, *Econometric Theory*. Palgrave Macmillan, Basingstoke.

Anselin, L. (2010). Thirty Years Of Spatial Econometrics. *Papers In Regional Science*, 89(1), 3-25.

Anselin, L., & Florax, R. (1995). *New Directions In Spatial Econometrics*. Berlin: Springer-Verlag.

Anselin, L., & Griffith, D. A. (1988). Do Spatial Effects Really Matter In Regression Analysis?. *Papers In Regional Science*, 65(1), 11-34.

Anselin, L., & Hudak, S. (1992). Spatial Econometrics In Practice: A Review Of Software Options. *Regional Science And Urban Economics*, 22(3), 509-536.

Anselin, L., & Kelejian, H. H. (1997). Testing For Spatial Error Autocorrelation In The Presence Of Endogenous Regressors. *International Regional Science Review*, 20(1-2), 153-182.

Anselin, L., & Rey, S. J. (1991). Properties Of Tests For Spatial Dependence In Linear Regression Models. *Geographical Analysis*, 23(2), 112-131.

Anselin, L., & Rey, S. J. (1997). Introduction To The Special Issue On Spatial Econometrics. *International Regional Science Review*, 20(1-2), 1-7.

Anselin, L., & Smirnov, O. (1996). Efficient Algorithms For Constructing Proper Higher Order Spatial Lag Operators. *Journal Of Regional Science*, 36(1), 67-89.

Anselin, L., Bera, A. K., Florax, R., & Yoon, M. J. (1996). Simple Diagnostic Tests For Spatial Dependence. *Regional Science And Urban Economics*, 26(1), 77-104.

Arora, S. S., & Brown, M. (1977). Alternative Approaches To Spatial Autocorrelation: An Improvement Over Current Practice. *International Regional Science Review*, 2(1), 67-78.

Arthur, W. B. (1989). Competing Technologies, Increasing Returns, And Lock-In By Historical Events. *The Economic Journal*, 99(394), 116-131.

Aten, B. H. (1996). Evidence Of Spatial Autocorrelation In International Prices. *Review Of Income And Wealth*, 42(2), 149-163.

Aten, B. H. (1997). Does Space Matter? International Comparisons Of The Prices Of Tradables And Nontradables. *International Regional Science Review*, 20(1-2), 35-52.

Athreye, S. (2004). Agglomeration And Growth: A Study Of The Cambridge High-Tech Cluster. In: Bresnahan, T., & Gambardella, A. (Eds) *Building High-Tech Cluster Silicon Valley And Beyond*. Cambridge: Cambridge University Press.

Atkinson, P. M., German, S. E., Sear, D. A., & Clark, M. J. (2003). Exploring The Relations Between Riverbank Erosion And Geomorphological Controls Using Geographically Weighted Logistic Regression. *Geographical Analysis*, 35(1), 58-82.

Audretsch, D. B., & Feldman, M. P. (1996). R&D Spillovers And The Geography Of Innovation And Production. *The American Economic Review*, 86(3), 630-640.

Audretsch, D. B., Lehmann, E. E., & Warning, S. (2005). University Spillovers And New Firm Location. *Research Policy*, 34(7), 1113-1122.

Baltagi, B. H., & Li, D. (2001a). Double Length Artificial Regressions For Testing Spatial Dependence. *Econometric Reviews*, 20(1), 31-40.

Baltagi, B. H., & Li, D. (2001b). LM Tests For Functional Form And Spatial Error Correlation. *International Regional Science Review*, 24(2), 194-225.

Baltagi, B. H., & Li, D. (2006). Prediction In The Panel Data Model With Spatial Correlation: The Case Of Liquor. *Spatial Economic Analysis*, 1(2), 175-185.

Baltagi, B. H., Kelejian, H. H., & Prucha, I. R. (2007). Analysis Of Spatially Dependent Data. *Journal Of Econometrics*, 140(1), 1-4.

Baltagi, B. H., Song, S. H., & Koh, W. (2003). Testing Panel Data Regression Models With Spatial Error Correlation. *Journal Of Econometrics*,

117(1), 123-150.

Baltagi, B. H., Song, S. H., Jung, B. C., & Koh, W. (2007). Testing For Serial Correlation, Spatial Autocorrelation And Random Effects Using Panel Data. *Journal Of Econometrics*, 140(1), 5-51.

Barro, R. J. & Sala-i-Martin, Xavier. (1995). *Economic Growth*. New York: McGraw-Hill.

Barry, R. P., & Pace, R. K. (1999). Monte Carlo Estimates Of The Log Determinant Of Large Sparse Matrices. *Linear Algebra And Its Applications*, 289(1-3), 41-54.

Bartels, C. P., & Hordijk, L. (1977). On The Power Of The Generalized Moran Contiguity Coefficient In Testing For Spatial Autocorrelation Among Regression Disturbances. *Regional Science And Urban Economics*, 7(1-2), 83-101.

Basu, S., & Thibodeau, T. G. (1998). Analysis Of Spatial Autocorrelation In House Prices. *The Journal Of Real Estate Finance And Economics*, 17(1), 61-85.

Bell, K. P., & Bockstael, N. E. (2000). Applying The Generalized-Moments Estimation Approach To Spatial Problems Involving Micro-Level Data. *Review Of Economics And Statistics*, 82(1), 72-82.

Berry, B. J. L., & Marble, D. F. (1968). *Spatial Analysis: A Reader In Statistical Geography*. Englewood Cliffs: Prentice-Hall.

Besag, J. (1974). Spatial Interaction And The Statistical Analysis Of Lattice Systems. *Journal Of The Royal Statistical Society*. Series B (Methodological), 192-236.

Besag, J. E., & Moran, P. A. (1975). On The Estimation And Testing Of Spatial Interaction In Gaussian Lattice Processes. *Biometrika*, 62(3), 555-562.

Bivand, R. S. (1984). Regression Modeling With Spatial Dependence: An Application Of Some Class Selection And Estimation Methods. *Geographical Analysis*, 16(1), 25-37.

Bivand, R., & Szymanski, S. (1997). Spatial Dependence Through Local Yardstick Competition: Theory And Testing. *Economics Letters*, 55(2), 257-265.

Bivand, R., Hauke, J., & Kossowski, T. (2013). Computing The Jacobian In Gaussian Spatial Autoregressive Models: An Illustrated Comparison Of Available Methods. *Geographical Analysis*, 45(2), 150-179.

Blommestein, H. J. (1983). Specification And Estimation Of Spatial Econometric Models: A Discussion Of Alternative Strategies For Spatial Economic Modelling. *Regional Science And Urban Economics*, 13(2), 251-270.

Blommestein, H. J. (1985). Elimination Of Circular Routes In Spatial Dynamic Regression Equations. *Regional Science And Urban Economics*, 15(1), 121-130.

Blommestein, H., & Nijkamp, P. (1986). Testing The Spatial Scale And The Dynamic Structure In Regional Models (A Contribution To Spatial Econometric Specification Analysis). *Journal Of Regional Science*, 26(1), 1-17.

Bockstael, N. E. (1996). Modeling Economics And Ecology: The Importance Of A Spatial Perspective. *American Journal Of Agricultural Economics*, 78(5), 1168-1180.

Bodson, P., & Peeters, D. (1975). Estimation Of The Coefficients Of A Linear Regression In The Presence Of Spatial Autocorrelation. An Application To A Belgian Labour-Demand Function. *Environment And Planning A*, 7(4), 455-472.

Bolduc, D., Fortin, B., & Gordon, S. (1997). Multinomial Probit Estimation Of Spatially Interdependent Choices: An Empirical Comparison Of Two New Techniques. *International Regional Science Review*, 20(1-2), 77-101.

Brandsma, A. S., & Ketellapper, R. H. (1979). A Biparametric Approach To Spatial Autocorrelation. *Environment And Planning A*, 11(1), 51-58.

Brett, C., & Pinkse, J. (1997). Those Taxes Are All Over The Map! A Test For Spatial Independence Of Municipal Tax Rates In British Columbia. *International Regional Science Review*, 20(1-2), 131-151.

Brunsdon, C., Fotheringham, A. S., & Charlton, M. E. (1996). Geographically Weighted Regression: A Method For Exploring Spatial Nonstationarity. *Geographical Analysis*, 28(4), 281-298.

Brunsdon, C., Fotheringham, A. S., & Charlton, M. E. (1999). Some Notes On Parametric Significance Tests For Geographically Weighted Regression. *Journal Of Regional Science*, 39(3), 497-524.

Burridge, P. (1980). On The Cliff-Ord Test For Spatial Correlation. *Journal Of The Royal Statistical Society*. Series B (Methodological), 42(1), 107-108.

Burridge, P. (1981). Testing For A Common Factor In A Spatial Autoregression Model. *Environment And Planning A*, 13(7), 795-800.

Can, A. (1996). Weight Matrices And Spatial Autocorrelation Statistics Using A Topological Vector Data Model. *International Journal Of Geographical Information Systems*, 10(8), 1009-1017.

Can, A. (1998). GIS And Spatial Analysis Of Housing And Mortgage Markets. *Journal Of Housing Research*, 9(1), 61-86.

Caniels, M. (2000). *Knowledge Spillovers And Economic Growth: Regional Growth Differentials Across Europe*. Heerlen: Edward Elgar Publishing.

Case, A. C. (1992). Neighborhood Influence And Technological Change. *Regional Science And Urban Economics*, 22(2), 491-508.

Case, A. C., Rosen, H. S., & Hines Jr, J. R. (1993). Budget Spillovers And Fiscal Policy Interdependence: Evidence From The States. *Journal Of Public Economics*, 52(3), 285-307.

Casella, G., & George, E. I. (1992). Explaining The Gibbs Sampler. *The American Statistician*, 46(3), 167-174.

Casetti, E. (1972). Generating Models By The Expansion Method: Applications To Geographical Research. *Geographical Analysis*, 4(1), 81-91.

Casetti, E. (1986). The Dual Expansion Method: An Application For Evaluating The Effects Of Population Growth On Development. *IEEE Transactions On Systems, Man, And Cybernetics*, 16(1), 29-39.

Casetti, E. (1997). The Expansion Method, Mathematical Modeling, And Spatial Econometrics. *International Regional Science Review*, 20(1-2), 9-33.

Cheshire, P. C., & Malecki, E. J. (2004). Growth, Development, And Innovation: A Look Backward And Forward. In: Florax, R., Plane, D. A. (Eds) *Fifty Years Of Regional Science*. Berlin: Springer-Verlag.

Chica Olmo, J. (1995). Spatial Estimation Of Housing Prices And Locational Rents. *Urban Studies*, 32(8), 1331-1344.

Chun, Y. (2008). Modeling Network Autocorrelation Within Migration Flows By Eigenvector Spatial Filtering. *Journal Of Geographical Systems*, 10(4), 317-344.

Chun, Y., & Griffith, D. A. (2011). Modeling Network Autocorrelation In Space-Time Migration Flow Data: An Eigenvector Spatial Filtering Approach. *Annals Of The Association Of American Geographers*, 101(3), 523-536.

Cliff, A., & Ord, J. K. (1972). Testing For Spatial Autocorrelation Among Regression Residuals. *Geographical Analysis*, 4(3), 267-284.

Cliff, A., & Ord, J. K. (1973). *Spatial Autocorrelation*. London: Pion.

Cliff, A., & Ord, J. K. (1981). *Spatial Processes: Models And Applications*. London: Pion.

Conley, T. G. (1999). GMM Estimation With Cross Sectional Dependence.

Journal Of Econometrics, 92(1), 1-45.

Cook, D. G., & Pocock, S. J. (1983). Multiple Regression In Geographical Mortality Studies, With Allowance For Spatially Correlated Errors. *Biometrics*, 39(2), 361-371.

Cressie, N., & Read, T. R. (1989). Spatial Data Analysis Of Regional Counts. *Biometrical Journal*, 31(6), 699-719.

Curry, L. (1970). Univariate Spatial Forecasting. *Economic Geography*, 46(Sup1), 241-258.

Da Silva, A. R., & Fotheringham, A. S. (2016). The Multiple Testing Issue In Geographically Weighted Regression. *Geographical Analysis*, 48(3), 233-247.

Dixon, R., & Thirlwall, A. P. (1975). A Model Of Regional Growth-Rate Differences On Kaldorian Lines. *Oxford Economic Papers*, 27(2), 201-214.

Doreian, P. (1980). Linear Models With Spatially Distributed Data: Spatial Disturbances Or Spatial Effects?. *Sociological Methods & Research*, 9(1), 29-60.

Driscoll, J. C., & Kraay, A. C. (1998). Consistent Covariance Matrix Estimation With Spatially Dependent Panel Data. *Review Of Economics And Statistics*, 80(4), 549-560.

Drukker, D. M., Egger, P., & Prucha, I. R. (2013). On Two-Step Estimation Of A Spatial Autoregressive Model With Autoregressive Disturbances And Endogenous Regressors. *Econometric Reviews*, 32(5-6), 686-733.

Dubin, R. A. (1992). Spatial Autocorrelation And Neighborhood Quality. *Regional Science And Urban Economics*, 22(3), 433-452.

Dumais, G., Ellison, G., & Glaeser, E. L. (2002). Geographic Concentration As A Dynamic Process. *Review Of Economics And Statistics*, 84(2), 193-204.

Duranton, G., & Puga, D. (2004). Micro-Foundations Of Urban Agglomeration Economies. In: Henderson, V., & Thisse, J. F. (Eds.) *Handbook Of Regional And Urban Economics: Cities And Geography* Volume 4, Elsevier, North Holland.

Durlauf, S. N. (1994). Spillovers, Stratification, And Inequality. *European Economic Review*, 38(3-4), 836-845.

Elhorst, J. P. (2001). Dynamic Models In Space And Time. *Geographical Analysis*, 33(2), 119-140.

Elhorst, J. P. (2003). Specification And Estimation Of Spatial Panel Data Models. *International Regional Science Review*, 26(3), 244-268.

Elhorst, J. P. (2014). *Spatial Econometrics From Cross-Sectional Data To Spatial Panels*. Heidelberg: Springer.

Elhorst, J. P., & Zeilstra, A. S. (2007). Labour Force Participation Rates At The Regional And National Levels Of The European Union: An Integrated Analysis. *Papers In Regional Science*, 86(4), 525-549.

Englmann, F. C., & Walz, U. (1995). Industrial Centers And Regional Growth In The Presence Of Local Inputs. *Journal Of Regional Science*, 35(1), 3-27.

Everitt, B. S. (2005). Generalized Additive Model. In: Everitt, B. S., & Howell, D. C. (Eds) *Encyclopedia Of Statistics In Behavioral Science*. Chichester: Wiley.

Fan, C. C. (2005). Interprovincial Migration, Population Redistribution, And Regional Development In China: 1990 And 2000 Census Comparisons. *The Professional Geographer*, 57(2), 295-311.

Farber, S., & Paez, A. (2007). A Systematic Investigation Of Cross-Validation In GWR Model Estimation: Empirical Analysis And Monte Carlo Simulations. *Journal Of Geographical Systems*, 9(4), 371-396.

Fingleton, B. (1999). Spurious Spatial Regression: Some Monte Carlo Results With A Spatial Unit Root And Spatial Cointegration. *Journal Of Regional Science*, 39(1), 1-19.

Fingleton, B. (2008). A Generalized Method Of Moments Estimator For A Spatial Panel Model With An Endogenous Spatial Lag And Spatial Moving Average Errors. *Spatial Economic Analysis*, 3(1), 27-44.

Fingleton, B. (2009). Prediction Using Panel Data Regression With Spatial Random Effects. *International Regional Science Review*, 32(2), 195-220.

Fingleton, B., & Le Gallo, J. (2008). Estimating Spatial Models With Endogenous Variables, A Spatial Lag And Spatially Dependent Disturbances: Finite Sample Properties. *Papers In Regional Science*, 87(3), 319-339.

Fischer, M. M., & Griffith, D. A. (2008). Modeling Spatial Autocorrelation In Spatial Interaction Data: An Application To Patent Citation Data In The European Union. *Journal Of Regional Science*, 48(5), 969-989.

Fischer, M. M., Scherngell, T., & Jansenberger, E. (2006). The Geography Of Knowledge Spillovers Between High-Technology Firms In Europe: Evidence From A Spatial Interaction Modeling Perspective. *Geographical Analysis*, 38(3), 288-309.

Fletcher, M., Gallimore, P., & Mangan, J. (2000). Heteroscedasticity In Hedonic House Price Models. *Journal Of Property Research*, 17(2), 93-108.

Flowerdew, R., & Aitkin, M. (1982). A Method Of Fitting The Gravity Model Based On The Poisson Distribution. *Journal Of Regional Science*, 22(2), 191-202.

Foster, S. A., & Gorr, W. L. (1986). An Adaptive Filter For Estimating Spatially-Varying Parameters: Application To Modeling Police Hours Spent In Response To Calls For Service. *Management Science*, 32(7), 878-889.

Fotheringham, A. S. (1997). Trends In Quantitative Methods I: Stressing

The Local. *Progress In Human Geography*, 21(1), 88-96.

Fotheringham, A. S., & Brunsdon, C. (1999). Local Forms Of Spatial Analysis. *Geographical Analysis*, 31(4), 340-358.

Fotheringham, A. S., & Oshan, T. M. (2016). Geographically Weighted Regression And Multicollinearity: Dispelling The Myth. *Journal Of Geographical Systems*, 18(4), 303-329.

Fotheringham, A. S., Brunsdon, C., & Charlton, M. E. (2002). *Geographically Weighted Regression*. Chichester: Wiley.

Fotheringham, A. S., Charlton, M. E., & Brunsdon, C. (1998). Geographically Weighted Regression: A Natural Evolution Of The Expansion Method For Spatial Data Analysis. *Environment And Planning A*, 30(11), 1905-1927.

Fotheringham, A. S., Crespo, R., & Yao, J. (2015). Geographical And Temporal Weighted Regression (GTWR). *Geographical Analysis*, 47(4), 431-452.

Fotheringham, A. S., Yang, W., & Kang, W. (2017). Multiscale Geographically Weighted Regression (MGWR). *Annals Of The American Association Of Geographers*, 107(6), 1247-1265.

Frisch, R. (1933). Editorial. Econometrica: *Journal Of The Econometric Society*, 1(1), 1-4.

Geary, R. C. (1954). The Contiguity Ratio And Statistical Mapping. *The Incorporated Statistician*, 5(3), 115-146.

Gelfand, A. E., & Smith, A. F. (1990). Sampling-Based Approaches To Calculating Marginal Densities. *Journal Of The American Statistical Association*, 85(410), 398-409.

Geman, S., & Geman, D. (1984). Stochastic Relaxation, Gibbs Distributions, And The Bayesian Restoration Of Images. *IEEE Transactions On Pattern Analysis And Machine Intelligence*, (6), 721-741.

Geoghegan, J., Wainger, L. A., & Bockstael, N. E. (1997). Spatial Landscape Indices In A Hedonic Framework: An Ecological Economics Analysis Using GIS. *Ecological Economics*, 23(3), 251-264.

Getis, A. (1990). Screening For Spatial Dependence In Regression Analysis. *Papers In Regional Science*, 69(1), 69-81.

Getis, A. (1995). Spatial Filtering In A Regression Framework: Examples Using Data On Urban Crime, Regional Inequality, And Government Expenditures. In: Anselin L, Florax RJ (Eds) *New Directions In Spatial Econometrics*. Berlin: Springer-Verlag.

Getis, A., & Aldstadt, J. (2004). Constructing The Spatial Weights Matrix Using A Local Statistic. *Geographical Analysis*, 36(2), 90-104.

Getis, A., & Griffith, D. A. (2002). Comparative Spatial Filtering In Regression Analysis. *Geographical Analysis*, 34(2), 130-140.

Getis, A., & Ord, J. K. (1992). The Analysis Of Spatial Association By Use Of Distance Statistics. *Geographical Analysis*, 24(3), 189-206.

Getis, A., Mur, J., & Zoller, H. G. (2004). *Spatial Econometrics And Spatial Statistics*. London: Palgrave Macmillan.

Gilks, W., Richardson, S., & Spiegelhalter, D. (1996). *Markov Chain Monte Carlo In Practice*. London: Chapman And Hall.

Gilley, O. W., & Pace, R. K. (1996). On The Harrison And Rubinfeld Data. *Journal Of Environmental Economics And Management*, 31(3), 403-405.

Glaeser, E. L., & Kohlhase, J. E. (2004). Cities, Regions And The Decline Of Transport Costs. In: Florax, R., Plane, D. A. (Eds) *Fifty Years Of Regional Science*. Berlin: Springer-Verlag.

Glaeser, E. L., Kallal, H. D., Scheinkman, J. A., & Shleifer, A. (1992). Growth In Cities. *Journal Of Political Economy*, 100(6), 1126-1152.

Goodchild, M. F., Anselin, L., Appelbaum, R. P., & Harthorn, B. H.

(2000). Toward Spatially Integrated Social Science. *International Regional Science Review*, 23(2), 139-159.

Goodchild, M. F., Haining, R., & Wise, S. (1992). Integrating GIS And Spatial Data Analysis: Problems And Possibilities. *International Journal Of Geographical Information Systems*, 6(5), 407-423.

Goodman, A. C. (1978). Hedonic Prices, Price Indices And Housing Markets. *Journal Of Urban Economics*, 5(4), 471-484.

Gould, P. (1970). Is Statistix Inferens The Geographical Name For A Wild Goose?. *Economic Geography*, 46(Sup1), 439-448.

Grabher, G. (1993). *The Embedded Firm-On The Socio Economics Of Industrial Networks*. London: Routledge.

Griffith, D. A. (1988). Estimating Spatial Autoregressive Model Parameters With Commercial Statistical Packages. *Geographical Analysis*, 20(2), 176-186.

Griffith, D. A. (1992). Simplifying The Normalizing Factor In Spatial Autoregressions For Irregular Lattices. *Papers In Regional Science*, 71(1), 71-86.

Griffith, D. A. (2007). Spatial Structure And Spatial Interaction: 25 Years Later. *The Review Of Regional Studies*, 37(1), 28.

Griffith, D. A. (2009). Modeling Spatial Autocorrelation In Spatial Interaction Data: Empirical Evidence From 2002 Germany Journey-To-Work Flows. *Journal Of Geographical Systems*, 11(2), 117-140.

Griffith, D. A. (2012). Advanced Spatial Statistics: Special Topics In The Exploration Of Quantitative Spatial Data Series.

Griffith, D. A., & Akio, S. (1995). Trade-Offs Associated With Normalizing Constant Computational Simplifications For Estimating Spatial Statistical Models. *Journal Of Statistical Computation And Simulation*, 51(2-4), 165-183.

Griffith, D. A., & Jones, K. G. (1980). Explorations Into The Relationship Between Spatial Structure And Spatial Interaction. *Environment And Plan-*

ning A, 12(2), 187-201.

Griffith, D. A., & Peres-Neto, P. R. (2006). Spatial Modeling In Ecology: The Flexibility Of Eigenfunction Spatial Analyses. *Ecology*, 87(10), 2603-2613.

Grossman, G. M., & Helpman, E. (1993). *Innovation And Growth In The Global Economy*. Cambridge: MIT Press.

Guimaraes, P., Figueiredo, O., & Woodward, D. (2004). Industrial Location Modeling: Extending The Random Utility Framework. *Journal Of Regional Science*, 44(1), 1-20.

Haavelmo, T. (1943). The Statistical Implications Of A System Of Simultaneous Equations. *Econometrica*, 11(1), 1-12.

Haining, R. P. (1978). The Moving Average Model For Spatial Interaction. *Transactions Of The Institute Of British Geographers*, 3(2), 202-225.

Harris, C. D. (1954). Market As A Factor In The Localization Of Industry In The United States. *Annals Of The Association Of American Geographers*, 44(4), 315-348.

Harrison Jr, D., & Rubinfeld, D. L. (1978). Hedonic Housing Prices And The Demand For Clean Air. *Journal Of Environmental Economics And Management*, 5(1), 81-102.

Hastie, T., & Tibshirani, R. (1987). Generalized Additive Models: Some Applications. *Journal Of The American Statistical Association*, 82(398), 371-386.

Hastings, W. K. (1970). Monte Carlo Sampling Methods Using Markov Chains And Their Applications. *Biometrika*, 57(1), 99-109.

Heagerty, P. J., & Lele, S. R. (1998). A Composite Likelihood Approach To Binary Spatial Data. *Journal Of The American Statistical Association*, 93(443), 1099-1111.

Helbich, M., Brunauer, W., Vaz, E., & Nijkamp, P. (2014). Spatial Heterogeneity In Hedonic House Price Models: The Case Of Austria. *Urban Studies*, 51(2), 390-411.

Henderson, J. V. (1986). Efficiency Of Resource Usage And City Size. *Journal Of Urban Economics*, 19(1), 47-70.

Henderson, J. V. (2003). Marshall's Scale Economies. *Journal Of Urban Economics*, 53(1), 1-28.

Henderson, V., Kuncoro, A., & Turner, M. (1995). Industrial Development In Cities. *Journal Of Political Economy*, 103(5), 1067-1090.

Hepple, L. (1976). A Maximum Likelihood Model For Econometric Estimation With Spatial Series. In: Masser, I. (Ed) *Theory And Practice In Regional Science*. Pion, London.

Hepple, L. (1979) Bayesian Analysis Of The Linear Model With Spatial Dependence. In: Bartels, C., & Ketellapper, R. (Eds) *Exploratory And Explanatory Statistical Analysis Of Spatial Data*. Martinus Nijhoff, Boston.

Hirschman, A. O. (1958). *The Strategy Of Economic Development*. Yale University Press, New Haven.

Hordijk, L. (1974). Spatial Correlation In The Disturbances Of A Linear Interregional Model. *Regional And Urban Economics*, 4(2), 117-140.

Hordijk, L. (1984). Problems In Estimating Econometric Relations In Space. *Papers In Regional Science*, 42(1): 99-115.

Hordijk, L., & Nijkamp, P. (1977). Dynamic Models Of Spatial Autocorrelation. *Environment And Planning A*, 9(5), 505-519.

Hordijk, L., & Nijkamp, P. (1978). Estimation Of Spatio-Temporal Models: New Directions Via Distributed Lags And Markov Schemes. In: Karlquist, A., Lundquist, L., Snickars, F., Weibull, J. (Eds) *Spatial Interaction Theory And Planning Models*. North Holland, Amsterdam.

Hordijk, L., & Paelinck, J. (1976). Some Principles And Results In Spatial

Econometrics. *Recherches ÉConomiques De Louvain/Louvain Economic Review*, 42(3), 175-198.

Horowitz, J. (1982). Specification Tests For Probabilistic Choice Models. *Transportation Research Part A: General*, 16(5-6), 383-394.

Isard, W. (1975). *Introduction To Regional Science*. Englewood Cliffs, NJ: Prentice-Hall.

Isard, W. (1956). *Location And Space-Economy*. Cambridge: MIT Press.

Isard, W. (1960). *Methods Of Regional Analysis: An Introduction To Regional Science*. Cambridge: Published Jointly By The Technology Press Of The Massachusetts Institute Of Technology And Wiley.

Jacobs, J. (1969). *The Economy of Cities*. New York: Random House.

Jofre-Monseny, J., Marin-Lopez, R., & Viladecans-Marsal, E. (2014). The Determinants Of Localization And Urbanization Economies: Evidence From The Location Of New Firms In Spain. *Journal Of Regional Science*, 54(2), 313-337.

Jones, C. I. (1995). R & D-Based Models Of Economic Growth. *Journal Of Political Economy*, 103(4), 759-784.

Kaiser, M. S., & Cressie, N. (1997). Modeling Poisson Variables With Positive Spatial Dependence. *Statistics & Probability Letters*, 35(4), 423-432.

Kang, W., & Rey, S. J. (2018). Conditional And Joint Tests For Spatial Effects In Discrete Markov Chain Models Of Regional Income Distribution Dynamics. *The Annals Of Regional Science*, 61(1), 1-21.

Kapoor, M., Kelejian, H. H., & Prucha, I. R. (2007). Panel Data Models With Spatially Correlated Error Components. *Journal Of Econometrics*, 140(1), 97-130.

Kelejian, H. H. (2008). A Spatial J-Test For Model Specification Against A Single Or A Set Of Non-Nested Alternatives. *Letters In Spatial And Re-*

source Sciences, 1(1), 3-11.

Kelejian, H. H., & Prucha, I. R. (1997). Estimation Of Spatial Regression Models With Autoregressive Errors By Two-Stage Least Squares Procedures: A Serious Problem. *International Regional Science Review*, 20(1-2), 103-111.

Kelejian, H. H., & Prucha, I. R. (1998). A Generalized Spatial Two-Stage Least Squares Procedure For Estimating A Spatial Autoregressive Model With Autoregressive Disturbances. *The Journal Of Real Estate Finance And Economics*, 17(1), 99-121.

Kelejian, H. H., & Prucha, I. R. (1999). A Generalized Moments Estimator For The Autoregressive Parameter In A Spatial Model. *International Economic Review*, 40(2), 509-533.

Kelejian, H. H., & Prucha, I. R. (2001). On The Asymptotic Distribution Of The Moran I Test Statistic With Applications. *Journal Of Econometrics*, 104(2), 219-257.

Kelejian, H. H., & Prucha, I. R. (2002). 2SLS And OLS In A Spatial Autoregressive Model With Equal Spatial Weights. *Regional Science And Urban Economics*, 32(6), 691-707.

Kelejian, H. H., & Prucha, I. R. (2004). Estimation Of Simultaneous Systems Of Spatially Interrelated Cross Sectional Equations. *Journal Of Econometrics*, 118(1-2), 27-50.

Kelejian, H. H., & Prucha, I. R. (2007a). HAC Estimation In A Spatial Framework. *Journal Of Econometrics*, 140(1), 131-154.

Kelejian, H. H., & Prucha, I. R. (2007b). The Relative Efficiencies Of Various Predictors In Spatial Econometric Models Containing Spatial Lags. *Regional Science And Urban Economics*, 37(3), 363-374.

Kelejian, H. H., & Prucha, I. R. (2010). Specification And Estimation Of

Spatial Autoregressive Models With Autoregressive And Heteroskedastic Disturbances. *Journal Of Econometrics*, 157(1), 53-67.

Kelejian, H. H., & Robinson, D. P. (1992). Spatial Autocorrelation: A New Computationally Simple Test With An Application To Per Capita County Police Expenditures. *Regional Science And Urban Economics*, 22(3), 317-331.

Kelejian, H. H., & Robinson, D. P. (1993). A Suggested Method Of Estimation For Spatial Interdependent Models With Autocorrelated Errors, And An Application To A County Expenditure Model. *Papers In Regional Science*, 72(3), 297-312.

Kelejian, H. H., & Robinson, D. P. (1998). A Suggested Test For Spatial Autocorrelation And/Or Heteroskedasticity And Corresponding Monte Carlo Results. *Regional Science And Urban Economics*, 28(4), 389-417.

Klein, L. R. (1989). Dr. Lawrence R. Klein. In: Sichel, W. (Ed). *The State Of Economic Science: Views Of Six Nobel Laureates*. WE Upjohn Institute For Employment Research, Kalamazoo.

Kordi, M., & Fotheringham, A. S. (2016). Spatially Weighted Interaction Models (SWIM). *Annals Of The American Association Of Geographers*, 106(5), 990-1012.

Krige, D. G. (1951). A Statistical Approach To Some Basic Mine Valuation Problems On The Witwatersrand. *Journal Of The Southern African Institute Of Mining And Metallurgy*, 52(6), 119-139.

Krugman, P. (1991). Increasing Returns And Economic Geography. Journal Of Political Economy, 99(3), 483-499.

Krugman, P. (1998). Space: The Final Frontier. *Journal Of Economic Perspectives*, 12(2), 161-174.

Lahiri, S. N. (1996). On Inconsistency Of Estimators Based On Spatial Data Under Infill Asymptotics. Sankhyā: *The Indian Journal Of Statistics*,

Series A, 403-417.

Lambert, D. M., Brown, J. P., & Florax, R. J. (2010). A Two-Step Estimator For A Spatial Lag Model Of Counts: Theory, Small Sample Performance And An Application. *Regional Science And Urban Economics*, 40(4), 241-252.

Lancaster, K. J. (1966). A New Approach To Consumer Theory. *Journal Of Political Economy*, 74(2), 132-157.

Lauridsen, J., & Kosfeld, R. (2006). A Test Strategy For Spurious Spatial Regression, Spatial Nonstationarity, And Spatial Cointegration. *Papers In Regional Science*, 85(3), 363-377.

Lauridsen, J., & Kosfeld, R. (2007). Spatial Cointegration And Heteroscedasticity. *Journal Of Geographical Systems*, 9(3), 253-265.

Lee, L. F. (2002). Consistency And Efficiency Of Least Squares Estimation For Mixed Regressive, Spatial Autoregressive Models. *Econometric Theory*, 18(2), 252-277.

Lee, L. F. (2003). Best Spatial Two-Stage Least Squares Estimators For A Spatial Autoregressive Model With Autoregressive Disturbances. *Econometric Reviews*, 22(4), 307-335.

Lee, L. F. (2004). Asymptotic Distributions Of Quasi-Maximum Likelihood Estimators For Spatial Autoregressive Models. *Econometrica*, 72(6), 1899-1925.

Lee, L. F. (2007). GMM And 2SLS Estimation Of Mixed Regressive, Spatial Autoregressive Models. *Journal Of Econometrics*, 137(2), 489-514.

Lee, L. F., & Yu, J. (2009). Spatial Nonstationarity And Spurious Regression: The Case With A Row-Normalized Spatial Weights Matrix. *Spatial Economic Analysis*, 4(3), 301-327.

Lee, L. F., & Yu, J. (2010a). A Spatial Dynamic Panel Data Model With Both Time

And Individual Fixed Effects. *Econometric Theory*, 26(2), 564-597.

Lee, L. F., & Yu, J. (2010b). Estimation Of Spatial Autoregressive Panel Data Models With Fixed Effects. *Journal Of Econometrics*, 154(2), 165-185.

Lesage, J. P. (1997). Bayesian Estimation Of Spatial Autoregressive Models. *International Regional Science Review*, 20(1-2), 113-129.

Lesage, J. P. (2000). Bayesian Estimation Of Limited Dependent Variable Spatial Autoregressive Models. *Geographical Analysis*, 32(1), 19-35.

Lesage, J. P., & Polasek, W. (2008). Incorporating Transportation Network Structure In Spatial Econometric Models Of Commodity Flows. *Spatial Economic Analysis*, 3(2), 225-245.

Lesage, J. P., & Pace, R. K. (2007). A Matrix Exponential Spatial Specification. *Journal Of Econometrics*, 140(1), 190-214.

Lesage, J. P., & Pace, R. K. (2008). Spatial Econometric Modeling Of Origin-Destination Flows. *Journal Of Regional Science*, 48(5), 941-967.

Lesage, J. P., & Pace, R. K. (2009). *Introduction To Spatial Econometrics*. CRC, Boca Raton.

Li, Z., Fotheringham, A. S., Li, W., & Oshan, T. (2019). Fast Geographically Weighted Regression (Fastgwr): A Scalable Algorithm To Investigate Spatial Process Heterogeneity In Millions Of Observations. *International Journal Of Geographical Information Science*, 33(1), 155-175.

Liu, Y., & Shen, J. (2017). Modelling Skilled And Less-Skilled Interregional Migrations In China, 2000-2005. *Population, Space And Place*, 23(4), E2027.

Lu, B., Charlton, M., Harris, P., & Fotheringham, A. S. (2014). Geographically Weighted Regression With A Non-Euclidean Distance Metric: A Case Study Using Hedonic House Price Data. *International Journal Of Geographical Information Science*, 28(4), 660-681.

Lucas Jr, R. E. (1988). On The Mechanics Of Economic Development. *Journal Of Monetary Economics*, 22(1), 3-42.

Maier, G. (2000). History, Spatial Structure, And Regional Growth Lessons For Policy Making. In: Johansson, B., Stough, R. (Eds) *Theories Of Endogenous Regional Growth: Lessons For Regional Policies*. Springer-Verlag, Berlin.

Maillat, D. (1998). Innovative Milieux And New Generations Of Regional Policies. *Entrepreneurship & Regional Development*, 10(1), 1-16.

Mardia, K. V., & Marshall, R. J. (1984). Maximum Likelihood Estimation Of Models For Residual Covariance In Spatial Regression. *Biometrika*, 71(1), 135-146.

Mardia, K. V., & Watkins, A. J. (1989). On Multimodality Of The Likelihood In The Spatial Linear Model. *Biometrika*, 76(2), 289-295.

Marshall, A. (1890). *Principles of Economics*. London: Macmillan.

Martin, R. J. (1992). Approximations To The Determinant Term In Gaussian Maximum Likelihood Estimation Of Some Spatial Models. *Communications In Statistics-Theory And Methods*, 22(1), 189-205.

Mccann, P., & Shefer, D. (2004). Location, Agglomeration And Infrastructure. *Papers In Regional Science*, 83(1), 177-196.

Mccord, M., Davis, P. T., Haran, M., Mcgreal, S., & Mcilhatton, D. (2012). Spatial Variation As A Determinant Of House Price: Incorporating A Geographically Weighted Regression Approach Within The Belfast Housing Market. *Journal Of Financial Management Of Property And Construction*, 17(1), 49-72.

Mccormick, D. (1999). African Enterprise Clusters And Industrialization: Theory And Reality. *World Development*, 27(9), 1531-1551.

Mcmillen, D. P. (1995). Spatial Effects In Probit Models: A Monte Carlo Investigation. In: Anselin, L., Florax, R. J. (Eds) *New Directions In Spatial Econometrics*. Berlin: Springer-Verlag.

Metropolis, N., Rosenbluth, A. W., Rosenbluth, M. N., Teller, A. H., & Teller, E. (1953). Equation Of State Calculations By Fast Computing Machines. *The Journal Of Chemical Physics*, 21(6), 1087-1092.

Metropolis, N., Ulam, S. (1949). The Monte Carlo Method. *Journal Of The American Statistical Association*. 44 (247): 335-341.

Michaels, R. G., & Smith, V. K. (1990). Market Segmentation And Valuing Amenities With Hedonic Models: The Case Of Hazardous Waste Sites. *Journal Of Urban Economics*, 28(2), 223-242.

Moran, P. A. (1948). The Interpretation Of Statistical Maps. *Journal Of The Royal Statistical Society*. Series B (Methodological), 10(2), 243-251.

Moran, P. A. (1950a). A Test For The Serial Independence Of Residuals. *Biometrika*, 37(1/2), 178-181.

Moran, P. A. (1950b). Notes On Continuous Stochastic Phenomena. *Biometrika*, 37(1/2), 17-23.

Mori, T., & Smith, T. E. (2015). On The Spatial Scale Of Industrial Agglomerations. *Journal Of Urban Economics*, 89(1), 1-20.

Murdoch, J. C., Rahmatian, M., & Thayer, M. A. (1993). A Spatially Autoregressive Median Voter Model Of Recreation Expenditures. *Public Finance Quarterly*, 21(3), 334-350.

Myrdal, G., & Sitohang, P. (1957). *Economic Theory And Under-Developed Regions*. Duckworth, London.

Ord, J. K. (1975). Estimation Methods For Models Of Spatial Interaction. *Journal Of The American Statistical Association*, 70(349), 120-126.

Pace, R. K. (1997). Performing Large Spatial Regressions And Autoregressions. *Economics Letters*, 54(3), 283-291.

Pace, R. K., & Barry, R. (1997a). Sparse Spatial Autoregressions. *Statistics & Probability Letters*, 33(3), 291-297.

Pace, R. K., & Barry, R. (1997b). Quick Computation Of Spatial Autoregressive Estimators. *Geographical Analysis*, 29(3), 232-247.

Pace, R. K., & Barry, R. (1998). Spatial Statistics Toolbox 1.0. Real Estate Research Institute, Louisiana State University, Baton Rouge, LA.

Pace, R. K., & Lesage, J. P. (2004). Chebyshev Approximation Of Log-Determinants Of Spatial Weight Matrices. *Computational Statistics & Data Analysis*, 45(2), 179-196.

Pace, R. K., & Lesage, J. P. (2009). A Sampling Approach To Estimate The Log Determinant Used In Spatial Likelihood Problems. *Journal Of Geographical Systems*, 11(3), 209-225.

Pace, R. K., Barry, R., & Sirmans, C. F. (1998). Spatial Statistics And Real Estate. *The Journal Of Real Estate Finance And Economics*, 17(1), 5-13.

Paelinck, J. & Klaassen, L. (1979). *Spatial Econometrics*. Farnborough: Saxon House.

Paelinck, J. (1967). *L'EfficacitÉ Des Mesures De Politique ÉConomique RÉGionale*. Namur: CERVNA.

Paez, A. (2004). Anisotropic Variance Functions In Geographically Weighted Regression Models. *Geographical Analysis*, 36(4), 299-314.

Paez, A. (2006). Exploring Contextual Variations In Land Use And Transport Analysis Using A Probit Model With Geographical Weights. *Journal Of Transport Geography*, 14(3), 167-176.

Paez, A., Uchida, T., & Miyamoto, K. (2002a). A General Framework For Estimation And Inference Of Geographically Weighted Regression Models: 1. Location-Specific Kernel Bandwidths And A Test For Locational Heterogeneity. *Environment And Planning A*, 34(4), 733-754.

Paez, A., Uchida, T., & Miyamoto, K. (2002b). A General Framework For Estimation And Inference Of Geographically Weighted Regression Models: 2. Spatial Association And Model Specification Tests. *Environment And Planning A*, 34(5), 883-904.

Pinkse, J., & Slade, M. E. (1998). Contracting In Space: An Application Of Spatial Statistics To Discrete-Choice Models. *Journal Of Econometrics*, 85(1), 125-154.

Poirier, D. J., & Ruud, P. A. (1988). Probit With Dependent Observations. *The Review Of Economic Studies*, 55(4), 593-614.

Poot, J. (2000). Reflection On Local And Economy Wide Effects Of Territorial Competition. In: Batey, P., Friedrich, P. (Eds) *Regional Competition*. Berlin: Springer-Verlag.

Porter, M. E. (1990). *The Competitive Advantage Of Nations*. New York: Free Press.

Porter, M. E. (1998). *On Competition*. Cambridge: Harvard Business School Press.

Porter, M. E. (2000). Location, Competition, And Economic Development: Local Clusters In A Global Economy. *Economic Development Quarterly*, 14(1), 15-34.

Rey, S. J., Kang, W., & Wolf, L. (2016). The Properties Of Tests For Spatial Effects In Discrete Markov Chain Models Of Regional Income Distribution Dynamics. *Journal Of Geographical Systems*, 18(4), 377-398.

Rey, S. J., Murray, A. T., Grubesic, T. H., Mack, E., Wei, R., Anselin, L., & Griffin, M. (2014). Sex Offender Residential Movement Patterns: A Markov Chain Analysis. *The Professional Geographer*, 66(1), 102-111.

Richardson, H. W. (1973). Regional Growth Theory. Macmillan, London.

Ripley, B. D. (1981). *Spatial Statistics*. New York: Wiley.

Romer, P. M. (1986). Increasing Returns And Long-Run Growth. *Journal Of*

Political Economy, 94(5), 1002-1037.

Romer, P. M. (1990). Endogenous Technological Change. *Journal Of Political Economy*, 98(5, Part 2), S71-S102.

Rosen, S. (1974). Hedonic Prices And Implicit Markets: Product Differentiation In Pure Competition. *Journal Of Political Economy*, 82(1), 34-55.

Rosenthal, S. S., & Strange, W. C. (2001). The Determinants Of Agglomeration. *Journal Of Urban Economics*, 50(2), 191-229.

Sabourin, V., & Pinsonneault, I. (1997). Strategic Formation Of Competitive High Technology Clusters. *International Journal Of Technology Management*, 13(2), 165-179.

Saxenian, A. L. (1994). *Regional Advantage: Culture And Competition In Silicon Valley And Route 128*. Cambridge: Harvard University Press.

Saxenian, A. L., & Hsu, J. Y. (2001). The Silicon Valley-Hsinchu Connection: Technical Communities And Industrial Upgrading. *Industrial And Corporate Change*, 10(4), 893-920.

Schnare, A. B., & Struyk, R. J. (1976). Segmentation In Urban Housing Markets. *Journal Of Urban Economics*, 3(2), 146-166.

Schwarz, G. (1978). Estimating The Dimension Of A Model. *The Annals Of Statistics*, 6(2), 461-464.

Shen, J. (2012). Changing Patterns And Determinants Of Interprovincial Migration In China 1985-2000. *Population, Space And Place*, 18(3), 384-402.

Shen, J. (2015). Explaining Interregional Migration Changes In China, 1985-2000, Using A Decomposition Approach. *Regional Studies*, 49(7), 1176-1192.

Smirnov, O., & Anselin, L. (2001). Fast Maximum Likelihood Estimation Of Very Large Spatial Autoregressive Models: A Characteristic Polynomial

Approach. *Computational Statistics & Data Analysis*, 35(3), 301-319.

Solow, R. M. (1956). A Contribution To The Theory Of Economic Growth. *The Quarterly Journal Of Economics*, 70(1), 65-94.

Tiefelsdorf, M., & Boots, B. (1995). The Exact Distribution Of Moran's I. *Environment And Planning A*, 27(6), 985-999.

Tobler, W. R. (1970). A Computer Movie Simulating Urban Growth In The Detroit Region. *Economic Geography*, 46(Sup1), 234-240.

Topa, G. (2001). Social Interactions, Local Spillovers And Unemployment. *The Review Of Economic Studies*, 68(2), 261-295.

Van Groenigen, J. W., & Stein, A. (1998). Constrained Optimization Of Spatial Sampling Using Continuous Simulated Annealing. *Journal Of Environmental Quality*, 27(5), 1078-1086.

Waller, L. A., Carlin, B. P., Xia, H., & Gelfand, A. E. (1997). Hierarchical Spatio-Temporal Mapping Of Disease Rates. *Journal Of The American Statistical Association*, 92(438), 607-617.

Wang, X. C., Kockelman, K. M., & Lemp, J. D. (2012). The Dynamic Spatial Multinomial Probit Model: Analysis Of Land Use Change Using Parcel-Level Data. *Journal Of Transport Geography*, 24, 77-88.

Wheeler, D. C. (2009). Simultaneous Coefficient Penalization And Model Selection In Geographically Weighted Regression: The Geographically Weighted Lasso. *Environment And Planning A*, 41(3), 722-742.

Wheeler, D. C., & Calder, C. A. (2007). An Assessment Of Coefficient Accuracy In Linear Regression Models With Spatially Varying Coefficients. *Journal Of Geographical Systems*, 9(2), 145-166.

Wheeler, D., & Tiefelsdorf, M. (2005). Multicollinearity And Correlation Among Local Regression Coefficients In Geographically Weighted Regression. *Journal Of Geographical Systems*, 7(2), 161-187.

Wolf, L. J., Oshan, T. M., & Fotheringham, A. S. (2018). Single And Multiscale Models Of Process Spatial Heterogeneity. *Geographical Analysis*, 50(3), 223-246.

Yao, J., & Fotheringham, A. S. (2016). Local Spatiotemporal Modeling Of House Prices: A Mixed Model Approach. *The Professional Geographer*, 68(2), 189-201.

Yfantis, E. A., Flatman, G. T., & Behar, J. V. (1987). Efficiency Of Kriging Estimation For Square, Triangular, And Hexagonal Grids. *Mathematical Geology*, 19(3), 183-205.

Yu, H., et al. (2019). Inference In Multiscale Geographically Weighted Regression, Geographical Analysis doi.org/10.1111/gean.12189.

Zhu, Y., & Chen, W. (2010). The Settlement Intention Of China's Floating Population In The Cities: Recent Changes And Multifaceted Individual-Level Determinants. Population, *Space And Place*, 16(4), 253-267.

白俊红,蒋伏心.协同创新、空间关联与区域创新绩效[J].经济研究,2015,50(07):174-187.

陈曦,席强敏,李国平.制造业内部产业关联与空间分布关系的实证研究[J].地理研究,2015,34(10):1943-1956.

董冠鹏,张文忠,武文杰,郭腾云.北京城市住宅土地市场空间异质性模拟与预测[J].地理学报,2011,66(06):750-760.

范剑勇,石灵云.产业外部性、企业竞争环境与劳动生产率[J].管理世界,2009,(08):65-72+187.

冯长春,李维瑄,赵蕃蕃.轨道交通对其沿线商品住宅价格的影响分析——以北京地铁5号线为例[J].地理学报,2011,66(08):1055-1062.

高翔.中国电子通讯设备制造业的区位选择研究[J].地理与地理信息科学,2010,26(03):54-58.

古恒宇,沈体雁,周麟,陈慧灵,肖凡.基于GWR和Sdna模型的广州市路网形态对住宅价格影响的时空分析[J].经济地理,2018,38(03):82-91.

谷一桢,郑思齐.轨道交通对住宅价格和土地开发强度的影响——以北京市13号线为例[J].地理学报,2010,65(02):213-223.

贺灿飞,潘峰华.中国城市产业增长研究:基于动态外部性与经济转型视角[J].地理研究,2009,28(03):726-737.

劳昕,沈体雁.基于人口迁移的中国城市体系演化预测研究[J].人口与经济,2016,(06):35-47.

李佳洺,陆大道,徐成东,李扬,陈明星.胡焕庸线两侧人口的空间分异性及其变化[J].地理学报,2017,72(01):148-160.

李子奈,刘亚清.现代计量经济学模型体系解析[J].经济学动态,2010,(05):22-31.

李子奈,齐良书.关于计量经济学模型方法的思考[J].中国社会科学,2010,(02):69-83+221-222.

李子奈.计量经济学模型方法论[M].清华大学出版社,2011.

刘修岩,张学良.集聚经济与企业区位选择——基于中国地级区域企业数据的实证研究[J].财经研究,2010,36(11):83-92.

刘晏伶,冯健.中国人口迁移特征及其影响因素——基于第六次人口普查数据的分析[J].人文地理,2014,29(02):129-137.

刘颖,郭琪,贺灿飞.城市区位条件与企业区位动态研究[J].地理研究,2016,35(07):1301-1313.

卢明华,李丽.北京电子信息产业及其价值链空间分布特征研究[J].地理研究,2012,31(10):1861-1871.

牛方曲,刘卫东,冯建喜.基于家庭区位需求的城市住房价格模拟分析[J].地理学报,2016,71(10):1731-1740.

潘峰华,贺灿飞,彭思源.全球化背景下的广东省制造业地理集中研究[J].人文地理,2011,26(04):91-98.

蒲英霞,韩洪凌,葛莹,孔繁花.中国省际人口迁移的多边效应机制分析[J].地理学报,2016,71(02):205-216.

沈体雁等.空间计量经济学[M].北京大学出版社,2010.

宋伟轩,毛宁,陈培阳,袁亚琦,汪毅.基于住宅价格视角的居住分异耦合机制与时空特征——以南京为例[J].地理学报,2017,72(04):589-602.

汤国安,杨昕.Arcgis地理信息系统空间分析实验教程[M].科学出版社,2006.

陶伟,古恒宇,陈昊楠.路网形态对城市酒店业空间布局的影响研究:广州案例[J].旅游学刊,2015,30(10):99-108.

王劲峰,徐成东.地理探测器:原理与展望[J].地理学报,2017,72(01):116-134.

王俊松.长三角制造业空间格局演化及影响因素[J].地理研究,2014,33(12):2312-2324.

王洋,方创琳,盛长元.扬州市住宅价格的空间分异与模式演变[J].地理学报,2013,68(08):1082-1096.

谢里,张敬斌.中国制造业集聚的空间技术溢出效应:引入制度环境差异的研究[J].地理研究,2016,35(05):909-928.

杨洪焦,孙林岩,梁冬寒.我国高新技术产业聚集度的变动趋势及区位因素分析——以电子及通讯设备制造业为例[J].科学学研究,2009,27(09):1335-1343.

杨亚平,张会勤.市场潜能、要素成本与制造业的集聚与扩散——以我国电子与通信设备制造业为例[J].工业技术经济,2013,43(12):125-136.

张红历,梁银鹤,杨维琼.市场潜能、预期收入与跨省人口流动——基于空间计量模型的分析[J].数理统计与管理,2016,35(05):868-880.

周浩,余壮雄,杨铮.可达性、集聚和新建企业选址——来自中国制造业的微观证据[J].经济学(季刊),2015,14(04):1393-1416.

教辅申请说明

北京大学出版社本着"教材优先、学术为本"的出版宗旨,竭诚为广大高等院校师生服务。为更有针对性地提供服务,请您按照以下步骤在微信后台提交教辅申请,我们会在1~2个工作日内将配套教辅资料,发送到您的邮箱。

◎手机扫描下方二维码,或直接微信搜索公众号"北京大学经管书苑",进行关注;

◎点击菜单栏"在线申请"—"教辅申请",出现如右下界面:

◎将表格上的信息填写准确、完整后,点击提交;

◎信息核对无误后,教辅资源会及时发送给您;如果填写有问题,工作人员会同您联系。

温馨提示:如果您不使用微信,您可以通过下方的联系方式(任选其一),将您的姓名、院校、邮箱及教材使用信息反馈给我们,工作人员会同您进一步联系。

我们的联系方式:

北京大学出版社经济与管理图书事业部

北京市海淀区成府路205号,100871

联 系 人:周莹

电　　话:010－62767312 / 62757146

电子邮件:em@pup.cn

QQ:5520 63295(推荐使用)

微　　信:北京大学经管书苑(pupembook)

网　　址:www.pup.cn